宁波文化丛书

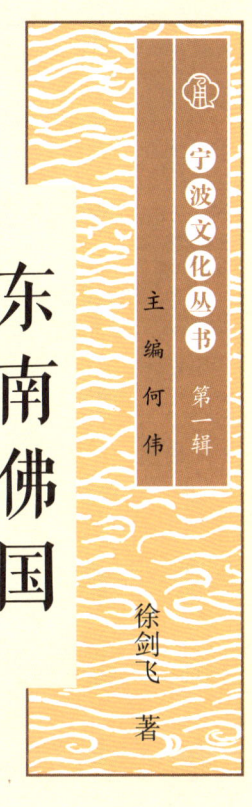

宁波文化丛书 第一辑

主编 何伟

东南佛国

宁波佛教文化

徐剑飞 著

宁波出版社

《宁波文化丛书》编纂委员会

主　任　余红艺

副主任　张松才　何　伟　陈佳强　邹大鸣　詹鑫华　姚晓东

成　员（按姓氏笔画排列）
　　　　　马玉娟　王耀成　方同义　陈三俊　徐剑飞
　　　　　涂师平　黄渭金　黄定福　谢安良

主　编　何　伟

本册部分图片提供　叶珊珊

总序

唤醒宁波的文化之魂

◎ 何 伟

（一）

中国的古城实在不少,若论我国沿海最早的文化古城,只要稍稍具备历史地理的眼光,都会聚焦宁波——中国大陆海岸线的中点。

这座从远古走来的名城,河姆古渡的骨哨一吹就是七千年,展开了一幅幅风云际会的历史长卷。翻开谭其骧先生主编的《简明中国历史地图集》,不难发现宁波在我国沿海各大城市中的"早熟":当宁波沐浴河姆渡的文明曙光时,我国海岸线上的先民基本还处于文明的空白处;当宁波先秦时期设县建制,广州还是邻近番禺的宁静村庄;当宁波唐代建州（相当于今天的地级市）,已是"海外杂国,贾舶交至"的繁华城市,此时的上海还只是一个海滨渔村;宋代的宁波已是我国闻名国际的四大港口城市之一,天津还是名不见经传的一片滩涂;及至近代宁波作为"五口通商"被迫开埠,青岛、大连等城镇化才刚刚起步,更不必说改革开放后才崛起的深圳了。

如此"炫耀"的类比,无意仰己抑人。只想说明,以商城闻名的宁波,其实是隐身的文化重镇。其文化价值和地位,显然是被低估了。仅以中华文明源头之一的河姆渡为例:其制陶、稻谷和干栏式建筑的发现，修正了我国学术界总把黄河流域作为中华民族的唯一摇篮的定论，确认了长江流域是中华民族另一个发源地。其出土的代表海上活动的六支桨，印证了宁波先民是我国"海上丝绸之路"的先驱，为我国台湾和太平洋岛屿的文化作出历史性的贡献。澳大利亚悉尼市迪米蒙地电影制片公司在20世纪80年代拍摄了一部记录太平洋沿岸历史的影片，其序幕就是从河姆渡开篇的。

宁波文化矿藏的丰富性和不凡品质，还在于这里是海上丝绸之路的起源地之一，中国大运河的出海口之一，沿海城市中建城的起源地之一，金融史上我国钱庄的发源地之一，海运史上造船和航海的发源地之一……总之，宁波文化是整个中国文化经络中一个很关键的穴位。宁波的历史区域文化，犹如一座丰盈的藏书楼，在文化复兴的聚光灯下，亟须整理与传播。

宁波历史文化何其久也，宁波地域文化何其丰也，先贤前辈们已经为宁波开辟出了一块文化沃土。每念及此，作为祖籍宁波、生活于宁波的我，不禁对家乡深厚的文化遗产肃然起敬。可是，在今天追赶现代化国际港口城市的目标时，有多少宁波人还记得曾经的灿烂？又有多少人了解宁波往昔的辉煌？

（二）

区域文化研究的兴盛和传承，是近年来国内学界的独特景观，既得益于文化的复兴，又受到区域发展竞争的推动。齐鲁文化，燕赵文化，三晋文化，巴蜀文化，吴越文化，荆楚文化，岭南文化，等等，不一而足。这股热潮也波及作为吴越文化分支之一的宁波文化。

某种文明的价值观、思维方式和风俗习惯等，根本上是由地缘自然条件所决定的。文明所处的地缘环境与精神性格之间有着必然的因果关系。法国历史学家布罗代尔认为,影响一个文明的精神气质最根本的因素,是地理条件和自然环境,换成老百姓的说法,就是"一方水土养一方人"。

宁波地处东海之滨,三面环山,潮汐出没的宁绍平原居中,多类型地貌孕育出姚江、奉化江、甬江流贯其中,江河湖海点缀其间,构成了宁波"经原纬隰,枕山臂江"的地理特征。"南通闽广,东接倭人,北距高丽,商舶往来,物货丰溢。"(宝庆《四明志》)"自宋以来,礼俗日盛,家诗户书,科第相继,间占首选,衣冠人物甲于东南。"(成化《宁波府志》)

文化早熟的宁波好比一个内敛聪慧的智者,有外貌形象,有性格气质,也有个性脾气。发源于四明,耸立于三江,兼得中西交汇之利,倚其7000年的文明发展,塑造了一整套属于自己的优秀文化符号、习俗和精神,说得洪亮一点,叫作"宁波文明"。

每一个城市都有自己的来龙去脉,每一座城市都有独特的文化符号。宁波的文化特质,如果要用极精简的字词来表达,就是"江海"和"商贾"。水路交通和商帮文化是阅读宁波风云际会悠长岁月的两个关键词。伸展开来,从类型看,有海洋文化、农耕文化、港口文化、海防文化;从特质看,有商帮文化、耕读文化、工匠文化、饮食文化;从思想看,有浙东文化、佛教文化;从文人看,名儒硕彦,人文荟萃,有南宋的心学先贤"甬上四先生",有先生之风山高水长的严子陵、知行合一的心学大师王阳明、开启日本明治维新的导师朱舜水、工商皆本的民本思想家黄宗羲……正可谓千年古城,百年风云,几度沉浮,气血不衰,乃文化之力也。

(三)

一座城市的持久吸引力,不在林立高楼,而在文化气质。让城市站立不衰的,是文化"软实力"。表面上看,决定城市差异的是经济,骨子里是文化。今观神州,仰赖房地产狂奔的造城运动,流水线般建造的排排高楼大厦取代古城旧貌,割断了多少城市的历史脉络,推平了多少地域审美特征,埋葬了多少丰厚的历史记忆,已经无法计算。宁波籍文化大家冯骥才先生认为,我们中国历史悠久,民族众多,地域多样,每个城市都有独特和鲜明的城市形象。可惜,现在我们660个风情各异的城市形象基本都消失了,即使有,也支离破碎,残缺不全,很难再呈现出一个整体的城市形象。眼下,追名逐利遗失了文化,随波逐流遗忘了故乡,身在故乡而不知故乡何在。

物欲越是膨胀,文化越是珍贵。宁波人之所以成为宁波人,并不是因为出生在宁波,而是身上承载着宁波的文化符号和基因。这些由宁波的风俗、语言和信仰因素组成的"宁波腔调",以及地缘、血缘关系组成的坐标系,会让人们知道自己是谁、从哪里来。不论你身处世界何地,只要据此便可找到家乡,认祖归宗。如果遗失了宁波文化,即使站在这片土地上,也很难再是宁波人。令人忧心的是,在现代化城市化的急切步伐下,本土历史文化面临诸多存亡考验。公路毁了,可以修复;房屋塌了,可以重建;文化遗产一旦"消失",如同绝迹的物种,没了,就永远没了。现代人精神家园的迷失和情感归属的危机,成为一种流行国际的精神疾病,正是文化除根后流离失所的后遗症。

今天的宁波缺什么?不少人感叹缺文化,我看来,表述不很准确。宁波并不缺少文化,缺的恐怕是对丰厚文化的记忆和传承。"文之无书,行之不远",作为文化工作者,作为宁波人,我们深恐随着时间的推移,宝贵的精神财富因文字的阙如而流失,随着记忆的衰退而归零。把文化摆在什么位置,不仅仅取决于政府,更取决于每一个厕身其间的市民的态度。文化是城市之魂,是我们这座城市安身立命的基座。唤醒城市记忆的味道和画面,保护并标出宁波的文化风景线,绘制文化地图延续文脉,亟须一套权威、全面、通俗的文化读物。本丛书的出版和传播,即是努力之一。

(四)

本丛书的编纂,虽非规模浩大的文化工程,却颇费周折,几起几落,幸得宁波文化事业基金委员会慧眼识珠,忝列扶持项目,又得宁波市委副书记余红艺及市委宣传部等部门的鼎力支持,宁波出版社调集精干,组织本地学界文化精英,殚精竭虑,撰写这套丛书。

自2012年始,编纂委员会成立并确定了丛书的编纂大纲,专家们从宁波地理文化和历史文化的坐标中,尽可能筛选出具有鲜明特色和传承价值的内容作为首批选题。第一辑八种,选题侧重反映对宁波发展最具影响力、最具代表性的八个方面地方特色文化。计划此后逐年推出各类文化系列,集腋成裘,奉献出宁波文化的"满汉全席"。

丛书着力点不在学术钻研和考证,而在文化的普及和传播,定位在文化"小吃",充其量是宁波文化史的通俗版、系列专题篇,绝非贯通一气的皇皇巨著。丛书力求编排图文并茂,文字通俗易懂,集知识性与文学性、学术性与普及性于一体,雅俗共赏,老少皆宜,为大众提供一张文化寻根的导游图,以及一杯安顿旅者心境的下午茶。于闹市中拾取一份宁静,于纷繁中理出一片安详,于浮尘中闻到一缕书香,于物欲中寻得精神的家园。

2014年夏写于水岸居

(本文作者为宁波日报报业集团党委书记、董事长)

目录

- 总　序　唤醒宁波的文化之魂　001
- 佛光初现　001
- 东南佛国　009

〔一〕东南佛国梵王宫　011

〔二〕舍利之光　021

〔三〕应梦名山　031

〔四〕栖心兰若　039

〔五〕保国寺的前世今生　049

〔六〕怀海结缘金峨寺　057

〔七〕碑中佛事　067

〔八〕鉴真与阿育王寺　075

〔九〕布袋和尚　083

〔十〕四明知礼　093

〔十一〕延寿智觉与《宗镜录》　103

〔十二〕雪窦颂古　111

〔十三〕哑女维卫	121
〔十四〕宏智正觉与默照禅	129
〔十五〕大慧宗杲与看话禅	141
〔十六〕皇皇巨著	151
〔十七〕南宋佛学泰斗	161
〔十八〕从无学祖元说开去	169
〔十九〕荣西与道元	177
〔二十〕天童如净的禅法	187
〔二十一〕史氏家族的佛缘	197
〔二十二〕天童第一座	207
〔二十三〕密汉之诤	215
〔二十四〕皇帝与高僧	225
〔二十五〕冷香	235
〔二十六〕谛闲与观宗学舍	245
〔二十七〕弘法利生的践行者	253
〔二十八〕弘一遗踪	263
〔二十九〕太虚在宁波	273

佛◇光◇初◇现

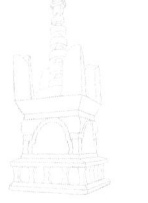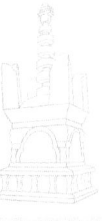

佛教诞生于公元前6世纪的印度，从阿育王时代开始走出国门向外传播，后来沿着丝绸之路传到西域各国，由西域再往东，大约是在西汉末东汉初，佛教文明就开始与中华文明接轨了。

真正促成这两大文明结缘的，是帝王的一个梦。

东汉永平年间，汉明帝刘庄夜寝南宫，恍惚之间梦见一个巨大的金人，项佩白光飘然而至，见了他也不说话，只是在殿庭里飞绕着。刘庄从来没有经历过这样的梦境，既惊奇又兴奋，第二天就向几个近臣说起了这个梦。兰台令史傅毅告诉皇帝："听说西方有号称'佛'的得道者，能飞行于虚空，神通广大，陛下所梦一定是佛。"

关于佛教的消息，在这之前已经在少数人的耳边刮过，但只是点点滴滴，像微风细雨，并没有引起众人特别的注意。刘庄的这个梦，算是正式达到了"天听"。

不久，汉明帝就派遣蔡愔等十八人去西域访求佛道。这些使臣走到大月氏国，也就是现在阿富汗一带的时候，正好遇到了在当地传教的天竺高僧摄摩腾和竺法兰。交谈以后，汉朝使臣恳请他们到东土弘法，两位高僧欣然答应。三年后，一群人千里迢迢到达了京都洛阳。

那一年，是公元67年，东汉永平十年。

汉明帝亲自召见了两位天竺高僧，翌年又敕命依照天竺宫塔的样式，在洛阳城西雍门外的御道之南，建造了一座僧院以供两位天竺高僧清修。由于他们携带的佛像经书是用白马驮来的，所以这座僧院就取名为"白马寺"，洛阳白马寺由此而成为中华第一佛寺。

摄摩腾和竺法兰着手翻译他们带来的佛经，首先译出了《四十二章经》，那是从《阿含经》中节选的佛祖释迦牟尼的四十二条语录。《四十二章经》是中国佛教的启蒙经典，也是佛经汉译的开始。经书译出后，汉明帝下令将它收藏于朝廷专藏图书的兰台石室内。

但佛教在中国传播初期并不是很顺利，因为汉代总体来说是个崇儒的社会，儒家思想根深蒂固，已融入到华夏民族的血液里，汉末以后老庄哲学和玄学又开始盛行。当时从帝王到民众，看佛学不过是九十六种道术之一，佛学在当时能够缓慢传播，是因为它的性质近于道术。再后来，佛学倚傍着玄学传播流行。所以直到那两位印度僧人客死洛阳，佛教在中国大地也没掀起多大动静来。

其实，佛教在浙东地区传播还早于此。相传东汉建武年间，中书郎张齐芳弃官隐居于灵山，后舍宅为寺，名灵山寺，即为保国寺前身。几十年后的东汉明帝永平年间，僧人普定在现位于北仑大碶的灵峰山结精舍设像行教。设像行教字面理解应该是挂着菩萨的画像向芸芸众生宣传佛法，但不知敬的是哪位菩萨，传播的又是哪门宗派，后来好像也没有寺院名称的记载。

到了三国时期，整个浙东地区已有寺院十余所，其中宁波境内有记载的寺院为慈溪的普济寺、五磊寺和吉祥寺。最早的灵山寺和普定创建的无名精舍在这个时候似乎销声匿迹了，这很正常。因为佛教初传时期，大都是某位有理想追求的僧人单枪匹马孤军深入到人烟稀少的偏僻山区，搭座简易的茅棚自行修炼，自生自灭，也有后来发展成几间十几间规模的，却经不起接二连三的火灾水淹，说没就没了，过了几十年甚至几百年后又有僧人或信徒在原来的废墟上兴建寺院，把这段历史给续上了。许多历史悠久的寺院，都是沿着这样的脉络螺旋式发展的。

普济寺创建于三国赤乌时代的公元239年，吴国太子太傅阚泽在慈湖边上舍书堂而建，这是宁波历史上有记载的最早寺院，令人遗憾的是，当时的普济寺究竟请来了哪位高僧前来住持这座佛教道场，不得而知；同样在三国赤乌年间，有位名叫那罗

图① 霞光下的育王寺

延的西域梵僧来到慈溪的五磊山，在那里结茅修行，是为五磊寺的前身；至于吉祥寺，《宁波佛教志》说其位置在县西南 50 里，创建的时间也是在三国赤乌年间。

赤乌，是东吴孙权的年号。现有的佛教资料记载，江南地区的佛教，是从汉末开始传入，到三国东吴时才逐渐得到流行。最早把佛教传入江南地区的，是那些从关中和洛阳等地为逃避战乱而迁居吴地的人。这些仓促逃难的人群中，有一部分是佛教徒，其中不乏高僧大德，比如安世高和支谦。

安世高原在洛阳翻译佛经，为避乱杖锡江南，先是到庐山，然后到广州，最后到达绍兴，关于他在江南一带弘传佛教，有许多神异的传说。支谦原来也在洛阳学习大乘佛教理论，与数十乡人避乱到吴地后，孙权听说其博学多才，就拜为博士，辅导东宫的同时修行译经。再后来，康僧会走进了赤乌年间的江南建业，也就是现在的南京。

《高僧传》记载，公元 247 年，康僧会来到建业，孙权认为汉明帝当年梦见神为佛,并不可信,要求康僧会以能得到舍利而有灵验,便为他造塔立寺,否则就要依法加以处罚。康僧会在一间静室里,洁斋祈祷,经过二十一天苦修,竟然以他的至诚,而有舍利出现在预先准备好的铜瓶内。这个奇迹说服了孙权,因此建塔立寺,这也是江南最早由官方出资建造的寺院,所以取名建初寺。

康僧会是一位富有宗教实践的僧人,他用"佛儒结合"的方法传播佛教,在佛教的因果报应说中,糅合儒家的治国思想,这样做得到士大夫和帝王的支持,为大乘佛教在中国流行打开了方便之门。佛教典籍《广弘明集》有一篇《吴主孙权论叙佛道三宗》的文章,里面有阚泽向孙权论析佛道儒三家优长而使"吴主大悦"的记载。这位阚泽,就是在慈湖边上舍宅建普济寺的那位太子太傅。

大觉佛陀的声音,在僧宝们的传续诵唱下,迈进了魏晋南北朝的大门。这是个非常怪异的时期,封建割据导致的政治紊乱,连绵战争所引起的社会动荡,在政权频繁更迭的同时,旧有学术思想道德观念动摇。恰恰在这样乱糟糟的大环境下,意识形态却呈现出了空前的繁荣,玄学的兴起,佛教的输入,道教的勃兴及波斯、希腊文化的羼入,林林总总,令人眼花缭乱。

向来以从容风格示众的佛教,内部的格局也是异彩纷呈,大乘的"般若"学用空无否定世俗世界,小乘的"禅数"学则以法体实有论证士族品类等级的合理性,在热热闹闹的争论声中,佛教得到了迅猛的发展。特别是南北朝,佛教不仅在民间狂热发展,在宫廷与贵族之间,也引起了广泛响应,佞佛之风盛行,帝王舍身之事屡有发生,建寺造像更是成为一种时尚,"南朝四百八十寺,多少楼台烟雨中"。可以说,魏晋南北朝时期,是中国第一次西风东渐,民族文化第一次大规模遭受了异域文化的涤荡。

如果要追根溯源,或许是,在动荡的乱世里,生命的痛苦和普遍的苦难,使得人们看不到出路和光明,希望有一种新的精神家园,能够逃避或者皈依。佛陀深邃的智慧和普度众生的博大胸怀,给那些不安的灵魂以慈悲的抚慰,让人们看透生命的虚幻本质,以超越生死的平常心去接受人生的过程。所以佛教在当时能够迅速传播,不仅仅是传道者的意志,更是国人对它的一种需求。这是历史的相逢,给当时中国人精神的天空增添了一颗明亮的新星。

在浙东,虽然当时的佛教中心在绍兴,但宁波佛教也呈现出蓬勃发展的态势。其中一个很重要的标志是并州离石人刘萨诃来了。

刘萨诃僧名慧达,原本是个双手沾满生灵鲜血的小军吏,后来在梦中经观音菩萨点拨而皈依佛门。公元282年,慧达东游至鄮县乌石岙得佛舍利宝塔,于是结茅守护,成为阿育王寺的开山之始。一百多年后的东晋义熙元年(405),舍利宝塔从乌石岙慧达结茅供养处迁到现址,晋安帝诏令建塔亭和禅室,并赐27个僧人守护。南朝宋元嘉二年(425),宋文帝敕寺住持道佑增创寺院,立阿育王寺常住田;元嘉十二年又建塔寺。至此,阿育王寺形成了严格意义上的寺院。到了南朝梁普通三年(522),梁武帝诏令扩建殿堂房屋,并赐名"阿育王寺",其后的大同六年(540)又命改建浮屠,铸铜佛、铁鼎,写经论,同时敕免阿育王寺田赋。由于历代帝王的大力推崇,阿育王寺很快成为浙东名刹。

公元300年,在慧达发现舍利宝塔十八年后,距阿育王寺不到15公里的鄮县东谷,僧人义兴在那里结茅为庐,潜心静修。相传太白金星曾化为童子,侍其左右,"太白"山名由此而来,义兴也被尊为"太白祖师",成为天童寺的开山之祖。

两寺创立的年代都在西晋,相隔只有十八年,相距也只有十几里,但在交通和信息闭塞的古代,两位名刹的创始者真正做到了老死不相往来。

图② 东南佛国天童寺

他们并不是宁波平原佛教最早的先导,却在不经意间成为三座最有名气寺院的创始者之一。

另一座是雪窦寺,创建时间也是在晋朝,具体年份不详。当时有比丘尼在奉化雪窦山顶结茅修行,因附近有千丈瀑布,取名瀑布院,是为雪窦寺之前身。

除了上述寺院外,在余姚,邑人王阳和虞弘于公元336年在龙泉山建寺,即后来的龙泉寺。还有宁海的慈尊寺、多宝寺,差不多也是在这个时间段创建的。到了公元405年,天竺高僧昙猷又在宁海城东十里处创建了白水庵。

南朝新建的寺院更多,先后有奉化的岳林寺、余姚的九功寺、宁海的妙相寺、象山的凤跃院(也就是后来的等慈禅寺)以及金仙寺的前身精进庵等,有记载的寺院至少有十多所。

这要感谢当时的政治背景。永嘉之乱后,北方战争不断,南方社会相对稳定,江浙一带得天独厚的地理环境促使经济发展迅速;北方名僧先后在汉魏、两晋之际和刘宋立国前后三次大规模南渡,佛教学术中心逐渐转移到南方;东晋和南朝历代统治者大都崇奉佛教，传播的环境比较宽松自由。所有这一切，都为佛教的兴盛与发展提供了良好的条件。

这些寺院的创建，为以后的僧人在这片土地上创宗立说、弘扬教义提供了宁静的修行场所。那是佛光初现时期的宁波，当那些智慧的方外群体在晨钟暮鼓中为追求信仰而默默坚守时，宁波佛教的兴盛之门由此打开。

作为中华子民最为殊胜的文化因缘，宁波佛教走过了隋唐的兴盛，宋元的繁荣，明清的式微，近代的改革创新之路。在一份挥洒不去的悠远与沧桑中，伴随着花开花谢的1700多年，已经生根、发芽，乃至枝繁叶茂，成为精神文明不可或缺的重要殿堂。

东◇南◇佛◇国

[二]

东南佛国梵王宫

1700多年前的西晋永康元年（300），当时鄞县南山东谷这个地方群山环抱，古木参天，许多挂满鲜花的灌木丛杂乱地交错着，大小生灵随意出没，发出清脆或古怪的声音。

一天，有位脚踩芒鞋肩背布袋的行脚僧人路过这里，他叫义兴。这时的义兴可能有些累了，就随便找了块大石头坐下来。周围青山如黛，涧水呈碧，佳木葱茏，头上的天空寂静如水，义兴的心境也随之安静下来，突然萌发了栖止的念头。

后来的佛教典籍记载说，义兴云游到此后，见这里山清水秀，便结庐修持，每日礼佛诵经不止，并动手建造精舍。他的行为感动了玉皇大帝，玉皇大帝让太白金星化为童子，每天做饭送水，侍奉左右。精舍建成后，童子对义兴说："我是太白金星下凡，因为大师笃于道行，玉帝命我前来护持。现大功告成，特此告辞。"说完腾云而去。

虽然到现在为止，我们不清楚天童寺的这位开山祖师究竟从哪里来，更不知道他的籍贯姓氏，还有门派师承等基本信息。但当这位义兴法师选择在东谷落脚的那一刻起，中国佛教尤其是禅宗历史上许多耀眼的亮点，开始在这方净土绽放出来。

但彩虹总在风雨后。在天童寺成长的过程中，经历了许多的劫难。最初有文字记载的一次毁灭性打击，是在距义兴开山百年后的公元399年，也就是东晋隆安三年。当时有个叫孙恩的人借传播天师道之名，聚众举事，大本营就设在甬江口。在他们的烧杀抢掠之间，义兴建立的东谷精舍也被无情的烈焰吞噬，遗址湮没于枯树荒草之中，本来就很微弱的香火就这样熄灭了。

直至三百多年后的唐开元十九年（731），寂静的东谷又走来了一位僧人，他叫法璿。与义兴的随遇而安不同的是，法璿来这里的目的很明确，就是为了寻找曾经有过的佛光。

经过披荆斩棘，终于在杂草丛生的山谷里找到了义兴结茅修持的旧址，欣喜若狂的法璿便在那里重新建造精舍。然后，每

天诵读《法华经》不止。据说就在此时此地，当年义兴修行时的奇迹再次发生，那位化身为童子的太白金星再次送来食物。这件事很快被传开，寺名天童与山名太白由此而来。

最初看到这个典故，总觉得有些奇怪，太白金星是道教的神仙，怎么能放下身段来为佛教徒捧场？后来查了资料，才知道佛教传入东土的初期，为了生存和传播，是与道教打成一片的。而中国的普通百姓，尤其是汉族，并不是一个宗教性很强的民族，除了专职的僧尼或道士外，老百姓对佛道两教几乎都信，但都信得马马虎虎。佛教寺庙里有道教的神，反之亦然。有时候，居然在佛道两种庙里出现孔子和关公文武二圣。天童寺初创阶段的佛道相融，体现的正是汉民族这一特殊的宗教情结。

或许是太白金星的名人效应起了作用，或许是法璇的诵经声很入耳，牵动了善男信女的佛心。很快地，东谷的精舍开始热闹起来，每天都有香客前来念经拜佛。这期间，秘书省正字郎万齐融出资在精舍的西南面建造了一座多宝塔。

有精舍，有佛塔，有固定的信徒，一座寺院最基本的元素已经形成。在法璇重建精舍二十六年后，也就是唐至德二年（757），当时的住持是宗弼禅师，他感到东谷这个地方有些逼仄，便将精舍迁徙至太白峰下，也就是现在天童寺的位置。两年后的乾元

图① 太白精舍

图② 五佛镇蟒塔

二年（759），天童寺获得了皇帝敕赐"天童玲珑寺"的名号。这是一个重大的转折，意味着天童寺开始跻身全国著名寺院的行列。获得皇封后的天童寺名气大了，僧人和信徒也多了起来。就在那一年，新任住持清闲禅师带领僧众做了两件大事：一是建造食堂，二是种植二十里的夹道松。可见当时的天童寺已经有相当的经济实力。也就是说，中唐开始后的天童寺，已经呈现出欣欣向荣的景象。

接下来是著名的"会昌法难"。发生在唐武宗会昌五年（845）的废佛事件中，全国共拆毁佛寺4600余座、私立的僧居40000余所，收回田地数十万顷、奴婢15万人，26万僧尼蓄发还俗。翌年，灭佛皇帝唐武宗死后，新君宣宗立即改变前朝的封杀佛教政策，再次尊崇佛教。按理说，在会昌年间，佛教能延续香火就烧高香了，谈不上有什么发展，但天童寺在这次法难中不但没有遭殃，当时的住持藏奂禅师甚至还在少白岭上建造了五佛镇蟒塔。这其中的原因有很多，但不管是什么原因，对天童寺来说，都是件大好事。

会昌法难结束后的大中元年（847），在新任住持咸启的努力下，天童禅寺改为十方丛林。咸启是曹洞宗开山祖师洞山良价的亲炙弟子，他在天童寺如何传法的情景，没有详细的资料记载,只是说他"参经问偈,品至超世"。但在咸通元年(860),唐懿宗赐给咸启禅师一件只有高僧才有资格穿的紫色袈裟,其在当时的影响可见一斑。到了咸通十年(869),根据浙东观察使杨严的奏请,敕赐天童禅寺为"天童天寿寺"。

经过唐代的艰苦磨砺,北宋的天童寺已成禅宗名刹,引来许多大德高僧驻锡于此。景德四年(1007),真宗敕赐"天童景德禅寺"。元丰八年(1085),天童寺的惟白禅师接到皇帝诏令,要他去宫中为神宗皇帝说法,这对于天童寺和惟白本人来说,都是莫大的荣誉。惟白修习的是禅宗中的云门宗,他移住天童寺后,使天童禅寺首先在云门宗法领域声名远播。其后惟白多次到皇宫说法,深受哲宗赵煦和徽宗赵佶的推崇。建中靖国元年(1101)的八月,惟白撰成《建中靖国续灯录》三十卷,徽宗皇帝看了后龙颜大悦,亲自为这本书写序文,并敕许入宫中收藏。同时赐号惟白为"佛国禅师",后人称之为"佛国惟白"。作为云门宗匠,佛国惟白把云门禅法的最后辉煌留在了天童寺。

时间到了南宋。建炎三年(1129)秋天,天童寺又迎来了一位高僧,他就是曹洞宗的宏智正觉禅师。他住持天童三十年,再次弘扬曹洞禅风,并倡导"默照禅",使天童寺一度成为曹洞禅的中心,全寺僧人也从原先的二百左右增加到上千人。这期间,寺院大兴土木,先后扩山门、建僧堂、铸千尊铜佛安奉在"千佛阁",中间又建卢舍那阁,安置五十三善智识像,并在寺门前开凿内外两个万工池。现在天童禅寺的大框架,就是那个时候奠定的。建筑的格局主要是中轴线上的天王殿、佛殿、法堂以及边上的僧寮、斋堂,构成了禅寺的基本单元。在其后的发展中,在中轴线两翼,从南到北又增加了许多附属建筑。宏智正觉住持天童的那几十年,天童寺拥有水田一万三千亩,周围山林都属寺院,还在今天的象山与定海,整治了两千多亩滩涂。后人把这个时间段称为"天童禅寺中兴时期"。

东南佛国——宁波佛教文化

图③ 御书太白名山碑

也是在南宋。淳熙五年（1178），已经住持天童寺十五年的慈航了朴禅师应宋孝宗之请，前去皇宫说法，临别时皇帝御书"太白名山"四个大字赐给天童寺。绍熙四年（1193），住持虚庵怀敞花了整整三年时间扩建千佛阁。扩建后的千佛阁高三层十二丈，翚飞轮奂，隐接云霄。宋宁宗嘉定十三年（1220），朝廷设置"五山十刹"，为我国禅林官寺制度中最高级别的寺院，天童禅寺列为五山之第三山。这时的住持是浙翁如琰禅师，据说那句诗意与禅意均佳的名句"踏花归来马蹄香"是他的杰作。随着浙翁如琰的到来，临济宗的杨岐派开始在天童兴盛，他的同门师兄天目文礼和无际了派都是著名的高僧，也都住持过天童寺。而浙翁的弟子大川普济，正是编著禅宗著名灯录《五灯会元》的那位。那时的天童寺，可谓精英辈出，声誉日隆。

但天有不测风云，在其后的南宋宝祐四年（1256），天童寺遭遇了一场大火，几乎把宏智正觉住持后一百多年来形成的天童禅寺的所有建筑都毁于一旦。危难时刻，时任太平兴国寺住持的别山祖智禅师奉诏前来，在佛寺烧毁后的一片废墟中搭起了茅屋。虽然是朝廷任命，但朝廷却不发救灾款，更不用说重建的专项资金了，所有的费用都靠自筹。别山祖智身体力行，带领寺僧日日化缘。据说其间他还成功地举办了一次祈雨法会，使久旱无雨的明州大地普降甘霖。善良的明州百姓感激之余，争相出钱出力，帮助禅师建造新的天童寺。经过三年的努力，终于使天童"宇殿像设，轮奂一新"。

宋朝的天童寺，还在不经意间，成了佛教外传的一个重要出发点。虚庵怀敞授临济宗于千光荣西，长翁如净授曹洞宗于希玄道元，分别形成日本禅宗的临济宗和曹洞宗。之后，天童寺也有许多高僧如兰溪道隆、无学祖元等应邀赴日传法，成为一派宗师。

元大德三年（1299），成宗诏令千佛阁更名为朝元宝阁，后

图④ 天童寺佛殿

毁。至正十九年(1359),住持原明元良禅师重建朝元宝阁,铸万铜佛供于其中,阁旁置二楼,左鸿钟,右轮藏,金碧辉煌。有诗赞曰:"云从太白山头起,香自朝元阁上飘。"至正二十年(1360),顺帝敕赐元良禅师"善觉普光禅师"号。

明太祖于洪武十五年(1382)册封天下名寺,天童禅寺被列为天下禅宗五山之第二山。神宗万历十五年(1587)七月,鄞县发生特大水灾,天童禅寺殿宇全部冲垮,础砾无存。当时的住持因怀禅师赶在冬天到来之前草创了佛堂,其他的基础设施却无力再建,曾经声名远播的天童寺一度没落。

四十四年后的崇祯四年(1631),临济名僧密云圆悟奉诏住持天童。在他的苦心经营下,先后建起了佛殿、天王殿,继而建法堂、先觉堂、藏经阁、方丈殿、云水堂、应供堂、延寿堂等,并重浚万工池,修造七宝塔,所有工程,无不建造完备,奠定了今日寺院的规模和格局。与此同时,密云圆悟与其弟子汉月法藏的"密汉之诤",成为中国禅宗史上延续百年的教义大洗礼。而他的另一位嗣法弟子破山海明,离开天童后在四川梁平万竹山创建双桂堂,双桂堂被尊为"西南禅宗祖庭",破山当时也被人们称为"小释迦"。

清朝的顺治皇帝是个虔诚的佛教徒,经常与高僧谈论佛法。顺治十六年(1659)天童禅寺住持木陈道忞奉诏进京说法。木陈道忞不仅佛学造诣深厚,而且知识渊博,与福临谈古论今,结下了深厚的友谊,被赐以"弘觉禅师"名号。虽然木陈道忞是天童寺奉诏为皇帝说法的第七位高僧,但他对皇帝的影响,是其他高僧所不及的。或许正是因为他的努力,使得汉传佛教尤其是禅宗,在清初又得到了兴起的机缘。在其后的康熙和雍正等时代,朝廷都对天童寺有不同程度的褒奖和赏赐。

清末的中国,随着道光开埠和太平天国的兴起,社会格局发生了巨大的变化,各地寺院历经大浪淘沙后,最终形成了金山、高旻、天童和天宁四大寺院为尊,号称禅宗四大丛林。这时的天童寺住持,是名动天下的高僧寄禅敬安。他是位著名的诗僧,又是中华佛教总会的首任会长,最终为保护寺产以身殉职。

寄禅敬安有两位法嗣,他们是太虚唯心和圆瑛宏悟,都是近代中国佛教界的领袖人物。他们都倡导"人生佛教",主张佛教要适应时代变革与时俱进。1929年,太虚和圆瑛共同发起成立中国佛教会,圆瑛被选为会长,并七届连任,新中国成立后,又担任中国佛教协会的首任会长。

新中国成立后,天童禅寺得到了人民政府保护,僧众殿堂功课威仪整肃,参禅修持不废古规,同时发扬"农禅并重"的优良传统。1966年,"文化大革命"开始后寺院移作他用,佛像被毁。1979年,国家拨款修复天童寺,时广修法师任住持,经过几年努力,古刹重辉,法炬重燃。1980年5月,日本曹洞宗总持寺的贯首乙川瑾映禅师,率领由135人组成的代表团来到天童寺参拜祖庭,为天童寺的复兴描绘了浓墨重彩的一笔。1988年,时任中国佛教协会副会长的明旸戒先法师住持天童寺,并举行隆重的方丈升座典礼。明旸戒先是圆瑛大师的入门弟子,为临济宗第四十一世法嗣。

天童禅寺自义兴祖师开山以来,经历代相承,终于成为规模

宏大的禅宗十方丛林。这里不仅有雄伟的建筑，有秀逸的景色，更有许多高僧大德在这里修行传法，书写了中国佛教文化的绚丽篇章。

"山山桑柘绿浮空，春日莺啼谷口风。二十里松行欲尽，青山捧出梵王宫。"这是王安石任鄞县令时描绘天童的名句，就让它作为这篇文章的压轴之句吧。

图⑤ 天童禅寺全景绘图

【三】

舍利之光

说起来,生养我们的这块土地是很有灵气的。

两千多年前,印度历史上伟大的阿育王向全世界赠送八万多座装有佛舍利的宝塔,偌大的中国只有十九座,其中的一座就落脚在鄞州,那时称之为鄮县。更让人引以为傲的是,这19座原本以阿育王命名的寺院现在只剩下这座硕果仅存。

在西安法门寺博物馆的一个展厅里,就有"中国古代十九座释迦牟尼佛真身舍利宝塔分布图"。这张图的出处,有人撰文说是来自唐朝旷世学问僧释道世的《法苑珠林》,但我在中国国学网等几个学术味较浓的网站上查阅后发现,《法苑珠林》中记载的阿育王舍利宝塔是21座,19塔的出处来自比这更早的《集神州三宝感通录》,这本书是唐代著名学僧道宣所著,在这之前道宣还写了本《广弘明集》,也写到了阿育王塔,当时列举只有17塔。可见阿育王舍利塔的数量随着时间的变迁有所增加,把新的发现添补上去,这很正常。

回过头来再说《法苑珠林》,在这部百万余字的佛教百科全书里,详细记载有阿育王在中国为供奉佛祖释迦牟尼真身舍利建造的宝塔塔名以及建塔时代与地点。虽然当时全国的佛寺已有千百座,但道世认为,只有这21座宝塔的地宫里有佛祖的舍利,确实是阿育王所造。道世还认为,这些舍利塔虽然先后再建于晋、隋之际,但不是"造新",皆为"修故",所以地宫都没有动过。

地宫虽然没有动过,但地面上的建筑物随着岁月的流逝和世事的变迁,大都已经废圮,剩下的只有我们宁波的阿育王寺了。

写到这里,敲击的键盘不由得跳出一个人名来:刘萨诃。

刘萨诃未入佛门时是晋代并州一个下级官吏,醉酒暂死时梦游十八层地狱后立志向善,由一个杀生为业的罪人变成了一个精勤福业的游方僧人。他后来被不断神化,由凡人而高僧而菩萨最后成佛,成为佛教彻底中国化的重要标志性人物。

图① 阿育王舍利

　　他最初的起步阶段应该是刚遁入空门不久,在观音菩萨感化下决心在神州大地遍求阿育王送过来的舍利宝塔。

　　公元282年的某一天,已经是释慧达的刘萨诃拖着疲惫的步伐行至会稽鄮乌石岙时,忽然听到地下有钟磬之声传出,他连忙诵经礼拜,三天三夜后,居然从地上涌出一座舍利宝塔来。青色的塔身,似金非金,似石非石,光明腾耀,眩人心目,释迦牟尼的佛顶真身就悬在塔内的金钟里面。

　　可以想象,当时慧达的心情是多么激动。志书说他"当即就地结茅供奉,修持行道",成为阿育王寺的开山之祖。

　　慧达在乌石岙究竟住了多少年,史书没有记载。除了发现鄮县的阿育王塔外,之前曾在建康的长干寺有类似的际遇,也就是说,短短几年时间,慧达发现了两处阿育王舍利塔。这时的慧达,可能有点想家了,便回到稽胡人聚居地传播佛法。时值战乱,他为羌胡所房,几乎毙命。逃出后,便孤身前往印度礼拜佛陀圣迹,途中与另一位高僧法显相遇,两人曾一度结伴同行。关于这段经历,法显在《佛国记》中有记载。慧达与法显都是中国历史上最早走出国门求法取经的僧人。

在梁慧皎的《高僧传》里，记载了慧达在建康安置好佛舍利后，向东游吴县，礼拜维卫与伽叶石像，并停止于玄通寺，首尾三年。随后又来到多年前他发现舍利宝塔的会稽鄮县阿育王寺，只见宝塔神光焰发，塔的四周群鸟不敢前来栖息，渔夫在这条河上连鱼尾巴也看不到，舍利的神通由此可见。

随着慧达的离开，他创建的阿育王寺，在其后的百余年，处于默无声息的状态。直至东晋义熙元年（405），舍利宝塔从乌石岙慧达结茅处迁到现址，并兴建塔亭和禅室，安帝又度僧27人守护。至于为什么迁址，当时的住持又是谁，史书没有记载，我们也不得而知，但当时的阿育王寺已经很有名气了。

二十年后的南朝宋元嘉二年（425）某日，被后人誉为有"元嘉之治"政绩的宋文帝，在建康金銮殿上突然挂念起千里之外的鄮县舍利塔来，诏令住持道佑法师，增创寺院。在掘地基时，挖出石函、金盒、玻璃钟，覆以铜镜，盛三舍利，佛爪发。宋文帝闻报后认为"舍利封袭未严，斫木为浮屠三层函之"，就是用木头建造三层佛塔把舍利塔覆盖起来。上述举措到位后，宋文帝还是不放心，下令在寺院周围设营防卫，调拨三千士兵日夜守护。同时，赐常住田，让寺院有稳定的经济来源。元嘉十二年（435）又建塔寺。可见，有佛舍利镇寺，阿育王寺在佛教界的地位无与伦比。

梁天监二年（503），梁武帝下诏改造阿育王寺塔，在接下来的两年内，先后举行了三次无碍大会。无碍大会也称无遮大会，就是和尚与普通百姓均可参加的斋会。无碍大会结束后，梁武帝又将阿育王寺舍利迎请到京城供奉，当皇太子奉迎舍利到达都城时，全城百姓倾城而出，史书记载观者达一百多万人，尽管记载的人数有夸张的成分，但盛况空前是肯定的。梁武帝对阿育王寺称得上情有独钟，普通三年（522），下诏对阿育王寺原有的建筑进行扩充，并赐"阿育王寺"额，由著名书法家萧子云手书。大同五年（539），武帝听说阿育王寺藏舍利塔的木浮屠坏了，马上命令他的孙子岳阳王萧詧负责把原三层的浮屠增为五层，藏武帝及昭明太子萧统像于塔内，并赐黄金五百两，造铜佛四百躯，写经论五百卷，铸四个大铁鼎以镇四角，又拨兵士三千在舍利塔周围设营防守，并敕免阿育王寺田赋。这一系列的举动使得阿育王寺名震天下，塔居神州第一。

唐朝时期的阿育王寺也挺引人瞩目的，因为鉴真大和尚在这里住了将近两年。鉴真在阿育王寺挂单的时间虽然不是很长，而且是在特殊情况下被动留驻的，但他带给宁波和整个浙东地区的影响却是空前的，尤其是佛教文化的对外交流，有着指路明灯般的作用，许多僧人开始认识到外面的世界也很精彩，普度众生可以走出国门面向世界，于是纷纷仿效，像兰溪道隆和无学祖元等，都是继鉴真后出国弘法的得道高僧。

唐武宗灭佛时，全国大多数寺院被毁，阿育王寺也未能幸免，舍利宝塔被没收进越州官库，与那些乱七八糟的零碎杂物混放在一起。唐武宗灭佛半年后病死，继位的宣宗早年避难时曾剃发为僧，当了皇帝没有忘本，在全国大兴佛法。舍利宝塔眼看可以回家了，阿育王寺僧众喜笑颜开。谁知佛门也有贪婪之徒，会稽开元寺僧人见舍利是佛家珍宝，想据为己有。阿育王寺僧人拿起了法律武器，一纸诉状告到观察判官蒯希逸那里。蒯判官秉公执法，把舍利宝塔判还给阿育王寺。大中四年（850）正月，明州太守亲自到会稽也就是现在的绍兴奉迎，阿育王寺举行了有僧俗八千多人参加的供奉舍利宝塔仪式。

舍利宝塔在唐末又经历了一次风险。据说有个来自朝鲜半岛的新罗僧人经过多次谋划，终于阴谋得逞，从舍利亭取出宝塔准备带走。接下来的情形是，这个新罗僧人手捧舍利宝塔快速行走了一夜，天亮后发现自己正绕着舍利亭原地踏步，大惊失色后弃塔而逃。

图② 宸奎阁

这样的灵异记载还有很多。后梁末帝贞明二年(916),钱武肃王遣弟迎舍利塔到王宫礼拜,归还途中官船停泊在岸边,当晚舍利塔突然光芒万丈,把整个江面照得如同白昼一般。吴越王闻报后当即下令把原来的五层浮屠增高至九层,第三层置七宝龛,用以安放舍利宝塔。

宋元时期的阿育王寺高僧辈出,道法远播朝鲜半岛和日本。北宋大中祥符元年(1008),阿育王寺被朝廷赐名为"阿育王山广利禅寺",拓展为十方禅刹。熙宁元年(1068),大觉禅师怀琏出任阿育王寺第五任住持。是时"法席鼎盛,名播天下"。元祐六年(1091),怀琏筑宸奎阁珍藏宋皇御笔,苏轼作《宸奎阁碑铭》。一时人才辈出,四方问道者源源不绝。阿育王寺出现了前所未有的中兴景象。继怀琏之后,两宋住持阿育王寺的先后有真戒、净昙、了空、介堪、圆悟、大慧、佛照、妙智、笑翁诸大师。他们学问高深,弘扬佛法不遗余力。

宋室南渡以后,由于国土缩小,阿育王寺的地位显得更加重要。高宗即位不久,就赐阿育王寺舍利宝塔"佛顶光明之塔"匾额。南宋绍兴二十六年(1156),高宗委派大慧宗杲住持阿育王寺。

宗杲刚受诏住持阿育王寺,"四方学徒,川奔涛涌",以致寺内的粮食供应发生了困难,幸亏天童寺住持宏智正觉及时送来

明州阿育王山廣利寺宸奎閣碑銘

翰林學士朝奉郎知杭州軍州事兼管內勸農使充兩浙西路兵馬鈐轄兼提舉本路兵馬巡檢公事武功縣開國子食邑六百戶輕車都尉賜紫金魚袋臣蘇軾撰并書

皇帝中有詔廬山僧懷璉住持京師十方淨因禪院召對化成殿問佛法大意奏對稱旨賜號大覺禪師蓋璉之為人也其言汪洋而粹深其行峻而通故一時士大夫喜從之游遇休沐日璉未嘗不過其門也仁宗皇帝以天下須佛老之說繼之不可師傳自然得道與廣利寺宸奎閣碑之人相與出力建大閣藏所賜詔書頌詩於金山西湖遂歸老於四明之阿育王山廣利寺四明之人相與出力建大閣藏所賜詔書頌詩璉時出京師始建寶文閣奏書頌詩以賜之兄十有七篇至今藏於山中上即位之四十有二年璉始以老求歸山詔許自便璉既渡江少留於金山西湖遂歸老於四明之阿育王山廣利寺四明之人相與出力建大閣藏所賜詔書頌詩名之曰宸奎閣謹拜手稽首問以辭臣謹按古之為僧者必曰吾漢明梁武其徒盛矣未嘗有非其師傳維道人璉逍遙自在禪律並行以謹其徒蓋常以出世法度世者古今一人而已璉臨歿以玻瓈色衣以瓦鐵食此非法使者歸

頌詩我既受命復作銘詩惟佛與佛乃識其真爾東南山君海王時節來朝以謹其徒蓋常以上嘉之當賜以龍腦鉢盂璉對使者焚之日吾法以壞色衣以瓦鐵食此非法使者歸
昭陵口口仁宗在位四十二年

上天欲久其傳之銘日
魏元祐六年正月望日建

粮食等日常物品，暂解燃眉之急。其后宗杲率僧俗徒众万余人到奉化一带围垦海涂，成田1700亩，名为"般若庄"。以后继任的住持也都励精图治，把阿育王寺治理得有声有色。淳熙元年（1174）十一月，孝宗委派使者请舍利入禁中供奉，阿育王寺住持从廊亲自护送。孝宗三次瞻仰，但见舍利现于塔顶，如月轮，又现两角如水晶珠。孝宗惊叹之余，御书"妙圣之殿"四个大字，又封从廊为"妙智禅师"。淳熙间，明州郡守赵恺更是"以金造成一座（塔），奉安宝塔于其中"。宋宁宗时，朝廷钦定"五山十刹"的禅院等级制度，阿育王寺跻身五山之列，与径山、天童、灵隐、净慈诸寺同为中国官寺制度中级别最高的寺院。

南宋德祐二年（1276），元军攻克临安，宋廷谢太后及恭帝投降。元世祖不久就派使者到阿育王寺，迎奉舍利宝塔到开平府华严寺供奉，同年九月至燕都圣寿万安寺。在万安寺，元世祖忽必烈召集僧尼十万余，设十六道场，为国祈福。其时，香灯花幡，梵吹歌颂，世祖亲临致敬。事毕后，遣僧录怜占加大师送塔南还，并赐阿育王寺名香和金银等物，又诏令江浙行省修复阿育王寺殿宇。一年以后，金碧辉煌的阿育王寺重新雄踞于山之南麓。

元至正年间，阿育王寺许多庄田财产为豪强所占。太尉纳麟得知后，委派四川籍僧人雪窗悟光住持阿育王寺。雪窗悟光不负众望，几个月后，不但全部恢复被豪强所占的庄田和园林，还大兴土木，上至祖堂、法堂，下至廊庑、库房、杂屋，依次建成，四方僧徒再次慕名云集，内外不下千人。至正十年（1350），悟光用朝廷所赐白金建成承恩阁，翰林侍讲学士黄溍撰《承恩阁碑记》。

明洪武十五年（1382），明太祖朱元璋册封阿育王寺为"天下禅宗五山之第五"，赐名"阿育王禅寺"。阿育王寺在明初时期，戒律精严，尚能维持大刹的局面。永乐十四年（1416）重建

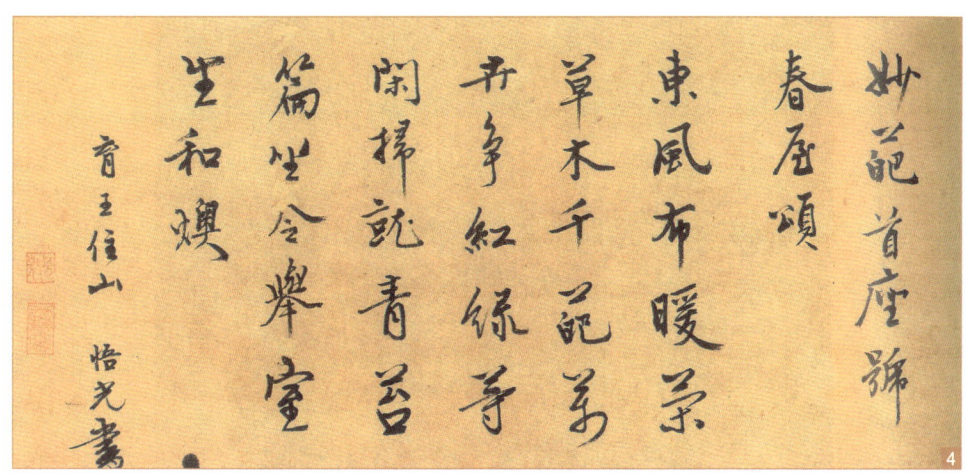

图④ 雪窗悟光手迹

毁圮的大殿，弘治年间又重建玉几松堂，正德七年（1512）修上塔，嘉靖四年（1525）重建山门等，时甬上名人如丰坊、沈一贯、屠隆等撰写"募缘疏"多篇，呼吁社会各界伸出援助之手，重建寺院。可是到了明万历二年（1574），南京刑部尚书陆光祖来阿育王寺参拜舍利时，发现历代敬仰的舍利塔竟然安置在僧人的宿舍内，陆尚书非常痛心，马上捐款重建舍利殿，并立石浮屠，也就是石塔，要求把舍利塔藏入石浮屠中。当时金华有位传瓶和尚很有名，陆光祖就联合甬上名人联合邀请传瓶和尚前来住持阿育王寺。传瓶上任后，马上发起了募捐活动，全体僧众齐心协力，修葺殿宇，竖立山门，重建廊庑、禅堂、僧舍百余间，还新造了一座金碧辉煌的舍利宝塔。传瓶住持阿育王寺期间，不仅大兴土木搞建设，而且还以弘扬天台教义为己任，东南名刹的风貌再度得到恢复。

转眼到了清朝。乾隆十六年（1751）二月乾隆南巡至杭州时，召见了阿育王寺住持畹荃，特赐紫沙门镶龙缎袍及宫绸彩缎、御用绣袋等物。畹荃回寺后仿效前辈，建承恩堂珍藏皇家赐品。以后乾隆又陆续赐给阿育王寺御书《心经》《大悲心陀罗尼经》及"觉行俱圆"匾额。这个时期应该是阿育王寺在清代的最盛期，慕名前来的信徒又开始络绎不绝。畹荃法师不仅佛学修为深厚，

图⑤ 育王寺冬景

儒学功底也很扎实,诗词书画样样精通,是位名副其实的学问僧。这位学富五车的高僧,有很强的文物保护意识,他把湮没在荒草丛中的历代碑碣收集在一起,将残碑嵌入墙中。又集资重建钟楼、拾翠楼、娑罗阁、无异堂、妙喜泉,续修《育王山志》六卷,作《育王山十景诗》等。畹荃任方丈期间,与当时文人墨客互相酬唱,留下了许多赞颂阿育王寺的优美诗篇。

民国初期宗亮任住持,阿育王寺依旧注重寺院的建设,先后重建了舍利殿、藏经楼,全部盖以琉璃瓦,藏经楼内贮有乾隆版《大藏经》。

二十世纪六七十年代,阿育王寺佛像及历代传下来的名人字画遭到毁坏。十一届三中全会后,国务院落实宗教政策,政府拨款六十多万全面修复阿育王寺,东南佛国的古建筑群又成为举世瞩目的佛教道场和游览圣地。1981年,阿育王寺被列为浙江省重点文物保护单位,1983年被国务院列为汉族地区佛教全国重点寺院,2006年又被国务院命名为全国重点文物保护单位。

【三】应梦名山

（一）

雪窦寺始创于晋代，但具体年份和创始者无考，据说有尼姑结庐山顶，初名瀑布院，被认定是雪窦寺的前身。

翻过四五百年的空页后，第一个有明确记载的年份是在唐武宗会昌元年（841）。那年，瀑布院移至如今的雪窦寺址。这有些让人费解，唐武宗做了五六年皇帝，大多数时间都在灭佛，灭得惊天动地，雪窦山顶的尼庵偏巧在这个时候迁下山，在以后持续几年的灭佛运动中好像也没有遭到打击。

只有一个理由解释得通，当时这座寺庵太小，太不起眼了，甚至还没有来得及纳入地方管理机构的花名册中，于是，就逃过了全国性的法难。但好景不长，到了唐宣宗大中末年（859），浙东爆发了震惊朝野的裘甫起义，农民军把寺院当作堡垒，籍以抗击官兵，寺院最终还是成了废墟。战争结束后，唐懿宗为安抚浙东一带民众和佛门，非常大方地把皇恩洒向这座当时并不起眼的寺院，敕赐"瀑布观音院"。这应该是雪窦山历史上的首次皇封。

尽管有了皇封，但在其后的几十年，瀑布观音院的发展步伐还是缓慢，这种状况持续至唐昭宗景福元年（892），在常通禅师担任住持期间，得到了明州刺史黄晟的一笔赞助：施田1300亩。寺院用它创建了宝丰庄，不仅解决了僧众的吃饭问题，还有稳定的租金收入。有了钱粮后，寺院开始大兴土木搞基本建设，"修建寺院数百楹，始成十方丛林。"这个"楹"，是当时计算房屋的单位，有说一列为一楹的，也有说一间为一楹的。我比较倾向于前者，大概几十间或者上百间吧，数百间房屋，应该没这么大规模。

这已经足够了。足够让这座寺院发生质的变化，瀑布观音院从此改变了以往师资相承的子孙丛林模式，敞开山门，邀请名僧前来住持弘法,为寺院以后的发展迈出了关键的一步。

如果说,之前的七百多个春秋是铺垫的话,那么宋朝,则是这座寺院展开翅膀飞翔的年代。首先是宋真宗咸平三年(1000),据说皇帝久闻雪窦山瀑布观音院大名,觉得这座寺院"寺大号小",想为其正名,就赐了个"雪窦资圣禅寺"的名号,捎带着还有一块"资圣禅寺"的御书匾额。根据宋代制度,寺院分有额和无额两大类,经过皇帝题额后,已经不存在合法不合法的问题了,珍贵的皇恩,不是随便抛洒的,雪窦寺由此步入鼎盛时期。宋真宗所赐之名,一直沿用至今。

当时,宋真宗赐名或题额的寺院还有很多,邻近的天童寺和阿育王寺等都沐浴过皇恩,但接下来的情况让人瞠目结舌,宋朝的皇帝们前仆后继似的,争着向雪窦寺下达敕谕,据说有四十多道。这个数字太过耀眼,把雪窦寺照得无处遁形,想不出名也不行啊。

这些荣誉最终的归结点是宋仁宗赵祯的一个梦。这位有名的仁慈皇帝在景祐四年(1037)梦游过一个寺院,醒来后心血来潮,诏令各地绘出山川寺院让他辨认,当看到雪窦山图景时,毫不犹豫地认定,就是梦中所见的寺院。是年十一月,宋仁宗专门颁发《宋仁宗皇帝敕谕》给雪窦山,同时派人送来沉香木雕的假山以及白金、龙袍和龙茶等物品,以表"崇奉"之意,雪窦寺便有"应梦道场"之称。但这只是业内人士或者民间的叫法,直至南宋淳祐五年(1245)冬,理宗皇帝亲笔写了"应梦名山"四字赐寺,才奠定其尊荣的地位。至此,雪窦寺已经有好几份御赐的宝物了,寺院为此专门修筑了"御书亭",御碑正面刻"应梦名山"的理宗御书,背面刻《御书亭应梦名山记》,详述其中的来龙去脉。

宋仁宗的梦中游幸,是雪窦寺脱颖而出的主要原因,其后的所有尊荣都因此梦而起。佛教很讲究这种似是而非,或者似曾相识的境界,很少有特别明确的提示,包括大多数经文的晦涩难

图① 雪窦寺

懂,可能也是这个道理。当然,这是我胡乱猜测的,不足为凭。

　　这样的机遇,不是谁都能遇上的,在周边寺院羡慕眼光的注视下,雪窦寺昂首阔步,沿着庄严的菩提大道向前迈进,不久便被钦定为天下禅宗"五山十刹"之第五刹,明代仍为天下禅宗十刹之一。受过多次皇封的雪窦寺虽然像大多数寺院那样,木结构的建筑逃脱不了兵火的肆虐,但通常情况下,都能在皇室的关怀下得到恢复。据史料记载,雪窦寺从创立到清朝末年,先后遭受过四次毁灭性的兵火摧残,几乎被夷为平地,但还是风雨兼程,一路走过来了。到了上个世纪六十年代,雪窦寺又遭灭顶之灾,除东厢房尚存外,山门和大殿等所有殿宇房舍全被拆除,寺产荡然无存,最后也是在政府的支持下,得以恢复重建。

现在的雪窦寺最吸引人们眼球的,应该是那尊露天弥勒大佛了。这尊以锡青铜铸造的佛像,堪称全球最高的以布袋弥勒为形象的坐姿露天大佛。这样的露天大佛不是想造就能造的,其中的因缘是,奉化长汀人布袋和尚圆寂后,被世人尊奉为弥勒化身,这是所有佛教典籍和辞书都认可的。布袋和尚虽然出家和圆寂都在岳林寺,但两寺都在奉化境内,布袋和尚又喜欢到处闲逛,隔三差五到雪窦寺落脚或讲经说法,也是情理之中的事。

公元1934年,近代佛学泰斗太虚大师出任雪窦寺方丈后,首先倡议将雪窦山列入五大佛教名山、雪窦寺为弥勒道场。同年出版的《佛学辞典》曾记载:"近有主张四大名山外,加奉化雪窦弥勒道场为五大名山者。"1987年,全国佛教协会会长赵朴初到雪窦寺考察,也赞同这个说法,并建议寺内建"弥勒宝殿",以突显弥勒道场之独特魅力。2005年9月,经过雪窦寺现任住持怡藏法师等人的多年努力,国务院宗教事务管理局终于下达批文,同意在雪窦山建造露天弥勒大佛。

也就是说,雪窦山已经跻身于中国佛教五大名山之列了。

(二)

自唐至清,史料确切记载的雪窦寺住持有48位。这些住持中,最令后世着迷的是人称雪窦开山第一祖师的常通禅师,据说他是兵败遁入空门的唐末农民起义军领袖黄巢。还有三位顶级的高僧更是高山仰止,他们是五代末期的延寿智觉、宋初的明觉重显和近代的太虚大师。

黄巢的身份标签是咤叱风云的农民起义领袖,铁蹄纵横十二省,逼得唐僖宗狼狈逃往四川,自己建国称帝。但黄巢最终还是逃脱不了兵败被杀的命运,据说杀他的人是其外甥,这是成书五代《旧唐书·黄巢传》的定论。成书北宋《新唐书·黄巢传》则说，黄巢外甥林言不忍心杀舅，黄巢自刎而死。这两本书都是记述唐代的正史，口径南辕北辙。那么，产生第三种说法也就不足为奇了。

第三种说法就是，黄巢兵败后遁逸为僧。这个说法散见于宋代的各种稗官野史和笔记小说，还有当时陕西以及河南一带的的坊间传言。遁逸为僧之说大都声称，黄巢被杀也好自杀也好，只是替身，实则遁入空门，起初出家洛阳南禅寺，善终于明州雪窦寺，成为雪窦寺开山第一祖师。

这没有什么不可能的，否则，远在江南的雪窦寺怎么会冒出座黄巢墓来呢。而且，遁逸为僧的说法非常符合佛家劝人改恶从善的精神，当年阿育王杀人无数，最终不是立地成佛了吗。

如果说，黄巢与常通禅师是否同一人，或者黄巢是否遁逸为僧，还有待继续考证的话，后面几位大师与雪窦寺的渊源则是毫无疑问的了。

公元952年。延寿智觉乍登此山，见上面有千尺飞瀑，万丈奇岩，修行环境非常清幽，便作了一首诗偈，描述此情此景："孤猿叫落中岩月，野客吟残半夜灯。此境此时谁得意？白云深处坐禅僧。"

那时的延寿在业界已经小有名气，听说延寿大师前来，四方僧众闻讯赶来，雪窦寺很快成为禅宗参学的重要场所。在住持雪窦寺期间，延寿的个人佛学修养也达到了一个全新的境界。他独自结庐雪窦山中峰，在寺内上堂说法之余，倾注心血，编纂《宗镜录》，完成了这部佛学巨著的初稿。

到了北宋，雪窦寺又迎来一位法门龙象，他就是云门宗四世孙明觉重显，重显在雪窦寺驻足三十多年，世称"雪窦重显"。

之前的雪窦寺，虽然在永明延寿的住持下，已经很有名气了，但经过六十多年的风雨沧桑，已失去了昔日的风采。重显住

图② 应梦名山碑

持雪窦寺之后,实行禅寺仪规,重整寺众参禅修行和生活规范,并且清理周围环境,使寺院面貌发生巨大变化,远近禅僧前来参谒和受法者日多。《禅林僧宝传·重显传》称:"宗风大振,天下龙蟠凤逸衲子争集座下,号云门中兴。"

上个世纪三十年代,应时任国民革命军总司令蒋介石之邀,近代佛学泰斗太虚出任雪窦寺方丈。虽然当时的太虚大师主要的精力放在中国佛教改革运动上,担负着领导全国佛教工作的重任,没有在雪窦寺长住,但他仍数十次回寺视事讲经,对雪窦寺的建设和发展产生了巨大的影响,包括把雪窦山弥勒道场列入中国佛教五大名山的建议,最早也是他提出来的。

除了这些重量级高僧外,还有许多文人墨客也都前呼后拥,在雪窦山留下了他们的踪迹,方干、贺知章、刘长卿、孟郊、陆龟蒙、皮日休、梅尧臣、曾巩、王安石、李清照、邓牧、谢翱、戴表元、王阳明、黄宗羲、袁枚等。

据说,大文豪苏东坡仰慕雪窦已久,但因种种原因没有成行,于是就留下了"不到雪窦为平生之大恨"的长叹。这句话最早载录于元至元《奉化县志》的序言中。

其实在苏东坡笔下,还有两首诗,涉及到浙东雪窦。

苏东坡之父苏洵,生前曾游庐山西南的圆通寺,还结识了几位僧友。多年后的1084年,已是誉满朝野的苏东坡登庐山,也造访了圆通寺,并应寺僧之请写了一首《过圆通诗》。诗中就有"此生初饮庐山水,他日徒参雪窦禅"之句。1089年夏,在《再和并答杨次公》一诗中,苏东坡对雪窦云门宗"铁杆粉丝"杨杰居士欣然评价:"高怀却有云门兴,好句真传雪窦风。"

写到这里,有个疑问梗在心头,苏东坡曾前后两次到杭州做官:第一次是1071年到1074年,任杭州通判;第二次是1089至1091年,任杭州知州。杭州离宁波算是近的了,他又是个喜欢行走的人,既然那么仰慕雪窦山,怎么不过来瞻仰其风采呢,倒是一而再,再而三地发出遗憾的叹息,实在不像苏东坡的处事风格。

或许只能这样解释,杭州离宁波太近了,东坡先生觉得近水楼台,机会多得是,这个念头冒出来后,就给耽搁了。

倒是米芾,这位画坛巨匠,不光画出色,文字方面也有"诗翰有凌云之气"之誉。他受雪窦禅师之约,曾为某部著作题诗,诗中盛赞雪窦禅宗对佛门的巨大贡献。

到南宋,"过江诗祖"张良臣,应雪窦寺之请为寺前新开凿的山池命名。诗人登上雪窦山实地一看脱口而出:山池如锦镜映山色,美哉,就谓"锦镜池"吧。这位北地南迁的大文人,最终长眠于雪窦山余脉白岩山的一片好山水中。

【四】栖心兰若

图① 七塔禅寺

（一）

　　那天，路过七塔寺，心念一动，就走了进去。还是五元钱的门票，稍微不同的是，原先有个专门对外卖香烛的窗口，现在没有了。进口处有块醒目的牌子写着，每位进去礼佛者，寺院免费赠送三支清香，谢绝自带香烛入寺燃烧。也就是说，现在的七塔寺，不提倡香客烧大香或烧高香，三支清香，表示皈依佛法僧三宝，心意到了就可以了。

　　三支清香后的七塔寺，没有了以往的烟雾缭绕，三三两两的游客或悠闲地在各处行走，或手持清香在大殿佛前顶礼膜拜。说来也怪，在香烛泛滥时期，香客们行色匆匆，连说话都是高门高调的，嘈杂得像赶大集，而眼下，那份宁静和安然，倒真应了山门上铭刻的"栖心兰若"四个大字。

　　这四个字看上去恬静优雅，在佛教中，"兰若"的原意是森林，引申以后成为寂静处、空闲处、远离处，也就是通常所说的寺庙；栖心的本意则是居留或停留的意思，也有隐居或遁世的解释，而在七塔寺，则有更深层次的含义。

唐咸通元年（860），裘甫领导的浙东农民起义三万余人先后攻占上虞、余姚、慈溪、奉化和宁海等县，其中有股两千多人的部队进入宁波城区。当兵卒们乱哄哄地闯进城东的东津禅院时，其他僧人早已四散藏匿，只有住持心镜藏奂禅师在大殿中瞑目禅定，神色不变，且法相庄严。乱兵们见了后反倒大吃一惊，紧接着，一股莫名的恐惧或者说是敬意涌上心头，纷纷后退，也有的边后退边匆忙礼拜，祈求菩萨勿怪，寺院因此得以保全。这件事传开后，郡守奏报朝廷，懿宗皇帝听了后大为感慨，诏令将东津禅院改名为栖心寺。

这位以定力慑退乱兵的心镜藏奂禅师，原是天童寺的住持，两年前的唐大中十二年（858），江西分宁宰任景求舍宅为寺，恳请已经退居的藏奂禅师任开山之祖。从法源上来说，心镜藏奂是马祖道一的徒孙，百丈怀海是他的师伯，与黄檗希运是宗门同辈，他应该是南岳系的第四代法嗣。在他住持天童寺期间，迎来了天童的第一次兴盛。当时明州的知州崔琪说他"凡一动止，禅者毕集，环堂拥塔"，又说他"一言入神，永破沉惑"。

栖心寺再次受到朝廷注目是在宋朝，大中祥符元年（1008），真宗赐额"栖心崇寿寺"。虽然那年皇帝赐额的寺院很多，但也不是所有寺院都能获得皇封的，得有实力。这种实力在平时，对讲究静修的禅宗来说，不太会显山露水，但在遇到重大挑战时，潜力就激发出来了。

这是段让后人津津乐道的往事，发生的时间是在宋乾道三年（1167）的三月。当时的情况是这样的，日本派遣使节致书四明郡庭，说是询问佛法大意，字里行间却带有明显的挑衅意味。四明太守当即召集辖区内的高僧研读使函，但研读是研读了，却没有人敢出来回答。这时，栖心崇寿寺的维那飘然而出，不慌不忙地逐条解答对方提出的问题，同时指出来书的七处错误。日

图② 七塔寺圆通宝殿

本来使听了后,面部表情变化生动,从原先傲慢无礼转化为谦卑恭敬,最后连称惭愧,惶恐而退。栖心崇寿寺维那不仅为宁波佛教界挽回了面子,更是为中国佛教界争了光,这位维那因此被尊称为"天下维那"。可惜这样一位得道高僧居然没有留下名号,而"维那"两字的意思,原本是寺院中的纲领职事,主管僧众的进退威仪,相当于寺院的监察官。

明朝的洪武年间,海上倭寇哄乱,杀人掠货,无恶不作,告老还乡的信国公汤和重新出山,在东南沿海筑卫所抗倭的同时,采取空巢政策来保护沿海人民的生命财产。空巢政策的具体内容就是将岛内的居民迁入大陆,其中包括普陀宝陀院在内的寺庙道观。

说来也是因缘巧合,当时明州的栖心崇寿寺刚遭遇过一场大火,法堂等许多重要建筑被烧毁,寺里有充足的空地可以容纳安置,便被指定为宝陀院迁址新地点,随之迁入的还有那尊著名的千手千眼观音菩萨圣像,这让四明地区的香客们欣喜若狂。不光是香客们,栖心崇寿寺的僧人也喜悦异常,让出大部分空地重建宝陀院。同年,太祖下诏改寺额为"补陀寺",使之成为香客朝拜观音道场的首选之地。让栖心崇寿寺僧众感到欣慰的是,他们的寺院没有被挤压出局,重建后依然静立在明州城东的老地方。

栖心和补陀并存至永乐年间,两寺终于合并,寺名补陀,成为普陀山的别院,民间称之为"小普陀"。据说当时,"凡海内来礼是山,有远万里者,有远数千里者",都必定前来落脚补陀七塔寺,以致最终形成了民间流传的"要朝普陀山,先朝补陀寺"的理念。明成祖时,在《永乐大典》编修中任释教总裁的高僧道联禅师亦曾住持于此。

这个补陀寺名,到了清代以后仍然沿用,甬东著名史学家李杲堂曾作《募修明州补陀七塔寺疏》。李杲堂是留名青史的大学者,他亲自为补陀寺撰写募修疏,可见这个寺院在当时的地位。"疏"中有"补陀七塔"的字眼,说明当时补陀寺的名字仍然广泛流于民间,但已经有七塔寺名出现了。后者出现的时间是清康熙二十一年(1682),有信徒在寺前建造七座佛塔,寺名由此而来。

有一首诗,描述了当时的盛况:"往年香客遍东家,万里来瞻小白华。七塔寺前先礼拜,鸟音已得听频伽。"清初的七塔禅寺,已经与天童寺、阿育王寺和延庆观宗寺齐名,跻身于浙东佛教四大丛林的行列了。但到了清末的太平天国时期,宁波成为清军与太平军对抗的战场。史料记载,太平军进入宁波城后,放了几把大火,顷刻间,城里的七座古刹全都灰飞烟灭,连法器也荡然无存,这其中就有七塔寺。

残垣断壁的颓状延续了很久,七塔寺始终没有能够振兴起来。这期间,城里开业医生周文学母子,立志要将寺院修复。周母每天五更起来,敲着木鱼,穿梭在大街小巷,周医生持伞紧随其后。这幕情景让人非常感动,无奈普通百姓的影响力有限,虽苦行募化,但直到他们去世,也只建成大佛殿与山门两处建筑。

图③ 七塔寺藏经楼

（二）

这是件让人揪心的事，曾经亲历过七塔寺辉煌的信众们更是寝食不安，这里面有许多退休的官员，他们经过再三商议，达成的共识是，要想振兴七塔寺，非得请高僧出面才能成事，最后把目光锁定在天童寺的慈运法师身上。

写到慈运法师，突然联想到开山祖师心镜藏奂，两位禅师有许多相似的经历，都是天童寺的退休方丈，都在七塔寺历史性的关键时刻上起到中流砥柱的作用。更让人惊奇的是，都在战乱时期有过处变不惊的壮举。

心镜藏奂在兵燹之际，临危不惧，用定力退兵，保全了最初的东津禅院。千年后的慈运灵慧，也是定力退兵保伽蓝，时间是在太平军进入宁波时期，也就是七塔寺遭受灭顶之灾之时。

那时，四处云游的慈运，从普陀朝山归来后，来到鄞县接待寺挂单，在寺院里担任香灯一职。太平军攻入后，接待寺遭受了与七塔寺相同的经历，僧众和香客早已避匿，寺内只剩下慈运独自一人留守。太平军士兵来到寺院后，看见偌大的寺院只有一

图④ 七塔寺内

个和尚,还在焚香礼佛,便有些奇怪:"别人都跑掉了,你一个留在这里,就不怕掉脑袋吗!"慈运神色不变,笑着说:"出家人早已将生死置之度外。"太平军首领听了后,觉得这个和尚很有骨气,反倒产生敬佩之心,就送给慈运一面黄旗,让他挂在寺门前的树上,说其他太平军看到后,就不会再进来骚扰了。在当地其他寺院全都被焚毁的情况下,接待寺得以躲过劫难,全凭慈运的大勇无畏精神。

我在想,如果当时慈运是在七塔寺挂单,哪怕与在接待寺一样,其身份也是一个点灯添油的和尚,那么七塔寺会不会因为他的存在得以幸免呢?答案应该是肯定的。虽然由于他的缺位,七塔寺不可避免地遭受了灭顶之灾,但几十年后,重兴的担子还是落在年过花甲的慈运肩上,这便是因缘所致,逃也逃不掉的。

慈运重新出山面临的第一个问题,便是解决吃饭问题。当时寺院的食堂早已无米,依靠个别信徒的施舍,留守的僧人们饥一顿饱一顿,做一天和尚撞一天钟。64岁的慈运老和尚到处化缘集资,凭他的影响力,很快解决了温饱问题,还有余钱大兴土木,在修建客堂、禅堂、云水堂、钟楼等基础设施后,开始重塑佛

像,完善制度,广纳僧才。在重雕佛像时,他考虑到宁波的佛教徒注重观音崇拜,在大殿设千手观音圣像,并以南岳祝圣寺著名的五百罗汉像为范本,让罗汉环绕在观音殿周围;新塑的三圣法身,高大伟岸,妙相庄严,轰动一时。

这时的慈运法师,已年过七旬。这位阅尽人间沧桑的出家人,深谙佛教与政治的关系,历史上屡屡发生的灭佛事件至今让人心有余悸,他要在有生之年,为七塔寺创造更加稳定的发展环境。于是不顾年老体弱,亲自跑到北京,请求朝廷颁发《龙藏》。朝廷很大方,不仅送了一套《龙藏》,皇帝还敕赐"报恩寺"额。现在"七塔报恩禅寺"的名称,就是由此而来,那是公元1895年,也就是清光绪二十一年。

有了朝廷颁发的《龙藏》,寺院的品位又上了一个台阶。为此,专门建造了藏经楼,又重修开山祖师心镜祖塔,然后在湖南定做了一口重18000斤的大钟,晨钟暮鼓,寺院更显庄严。经过20余年的努力,终于在残垣断壁间建造起金碧辉煌的殿堂来,千年古寺重新获得了生机。重兴后的七塔寺,不仅外部形象光鲜夺目,并在法理上开创了七塔寺法派,成为光前裕后的临济宗中兴祖庭。

慈运灵慧是临济宗第39世传人,有嫡传法嗣48人,出去后几乎都成为大小寺院的主僧,其中的圆瑛、道阶、溥常等,其学识声望与师傅不相上下,七塔禅风因此广传海内外,甚至在南洋、印度、日本、韩国等地,也形成了一定规模的"七塔寺法派"。

民国时期,觉圆和尚担任住持时,礼请溥常长老在寺内创办了七塔报恩佛学院。佛学院创办十年,培养学僧288人,大都成为佛门俊才。溥常长老住持期间,编纂了《七塔寺志》和《七塔报恩寺宗谱》,并编辑《七塔报恩佛学院院刊》。圆瑛大师任住持时,在五乡同岙庚山岭辟建塔院道场,为七塔寺年老僧众修行之所;设立普同塔,供奉七塔寺圆寂僧人灵骨。这些举措,在宁波佛教界影响很大。

"文革"期间,宁波城区的僧尼全被赶出寺院,年轻的大多返乡还俗,年长无处可去的,都集中在七塔寺。为了解决生活问题,由时任宁波市佛教协会会长的延庆寺住持月西法师出面,创办起四明纸盒厂和五星服装厂,以生产自救的方式,生存了下来。1978年底,国家落实宗教政策,专门拨款重建七塔寺,寺院复兴的艰巨任务落到了已过花甲的月西老和尚身上。在其后的十多年里,他呕心沥血,恪尽职守,终于使七塔寺恢复旧貌。

这期间,有位桂仑禅师,自1942年来寺参访,随缘留住七塔寺,精进修行不懈,彻悟禅宗心法及观音法门的真义,他的见地境界被禅门宗匠来果禅师印证为"深入堂奥",慕名前来皈依和受教的弟子无数,人称"七塔桂仑"。

作为全国首批重点开放寺院,现在的七塔寺殿堂结构典雅,古朴庄严,为典型的禅宗伽蓝七堂建制,主要建筑有七佛塔、山门牌楼、天王殿、圆通宝殿、三圣殿、法堂暨藏经楼、玉佛阁、祖堂、钟楼、鼓楼、东西厢房、综合楼等。寺内珍藏许多原始的文物古迹,其中有唐咸通十四年(873)的"敕赐心镜禅师真身舍利塔"、南宋时期铸的两口大铜钟、明代古木槎、清刻《大清龙

藏》、清光绪年间嵌刻在观音宝殿的五百罗汉像。这五百罗汉像，是浙江省目前保存数量最多、规模最大的线刻罗汉像，现为七塔禅寺的镇寺之宝。

图⑥ 龙藏经

【五】

保国寺的前世今生

图① 保国寺木模型

保国寺虽然称寺,却以建筑闻名。

权威部门给出的定位是:我国江南保存最完好的北宋木结构建筑。如果跟随旅行团游览,导游肯定会对你说,作为寺内主建筑的大雄宝殿,是保国寺建筑的精华,那里的全部结构,都是用斗拱巧妙衔接,工匠们采取精准的榫卯技术,不用一枚钉子,将大小各异的构件牢固结合,整个殿堂屋顶的重量就这样被托举起来了。

接下来,导游还会告诉你关于无梁殿和无虫蛀的故事。他会说,无梁殿其实是有梁的,不过是被藻井和天花等挡住罢了。至于"虫不蛀,鸟不入,蜘蛛不结网,灰尘不上梁",都是因为在建筑材料上采用带有刺激性香味的黄桦木的缘故,飞禽和蚁虫不敢接近。还有可能是因为特殊的建筑结构,产生了声波振动的风流,把鸟雀虫蚁赶走了,同时附带着驱散了灰尘。

然后,导游会带你去看那尊蜡像。他叫李诚,宋《营造法式》的编纂者。供奉这位北宋将作监的原因,是由于保国寺大殿的建筑方法,对这本中国古代最完整建筑技术书籍的编著,起着实践先驱的作用,其中的木构技术,经过《营造法式》提炼后,成为11世纪建筑史上最具代表性的典范之一。

那么多建筑领域的耀眼光芒,照射在这座寺院身上,人们视线的焦点被转移了,或者说是被凝固在一个点上面,忽略了这座建筑的本来面目——那是座具有将近两千年历史的古刹,而以寺命名的存在形式,也恰恰说明其本来面目,就是一座寺院。

这座寺院坐落在灵山脚下。在中国,有许多叫灵山的地方,大都气势磅礴,名头响亮,唯独这座灵山,不高不险,景致算不上差,也称不上好,在南方诸多山中,属于并不起眼的那类,甚至连神仙和妖怪的传说也没有。但它东面大海,满山松竹苍翠,山中涧流潺潺,山脚慈江蜿蜒,远处市井依稀,别有一番情致。

于是有人喜欢上了这个地方,这座山。

那是东汉建武年间,某年某月,史料没有记载。也难怪,将近两千年前的往事,哪能说得清楚明白,能相传至今,已经很不容易了。

那天,骠骑将军张意扫荡残匪路过灵山脚下时,人马疲乏,便下令就地休息。这时,映入将军眼前的这座山,虽然并不十分险峻,却是满目青翠。苍柏蔽日下,有一条闪光的水流从上面的峭壁上垂下来,飞溅的泡沫冲撞着冷清的岩石后,又顺势滑下,在青青的草木中消失了。张意信步走到那条银色的水丝带前,捧起几把溪水拍打着脸颊,顿时,一股浸润心脾的清凉溢满全身,张意顿觉神志清爽,心情也舒畅起来。于是,他沿着溪流继续往上走,不知不觉登上了山顶。那里有块东西朝向的狭长平地,到处长满了藤蔓和花草,相互纠缠扶持,有十几只蜜蜂和蝴蝶在花丛中徜徉着,漫舞着。张意想,好像不止十几只吧?这时,张意看见有几只叫不出名堂的翠鸟,在树丛花间跳来跳去,有两只甚至还在他面前晃来晃去,看了他几眼,然后用自己的语言,叽叽喳喳地交流着。

张意的心一下子静下来了,他累了,不想走了。多年的南征北战生涯,早已身心俱疲,虽然皇恩浩荡,官拜骠骑将军,但随着国家的稳定,君王的心却难测起来,先后有三任大司徒获死罪

图② 保国寺外石构件

了,同僚们上朝时都战战兢兢,不敢多说半句话。张意厌倦了这种伴君如伴虎的生活,几年前就萌发了弃官退隐的想法。如果能在这里颐养天年,倒也遂了心愿。

当张意把自己的打算告诉儿子张齐芳时,这位年轻的中书郎连想都没想,就赞同了父亲的想法。于是,父子俩就带着家人在灵山西麓定居下来,种地读书,过起悠闲自在的田园生活。远离权力中心的张氏父子,把视角转移到普通百姓身上,赈灾济贫,为地方兴建水利设施等,做了许多好事。最后,为了让这些乡民的精神世界有个安顿之处,居然"舍宅为寺",名曰"灵山寺"。百姓感念其恩德,把他们隐居的灵山,开挖的井泉,以及经常去散步的地方,都冠以"骠骑"的名号。

灵山寺经过几个朝代的风雨飘摇后,最后还是难逃唐武宗的灭佛大棒,寺院片瓦不存,僧人全部还俗。不久,武宗因服食道家仙丹猝死,全国各地的寺院得以陆续重建,灵山寺由于缺乏人力物力,没有及时跟进。这样的状况延续到唐僖宗广明元年(880),一个重大的转机出现了。

有位名叫许标的佛教信徒对乡邻说,他梦见菩萨开示,要他们抓住机遇,迅速恢复灵山寺。但这样的事情需要德高望重的人出面才行,最好是业内人士,于是找到了天宁寺住持可恭

图③ 皇帝赐名的保国寺

和尚。

这种建造七级浮屠的善事，可恭和尚自然愿意去做。在取得明州刺史亲笔写就的文牒后，可恭和尚带着徒弟和许标北上长安。当时的唐皇朝已呈败落光景，浙东裘甫起义余波刚刚平息，黄巢起义大军又势如破竹，横扫南北。人祸尚未消弭，天灾又接踵而至，关东大旱，数月无雨，禾黍枯萎。如此这般，金銮殿上的皇帝急了，平乱啊，求雨啊。皇帝一发火，大臣们急得乱撞，弄得整个皇城人心惶惶。

可恭和尚和许标他们不知道这些军国大事，千辛万苦走了几个月，好不容易到达长安郊区，觉得应该以更虔诚的方式，表达对佛祖的敬意和恢复寺院的决心，于是口诵莲经三步一跪拜，向京城方向匍匐前进。他们的举动，引来许多行人驻足观看。三天后，正当他们跪拜行至城内时，突然天空乌云密布，顷刻间电闪雷鸣，大雨倾盆。霎时万民欢腾，都说这是明州和尚的功劳。僖宗皇帝听说后龙颜大悦，当即下令召见。可恭和尚把情况做了汇报，皇帝当场同意恢复，并大笔一挥，写下了"保国寺"三个大字，命人制成匾额。就这样，灵山寺变成了保国寺。这种情况时有发生，有许多寺院在得到"御赐"时，经常被改头换面，皇帝可以根据当时的心情随意题写，哪怕原先的寺名好得不能再好。据说僖宗在敕题"保国寺"时,还给另外一所寺院题名"护国寺",在当时的大环境下,帝王的心思是再明白不过的。可惜的是,就在保国寺建成的当年,黄巢大军还是占领了长安,唐僖宗被逼逃亡入蜀,"保国寺"终究还是保不了他的厄运。

据说当时,皇帝在赐匾的同时,还赐给可恭一袭紫袈裟,并要他在弘福寺讲五大部经。这一讲,就讲了三个多月。一时间,可恭和尚名震京师。然后,敕赐"保国寺"匾额和黄缎盒盛置的紫色袈裟,被一路供奉。船到明州,刺史率领吏属出城跪迎。很快寺院在原址再建竣工,雄丽庄严,规模逾昔。响当当的敕赐"保国寺"新名,就这样替代了自东汉肇始历经八百多年的灵山寺旧称了。

可恭和尚在担任天宁寺住持的同时,不经意地,也成了保国寺的开山鼻祖。但在保国寺的历史上,还有一位高僧是值得书写的,那就是被称为中兴之祖的德贤尊者,他是个非常优秀的建筑师,蜚声中外的保国寺大殿就是在他主持下兴建的。

据说,这位僧人建筑大师还有另外一个名号:三学则全法师。

关于三学则全这个人,四明沙门志磐所撰的《佛祖统纪》是有记载的:三学法师,名则全,字叔平,四明施氏,是延庆寺知礼门下高足,又称"南湖十大弟子之首"。则全"旁通书史""尤善著述",著有《四明实录》,是位地道的学问僧。当时的宁波郡守郎简非常敬重他,经常在各种场合说,如果则全大师不穿袈裟的话,肯定入朝为官,其成就可比汉朝的汲黯、唐朝的魏徵和当时北宋的王元之。

这位则全大师还有个非常著名的特长:鼓琴。

在北宋,有个师徒相传的琴僧系统,在琴界举足轻重。起缘却在太平兴国年间,当时北宋的第二代皇帝赵匡义好琴,举国上行下效,琴道非常流行,其中有位宫廷琴师朱文济,被誉"鼓琴为天下第一"。

朱文济之后，北宋的琴家多为僧人。朱文济的得意门生就是京师的慧日大师夷中，夷中又将琴技传授给知白和义海。知白就是知礼的同门师弟慈云遵式，是则全的师叔，也是则全学琴的启蒙老师。则全在知白那里究竟学了多少年，不得而知。后来则全又到越州法华寺，投在夷中另一位弟子义海门下，尽得所传。义海坐寂后，则全整理完成北宋琴史上的著名专论《则全和尚节奏指法》，并配有手势图案，这本论著在当时非常有名，后来直接影响了来明州担任知府的著名词家周邦彦和吴文英的词学音律创作。

有学者提出，建筑大师德贤和琴圣三学则全究竟是不是同一个人，有待考证。考证就考证呗，但我还是愿意相信是同一个人，因为建筑和音乐是相通的，建筑本身就是凝固的音乐，这就够了。

自三学则全也就是德贤大师重建大殿后，历经宋元明清，直到民国初年，保国寺营建和修缮活动从未停止过。其中清代最为频繁，据有关史料记载，仅乾隆年间，大大小小的修建就达14次。

新中国成立后最大规模维修是在1975年。这次维修彻底解除了历代所加的"蚂蟥攀""支撑柱"和各种名称的附加构件，对全方位的构件位置进行校正；糟朽严重的构件在更新或局部更换时，尽可能地利用原有材料。而且，一切规程都是参照《营造法式》进行，严格遵守"不改变原貌，整旧如旧"的古建筑维修原则。

现在的保国寺殿宇古朴素雅，自南向北分布有天王殿、大雄宝殿、观音堂和藏经楼，两侧有钟楼和鼓楼连接其他建筑，大殿前有水池，池水清澈，四季不涸。寺外，高大的树木随处可见，还有许多叫不出名堂的花花草草。这些树木和花草中，最引人注目的恐怕是桂花了，每当金秋十月，保国寺内的近千株桂花争相

竞放,灿若云霞。浓郁的馨香渗透在空气里,随风撞入喉鼻,沁人肺腑。

图④ 保国寺内绿荫深处

【六】

怀海结缘金峨寺

（一）

《金峨寺志》说，金峨寺开山怀海禅师，"游方参究，大历丙午年四十有七，见金峨山水清秀，结茅团瓢峰下为修持处，与大梅山法常禅师相往还"。

大历丙午年也就是公元766年。那个时候的怀海早已是马祖的入室弟子了，与西堂智藏、南泉普愿同时跟随马祖道一学禅，时称"三大士"。但有师父的光环笼罩着，徒弟虽然学识渊博也是不能张扬的。正像许多得道高僧在其未成为高僧之前大都行无住相，遍访名山，四处参学一样，怀海也遵循着这个模式。这种做派有点像现代出国留学的味道，出去透透风拓展些视野再学点别人家的知识回来，肯定是有好处的。

怀海这个并非超常规的举措却不经意地把自己与金峨寺的命运串联了起来，成了这个寺院的开山鼻祖。那是一个月色如洗的夜晚，怀海正在云游途中挂单的寺院团蒲上打坐，蒙眬中一座状如鹅形的大山，由小到大，渐渐地展现在他的眼前。此山林茂谷幽，涧水如练，主峰周围罗汉石林立，四周山峰如盛开的荷花莲瓣，荷花瓣下便是莲蓬般的一块平地。"这是佛家兴旺之地呀！"怀海兴奋之余，正愁如何找到这方宝山，这时有只金光闪闪的金鹅展翅飞来，朝着怀海连叫数声，随后耳边响起了"团瓢作团瓢，直立插云霄。后有圆悟者，断荆复诛茅"的四句偈语。怀海听后当即大叫："我去，我去！"却是南柯一梦。梦醒后的怀海急忙沿着梦中金鹅指点的路径前往，在磨破了十八双草鞋以后来到了金峨山。从此便在团瓢山结茅修行，兴建了罗汉院，成为金峨寺的开山祖师。

怀海在金峨寺住了多长时间已经很难考证，其间他与附近大梅山的法常来往密切。两位禅师都是中国禅宗第九代正脉，相互间肯定有许多共同语言，在一起探讨佛理什么的是很自然

的事。

不久,八仙中的代表人物吕洞宾也来到金峨山,他是来游山玩水的。吕洞宾见这里人烟稀少,方丈室也有些破败,就问出迎的童子,这里为什么寥寥成这个样子?童子回答道,不要说寥寥啦,就是虚空也谈不上呀。吕洞宾听了后觉得有点意思,随手在地上捡了块橘子皮,即兴在墙壁上题了一首诗:

> 方丈有门出不钥,见个山童露双脚。
> 问伊方丈何寂寥,道是虚空也不着。
> 闻此语,何欣欣,主翁岂是寻常人。
> 我来谒见不得见,谒心耿耿生埃尘。
> 归去也,波浩渺,路入蓬莱山杳杳。
> 相思一上石楼时,雪晴海阔千峰晓。

听上去像是传说中的故事,但除了《金峨寺志》外,这首诗还被收录在《全唐诗》里,标题为《题四明金鹅寺壁》。而作为道教全真派北五祖之一,吕洞宾的金峨寺游记在"正统道藏电子文字资料库"里也有详细记载,标题是"游金峨寺第二十五化"。

这个建寺说,与佛教反复强调的因缘理念相符,大凡高僧出

图① 怀海禅师

场都有神异逸事相伴,而宗教的基本立场,是在于信仰,或者忠诚,并非怀疑或考证。因此,这一说法,被无数文人墨客反复引用至今。

我在查阅怀海禅师的年谱时发现,这一年他的导师马祖刚刚住进开元寺,开始大张旗鼓地传播南岳怀让的宗旨。据权威的佛典记载,时四方学者云集,蔚为大观,被称为"洪州宗"。在这样热热闹闹的大场面里,找不到百丈怀海在场的记载,包括《马祖塔铭》和《僧传·马祖道一传》等权威典籍中也未提到怀海。此时,他正在千里之外的金峨山披荆斩棘呢。

或许当时的百丈怀海仅仅是个普通的和尚吧,对于特别讲究资历的佛门来说这段经历太微不足道了,根本不值得记忆,以至于在许多记载百丈怀海事迹的文字里,找不到他在金峨山活动的只言片语。当然啦,除了金峨寺自我介绍渊源的文本除外。

也难怪,怀海成为一代高僧是马祖去世以后的事情。在为师父守塔三年后,已过花甲之年的怀海背着包袱雨伞离别开元寺,跋山涉水来到今江西省境内的大雄山另创禅院。这个地方岩峦高峻,山势险要,山中有一处断岩绝壁叫"百丈岩",后人因此就称怀海为百丈怀海,称其禅法为百丈禅。此后二十多年,怀海禅师一直在百丈岩开法讲经，四方学者闻讯前来，禅堂经常爆满。元和九年（814）怀海寂灭后，唐穆宗在长庆元年（821）赐谥大智禅师，塔号大胜宝轮。

关于百丈怀海的生年，长期以来学界存在着较大分歧，有66岁和95岁两种说法。现代的《佛学大词典》和《中国佛教百科全书·人物卷》是这样表述的：百丈怀海生于唐开元八年（720），圆寂于元和九年（814），世寿95岁。如果按照66岁说，怀海来到金峨山时，才十八九岁，是个刚落发的小沙弥。

这样的考证可能还在继续，至少目前无法定论。

（二）

怀海离开金峨寺，到百丈山自立门户后，面临的最大困扰是，如何解决一大群人的吃饭穿衣问题。虽然百丈山周围有大批无主的土地荒芜着，僧众又大都来自农家，开山种地并不是件难事，但僧律的限制，就像一块巨大的磐石拦在面前。

原因是，当时中国僧团遵循的是印度戒律，而印度戒律是非常轻视生产劳动的，把金银财宝和庄园田地等物产都视为不净物，做生意、从事生产劳动都是不净业。所以僧人不能参加生产劳动，不能从事商业经营，只能托钵乞食。这样的戒律，很不适合中国的国情，因为中国人最不能容忍的就是所谓的"不劳而获"。而同时，禅宗主张见性成佛，否定一切权威，更不讲究修行的形式，行住坐卧，随心任性就好。这固然使佛教平民化、简捷化，给修禅者极大的自由，但带来的负面效应是，没有教规约束的僧团犹如一盘散沙。再有，禅宗自创立以来，一直没有自己的稳定修行场所，大都依住在律寺或居于岩穴及树林之中，这也让怀海痛心疾首，觉得非改革不可。而要使禅寺独立，就得有一部独立的禅林规制。

这部禅林规制被后人称为《百丈清规》。

由于武宗灭佛事件和唐末五代连绵战乱的破坏,《百丈清规》的文本,至宋代已经散失,其详细内容无法完全弄清。但从相关文献的片断记载,大体还能了解其基本精神。

1. 别立禅居。清规把创建独立禅寺放在首位。在此基础上,建立寺院各个层面的组织机构,来保证寺院的正常运转。

2. 尊祖尊师。新规着力树立禅林精神领袖的权威。担任这一精神领袖的条件必须有高深的佛学修养和高贵的人格魅力。这样的精神领袖,在禅林中叫作"长老",其职责是继承祖宗法脉,教化本禅林的僧众。长老常处在一丈见方的房间进行禅修或教化徒众,后人俗称长老为"方丈"。

3. 尊法。禅宗认为,一切众生皆有佛性,所以成佛之道,不假外修,更无须到西天拜求,只要"直指人心",便可"见性成佛"。新规"不立佛殿,惟树法堂",以"法堂"这种物化形式,象征"法"的尊严,尊"法"就等于尊"佛"。

4. 集体禅修,实行平等原则。新规要求禅林僧众都住在僧堂,不管出家前的贫富贵贱,也不管佛学修养高低,在僧堂中只按僧龄长短排座次。

5. 早晚开示,商讨禅法。每天早上要"参",即到方丈室听师父说法,并向师父请教;晚上要"聚",禅僧们围坐在一起进行讨论,切磋佛理;平时则给予充分的自由,可以根据自己的个性和兴趣爱好进行禅修。

6. 饮食的规定。旧佛律规定"过中不食",就是过了正午不可以吃饭。新规按照中国的实际,定为早、晚二时进餐。朝食为"粥",晚餐为"斋"。务必以节俭为原则,不能以贪为食,而是为道业而受食。

7. 行普请法,置十务管理庶事。普请就是禅林中僧众普遍参加劳作,不管地位高低、年龄大小,一齐出力。设置管理寺院事务的十大寮舍,其名目及职事,今已难究其详。元代《敕修百丈清规》,将禅寺职事分为西序、东序两大门类,西序头首有前堂首座、后堂首座、书记、知藏、知客、知浴、知殿、侍者等,东序知事有都监寺、维那、副寺、典座、直岁等。此外还有列职杂务,有寮元、净头、化主、园主、水头、炭头等名目。

8.纪律处分。对于假冒僧人混入寺院喧哗扰攘者和违犯清规的禅徒,都要当众责罚并驱逐出寺院。

综观《百丈清规》这些内容,可以看出怀海改革的用意,就是要把禅和律结合起来,通过整顿禅林,建立简单有序的组织结构,发挥严明高效的管理机制,彻底扫除阻碍僧人劳作的陈规旧俗,确保禅林经济富足稳固,达到禅者自由修禅、宗门兴旺发达的目的。而这一切,又建立在坚持佛教内部自治的基础上。

禅寺独立,禅林按新规管理,走农禅结合道路,这一怀海模式非常切合当时实际,很快为其他丛林所效法,一时风行天下。释赞宁所撰《宋高僧传·怀海传》说:"天下禅宗如风偃草,禅门独行,由(怀)海之始也。"

先是在怀海弟子及再传弟子所创的丛林中推行,然后非怀海系统也纷纷效仿,开山种地,建立规章制度,忙得不亦乐乎。可以这样说,唐末五代佛教诸宗遭受灭顶之灾,大都衰竭没落,禅宗却一枝独秀,还衍生出生机勃勃的五大家来。主要原因是,在会昌法难无情大棒的摧残下,那些过分依靠国家和世俗社会施舍的佛教宗派,伤了元气后无力恢复。禅宗则不同,它走的是农禅道路,有自己的一亩三分地,可以自力更生,有饭吃有衣穿,就有凝聚的力量。

各地禅林在开垦荒山的过程中,捎带着把周围的环境也美化了,有力地促进山区经济的发展。最让官府所乐见的还有,大量的流民涌入寺院出家当和尚,稳定了社会秩序。也就是从那时起,僧俗的矛盾开始缓和了,当时有许多地方官和士大夫,经常与高僧一起喝茶论禅,成为方外之交。

元代国子博士黄溍这样评价:"佛之道以达摩而明,佛之事以百丈而备。"所谓的"佛之道",就是佛教的哲理;而"佛之事",就是佛教的制度和日常行事。

"佛之道"最初虽然由达摩传来,但六祖慧能开创南宗顿门,把成佛的境界从遥远的天国拉回到当下,把成佛的方式从漫长的苦修转换成一念顿悟,把传法的语言从艰深的梵语改为亲切的日常口语,在陌生的印度哲理中掺进文人士子们熟悉的老庄玄学,迈出了佛教中国化的关键一步。

而佛理上的中国化,需要佛事上的中国与之相适应。怀海的教规改革,对寺院的建筑结构、管理制度、思想观念、日常行事都做了彻底改造,使寺院建筑布置简易化,内部组织平等化,僧侣行事平民化,包括饮食方式的调整,更符合中国人的生活习惯。凡此等等,就是使"佛之事"中国化了。

(三)

怀海认为,众生心性本来圆满,只要不被妄想所障迷,就和诸佛无异。他特别强调"自由"的理念。在他看来,这世上有三种完全不同层次的人。第一种人以衣食为命,不得食饿死,不得水渴死,不得火冻死。生死皆被四大把定,毫无自由可言。第二种人凭着神通力,入水不溺,入火不烧,能够出离因果,摆脱四大,看似自由,其实并非真正自由。因为刻意摆脱因果,心是不自由的。只有第三种人才是真正的自由人,他们要溺便溺,要烧便烧,生死不拘,去住自由,没有任何东西可以系缚他们。而佛,就是这样的自由人。

怀海对于自由的向往和呼唤,与其僧团的农禅特征有关。他的所谓自由独立,首先是在生活上不依赖他人供养。做无求人,做自由人,是怀海最响亮的口号。当然,他的自由观并没有超出佛教的范畴,本质上属于精神的自我控制,旨在调节心理平衡,使人开朗豁达。

作为新规的创立者,怀海本人更是身体力行地实践着。他是一寺之主,既要教化僧众还要管理日常寺务,还要每天参加劳作。弟子们实在不忍,偷偷把他的农作工具藏起来,怀海找不到工具后干脆连饭也不吃了,说是"一日不作,一日不食"。

同样,百丈禅学所彰显的修行特色是寓修持于日常生活当中。有一天,怀海和徒弟们在后山菜园里种菜,师徒们你一锄我一锄地挖坑撒籽,个个满头大汗。忽然间,从寺内传来一阵鼓声,鼓声刚停,有个正在劳动的僧人忽然举起锄头哈哈大笑,边笑边舞,扛着锄头直向寺院飞奔而去。怀海见状大声赞道:"俊哉!这是观音入理之门。"回到寺院后,又问那个徒弟,你刚才一听到鼓声,便手舞足蹈地跑回到寺内,究竟见到了什么境界?徒弟是这样回答的:刚才肚子饿了,听到叫吃饭的鼓声,心里很高兴,其他也没有什么特别的想法。怀海听了会心地笑了。他常说:自古至今,佛只是人,人也是佛。肚子饿了要吃饭,事情就是那么简单。

怀海开堂时,总有一位满头白发的老者夹杂在众僧中听法。别人离开他也离开。有一天,说法结束后,众僧都陆续散去,老者还留在禅房里不肯走。怀海就问:"面前站立的又是什么人?"

老者答道:"我不是人,是一只野狐狸。过去迦叶佛时曾住持此山,因有学人问我'出家修行的人,是不是可能不落入因果轮回当中,做个长生不死的神仙呢?'我当时不假思索地回答,'大修行的人,当然不会落入生死轮回当中!'谁知话刚出口,我马上变成了狐狸身,如今已做了五百年野狐。请大师为我指点迷津,让我的灵魂得以超脱。"

怀海说："你问吧。"老者便问："出家修行人还落因果吗？"怀海回答："不昧因果。"这话的大概意思是，不管是圣人还是大修行者，不是不落于因果轮回，而是明白人间有因果轮回，但还是愿意把自己置身于因果轮回之中，也就是所谓的"我不入地狱谁入地狱"。

老者听后大悟，急忙施礼道："感谢大师开导之恩！让弟子从此脱离野狐身。明天日出时分，弟子将在后山蜕化，请为弟子以僧礼埋葬。"说完，就消失在古庙之后。第二天早上，怀海带领众僧来到山后大磐石下，用拄杖挑出一只已死的黑毛大狐狸，以僧礼将其火化安葬，并刻石立碑："狐僧之墓。"

这则公案宣扬的是佛教因果轮回教义。还有被棒喝聋了三天以及野鸭子飞过的公案，也很著名。

怀海的弟子，《景德传灯录》载为三十人。其中法正是传衣钵者，接替怀海住持百丈山，后来把百丈禅学发扬光大的，当推黄檗希运和沩山灵祐。希运传临济义玄，形成临济宗；灵祐共慧寂创立沩仰宗。

禅宗史上著名的"五家七宗"中，百丈门下就占了两席，加上之前百丈清规的横空出世，怀海禅师在中国佛教史上的地位可想而知了。

【七】

碑中佛事

（一）

我们是开着汽车前往大梅山的,虽然也是山路崎岖,树木葱绿,却怎么也找不到万山深处白云环的感觉。

可能是现在有了公路的缘故吧,而且横溪的山多为丘陵,水也是溪流居多,很少有夺人魂魄的奇山异水,或许正是这种淡雅怡人的平和,特别吻合修行者的心态。

先是梅子真看上了这块地方。

在原先的印象中,梅子真梅福是个传说中的仙人,他能炼丹,丹药吃到一定程度后就达到"飘飘乎如遗世独立"的程度,于是就羽化而成仙了。

后来查阅了一些资料,才知道梅福是西汉时期一个普通的读书人,最高职务是南昌尉,也就是警察局局长之类的芝麻官,但他是一位忠君爱国人士。当时大将军王凤独霸朝政,其他官员明哲保身,他却逆势而为。汉成帝绥和元年（公元前8）,梅福与成语"凿壁偷光"的那位匡衡联名上书要求"封孔子世为汤后"。以后他又上表章,洋洋数千言,非常恳切地提醒皇帝应该广揽贤士,虚心纳谏,警惕权臣"势隆于君"。这篇表章中的"天下以言为戒,最国家之大患也"等警句被千年后的北宋史学家司马光编纂的《资治通鉴》全文照转,可惜当时的汉成帝对此却不屑一顾。

《汉书》记载,王莽登基后,梅福为避祸离家出走,不知所终,后来有人在会稽看见过梅福。他改名换姓,做了守城的门卫,传说已经成为神仙了。是不是在这个时候梅福来过大梅山了呢?

考证有点难度,毕竟年代太过久远。其实,梅福在梅岭隐居的地点和进山的路线,是在传说过程中逐渐地明朗化的。

先是《景德传灯录》披露了在鄞州区大梅山的"梅子真旧隐";接着是砌筑在新修护圣寺大殿左前墙脚的《大梅山护圣禅寺重建记》的石碑碑文。这座碑立于明"洪武八年岁乙卯既望",

距今六百多年。碑文由四明万寿禅寺住持沙门清浚根据当时护圣寺住持耕公的叙述所记,再由国子上舍生天台王富书写,后由"郡人胡泰之刻"。

碑文是这样记载的:"大梅山在四明郡城东南七十里汉梅子真尝隐其地故曰梅山今山有梅仙岩仙人井盖其遗迹也。"这里面有梅山和梅仙岩及仙人井3处与梅福相关联的地名,从中可见佛教的宽容与博大。除此之外,应该与禅宗的众多名师通晓禅道两种学说,并以其居山隐修或游山参修的方式,与道士隐修的形式相类有关。

七百多年后,僧人法常脱离师门后四处行走,最后看中了这块地方作为修行的场所,也就不足为怪了。与梅子真东游西逛到处留痕不同的是,法常自从来到这里后就落地生根,从此以后再也没有离开过大梅山,大梅法常的雅号放在他的身上当之无愧。

(二)

法常这个人应该是比较固执的,或者说是意志坚定更为恰当,对于认准的目标能够用一辈子的时间去完成它,守护它,其间没有丝毫的犹豫和退却。他从马祖道一那里开悟时年纪应该

图① 梅隐桥

不会很大，至多中青年这个年龄段吧，云游时偶然步入大梅山后喜欢上了这里，直到88岁高龄圆寂，几十年足不出大梅山半步，可见其坚忍的程度。

这种坚忍也反映在对佛学教义的坚守，更是成为佛门千古传颂的经典。说是法常见到马祖后，开口就问："如何是佛？"马祖告诉他："即心即佛。"法常马上就开悟了。开悟后就来到明州大梅山梅子真旧隐处，只见这里群峦耸峙，山色空灵，油然兴起栖止的念头，从此几十年足不出大梅。马祖听说法常已经开山了，就派了一个僧人去大梅山探听虚实。

僧人找到法常，就问："听说您曾经参访过马祖，你在马祖那里究竟得到什么了？"

法常回答："因为马祖对我说'即心即佛'，所以我到这里来开山传法了。"

这个僧人就说："你可知道，马祖最近说的佛法跟过去又不一样啦。"

法常有些奇怪："怎么个不一样啊？"

僧人回答说："最近马祖改口'非心非佛'了。"

法常听了后不以为然地说："这个老头真会迷惑人。我才不管它什么非心非佛，我还是坚持即心即佛。"

马祖听了僧人汇报后，在法堂上感叹道："大众啊，你们知道吗，梅子已经熟了。"

这段公案在禅宗历史上非常有名。因为法常初见马祖听到"即心即佛"的回答后就立刻开悟，并且马上自己做师父接引徒众去了，有点速成的意味马祖可能有些不放心，就派弟子前去试探，结果法常对"即心即佛"这一信念没有丝毫的动摇。对大梅法常来说，这时的"即心即佛"已经不是马祖原先教给他的那个"即心即佛"了，而是经过多年的修炼，在自己身上领会感悟的，所以马祖再说什么，改变什么，跟他毫无关系。

这样的打扰或者说是考验还在继续。唐贞元年间的某一天，盐官齐安手下有个僧人行脚至大梅山，由于山深雾密，走着走着竟迷路了。浓雾散尽后，发现重峦叠嶂之间，坐落着一间简陋的茅舍，四周翠松环抱，弥漫着一分安详宁静的气氛；茅舍前的水池中荷叶田田，池面上几株荷花冷艳孤绝，飘送淡淡幽香。行脚僧举目望去，只见一位相貌清癯蔼然的出家人端坐在蒲团上面，不由得心生敬意，连忙口念佛号恭声问道："不知和尚住在这山中有多少年了？"

法常回答说："我只见到四面青山苍翠变枯黄，枯黄又转翠绿，不知春秋多少更迭。"

行脚僧又问："贫僧迷路至此，请问出山的道路如何走法？"

法常想也不想就回答："顺着流水走呗。"

行脚僧请教法常的法号，法常没有告诉他。

行脚僧回到盐官齐安的海昌院，把迷路到大梅山以及和老和尚的对话原原本本告诉了齐安。盐官齐安听后低头沉吟，说："我在江西马祖师父座下的时候，有个同门名叫法常，此人道法高明，后来就没了音讯。今日听你描述，大概便是他了。"于是写信请同门师兄弟出山共同接应群机。

法常看完信后，提笔写了封回信，是以诗偈形式回答的："摧残枯木倚寒林，几度逢春不变心；樵客遇之犹不顾，郢人那得苦追寻。"意思是说自己对名利早已淡泊不动心，犹如枯槁的树木，纵然是温和的阳春照拂，也萌发不出嫩芽来；就连砍柴的樵夫看到我也都不屑一顾，你又何必苦苦相求呢？

为了表明自己不思慕世间享乐，不追逐尘世五欲的决心，大梅法常又写了一首非常有名的诗偈："一池荷叶衣无尽，数树松花食有余；刚被世人知住处，又移茅舍入深居。"

我在想，当时栖居在大梅山上的法常吃得很少，穿得也很破，睡的是茅屋，就这样静静地修行，有时也垦荒种些什么，平时

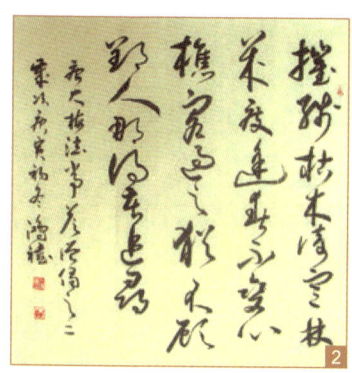

说话不多,留下来的文字也就只有几首诗,和几句被后世传诵的偈语什么的。

他不愿在平原闹市驻足,而是取高山之烟霞,在云中,在松下,在尘嚣外,靠着月光、芋头和茅草过活,用最纯粹、洁净、健康的生活方式不断返照自己,回归生命的本我。

(三)

《大梅山护圣禅寺重建记》碑文中有这样几句话:"初盖庵于山之北麓,纫荷为衣,采松为食,韬光泯迹若将终身。"就是说法常来到大梅山的初衷是为了收敛锋芒,修身养性,最后终老山林,弘扬佛法并不是他的终极目标。他在大梅山"缚茅燕处"是偶然被外人知道的。直到后来马祖派人前来考察并做出了"梅子熟了"的结论后,又当时很有名气的庞居士常去问法检验,而且每次都被法常驳倒。法常从此名声远扬,向其问法者日益增多,无意间成了著名的禅师。

碑文还记载,法常移隐深山后,带领弟子们艰苦劳作辛勤耕耘,在短短几年时间里,初步建成了寺院,名为上禅定寺,时有僧众七百多,这是唐开成年间的事。后来经过历代住持两百多年的努力，到了北宋嘉祐中期，寺院不但重新进行修建改造，而且每年垦田收入达千石，植树计万数，这是笔极其庞大的物质财富。据《宝庆四明志》记载，大梅山护圣寺有常住田172亩，山25040亩，大梅山保福寺有常住田725亩，山25042亩。两院合计常住田近千亩，山超过50000亩。而整个梅岭乡常住田总面积不到3500亩，有将近三分之一是属于法常禅师创建的护圣寺和保福寺的田产，可见大梅农禅之风的根深叶茂。就连王安石在《鄞县经游记》中也提到了"行至东吴，具舟以西，质明，泊舟堰下，食大梅山保福寺庄"，当时王安石连保福寺的本部都没有到达，接待县官老爷的只是寺院辖下的一处山庄。

唐宋时期的大梅山确实是佛学兴隆，跻身于全国佛教名山之列。权威的丁福保《佛学大辞典》就有专门的"大梅"条目，是这样注释的："大梅，即浙江鄞县大梅山。位于鄞县东南四十公里，以山上有大梅树，故名大梅。唐贞元十二年（796），马祖之法嗣法常，自天台山来此栖隐，故后世称之为大梅法常。"那个时候大梅山除了保福寺和护圣寺外，还有保庆寺和东山寺，及庆梅庵、梅福庵等庵堂。

作为著名的禅师，法常门下弟子众多，其中有3人被载入《景德传灯录》。他们是新罗国也就是今天朝鲜的迦智禅师、忠彦禅师和杭州天龙和尚。迦智和忠彦是最早上大梅山留学修禅的僧人。日本曹洞宗宗师道元以及日僧源心和心地觉心也在大梅山参禅。心地觉心在大梅山住了半年多，回国后创立了止眼宗，成为一代宗师。

七百多年后的20世纪末，日本正眼寺住持山川宗玄率日僧先后3次登临大梅山，寻找祖师学佛踪迹，并在护圣寺前刻立"日本心地觉心中日友谊灵迹碑"。

尽管有日本僧人的石碑矗立于此，但如今的大梅山护圣寺早已没有了昔日的辉煌，据说衰败的原因是与毗邻的保福寺相争互破风水所致,而这座与护圣寺水火不能相容的保福寺也是法常禅师创立的,属于豆与豆萁同根相煎的状况,所以更具悲剧色彩。当然,这是唐宋以后的事情,而且是民间传说,可信度存疑吧。20世纪80年代出版的《鄞县宗教志》则有"屡废屡建。至民国时又废。今存残房"的记载。

当我们开车沿着崎岖的山路走近护圣寺时,发现脚下居然是一块很大的平地,四周一片寂静,静得好像整个天地间就只有我们几个人游走,完全没有以往所见寺院那样有成群结队的信徒朝山进香的热闹场面。

举目远眺,但见层层梯田绿油油的,虽然绿得并不浓烈,但在四周群山映照下,非常悦目。天空也很洁净,飘浮着几片白云,白得并不耀眼,是那种散散淡淡的白,有些柔和。

寺院原先的框架结构基本没有了,简陋的山门和大雄宝殿可能是如今的信徒们凑钱修建的,那块十年前日僧竖立的灵迹碑上也布满了青苔,碑脚旁堆放着一堆土黄色的砖块。

我们进去时,没有看到僧人,好像也没有什么香火,只有一对中年夫妇在,拉过几把竹椅让我们坐,又端来几杯热茶,说茶叶是自己采制的,水从旁边的溪坑舀来。我们就坐在门外的院子里,喝茶聊天,在放松四肢的同时,目光也在青山绿水的抚慰下,变得松懈起来。

或许正是那份简单和宁静,才是法常离开师门后千寻万觅的理想修行之地,后来的繁荣与发达,并非他的本意。

【八】

鉴真与阿育王寺

（一）

在阿育王寺黄色琉璃瓦覆顶的舍利殿东侧，有一处幽静而又简朴的配殿，名为"舍利单"，是接待四方云游僧人的住宿地。唐天宝三年（744），鉴真和尚第三次东渡日本，在舟山洋面为风浪所阻，幸亏被明州太守所救，安置在阿育王寺，在舍利单挂锡两年。

鉴真到这里时，明州刚从越州剥离出来，独立建州的时间只有五六年，当时州衙门所在地还在鄞江小溪，七十多年后的长庆元年（821）才迁至三江口建城。虽然有州无城，但港口的历史却发端于秦汉之际，到了唐代，明州已是全国很有影响的开埠港口了，与广州、扬州并称中国三大对外贸易港口，来自日本、朝鲜、东南亚以及阿拉伯的商人蜂拥而至，装满了陶瓷、茶叶和丝绸的货船不时张帆待发，港口桅樯林立。

这得益于它优越的地理环境。明州港面临东海，坐拥三江，周围海岸曲折，深水岸线极长，西太平洋有百分之三十的台风在这个地带登陆，但由于舟山群岛这个巨大的天然屏障保护着，明州港口和城市很少有浊浪汹涌的时候，相对风平浪静，成为出海船只的避风港。正是由于它的温和与博大，才与高僧鉴真结下

图① 阿育王寺

图② 鉴真

不解之缘。

  鉴真原本无须这样操劳的,作为江淮地区最有名的授戒大师,早已功成名就,完全可以像许多得道高僧那样,讲讲课,写写书,授授戒,在扬州大明寺过着安定有规律的生活。而当时的日本刚从奴隶社会踏入封建社会的门槛,整个社会比较混乱,佛门也不例外,到处是没有经过严格受戒程序的伪滥僧尼。为了整顿教团,日本亟须在毗邻的盛世唐朝寻找一位资深律师前去规范佛教秩序。

  本来,这是外国的事情,与鉴真无关,但佛门讲究的是普度众生,慈悲为怀,"为了传播大法,何惜身命?"鉴真决心东渡弘法。但由于鉴真出国没有得到政府有关部门的批准,只能悄悄地偷渡。

  对于这样一位大德的壮举,"偷渡"的字眼有些不敬,还是约定俗成称之为"东渡"吧。首次东渡因内部有人告密被官府干涉而失败。第二次船出长江口就遭受风击破损,不得不返航

图③ 鉴真东渡行迹图

修理。第三次航行到舟山海面又因触礁而告失败。第四次前往温州途中被官府追回扬州。第五次在海上漂流了14天后，稀里糊涂到了海南岛南端的崖县，鉴真本人因暑热染病，双目失明。直到公元753年12月，66岁高龄的盲僧鉴真，终于在朝廷默许的情况下，随遣唐使的船只踏上了日本的国土。鉴真一行到达当时的京都奈良，受到日本天皇为首的举国上下热烈欢迎，轰动了整个日本。鉴真在日本生活了10年后圆寂，被尊为日本律宗的开山祖师。

（二）

鉴真是在第三次东渡失败后来到阿育王寺的。其实在很早以前，中日两国之间的交通往来有南北两条海路。北路是从日本的壹岐和对马出发，经过朝鲜半岛的南端，横渡黄海，转渤海到中国的山东莱州等地登陆。这条路风浪较少，比较安全。7世纪以后，朝鲜半岛上的新罗成了霸主，对不断到朝鲜半岛劫掠的日本采取了强硬态度，经常发生阻挠和袭击日本过往船只的情况。于是前来中国的日本使节不得不冒大风大浪的危险改走南路，由日本的南岛或筑紫横渡黄海，经舟山群岛从扬州或明州登岸。这条路在冬季风浪相对比较平静,但却经常会遇到逆风。

鉴真一行出海不久就遇上了逆风,浪击船破,不得不在下屿岛停靠修船并等候顺风。一个多月后再次扬帆东行,谁知刚行至桑石山附近,这条用80贯钱从岭南采访使刘巨鳞手中买下的军船不幸触到暗礁,损坏严重,最终沉入海底。船上人员虽然幸免于难,但满船的粮食、淡水、经卷、佛像和药材等均散落海底。一百多人登上荒凉的无人小岛,在寒冷、饥饿和干渴中度过了两天三夜,直至第四天风平浪静,出海的渔民发现岛上有灾民,给他们留下了一些淡水和干粮,并回去禀报官府。不久,明州太守派船把鉴真等人救出,安置在明州城东五十里处的阿育王寺住下。

当时的阿育王寺已有四百多年历史,在两晋南北朝和隋朝诸帝的扶持下,早已成为声名远扬的江南名刹。鉴真来到阿育王寺的消息很快在浙东一带传开了,周围的寺院和僧众慕名请他前去宣讲律学或设坛授戒,先是越州的龙兴寺,紧接着杭州、湖州,甚至连安徽的宣州也专程派人来请,鉴真不顾车马劳顿,依次巡游开讲授戒,然后又回到阿育王寺,所到之处无不人潮涌动。

越州龙兴寺的僧人在听了鉴真的讲座后,从内心深处为鉴真渊博的学识所折服,但当他们听说这样一位德高望重的大师即将离开中国去日本传法时,觉得实在太可惜了。他们劝阻鉴真说,日本那样的蛮荒之地和蛮荒之人,怎配聆听大师的妙法,何必对牛弹琴呢?而且,大师去后很难再回故土,中国僧人的福缘大受损失。鉴真却说,正因为日本是个未开化的蛮荒之地,才需要你我前去教化,佛说"我不入地狱,谁入地狱?"我心意已决,你们即使说破了嘴唇也动摇不了我东渡弘法的决心。

龙兴寺僧人见鉴真听不进劝告,而随侍在旁的日本僧人荣睿和普照却面带笑容,似乎有些得意,心中那个气啊。若不是那

东南佛国——宁波佛教文化

两个小日本叽里咕噜在大师耳边聒噪,他也不会一意孤行,得把两个日僧送往官府看住,才能断绝大师东渡的念头,于是就向州官告发说日本僧人企图引诱大和尚出国。日僧荣睿就此遭到逮捕,被押往长安治罪,途经杭州时身患重病,巧遇还俗多年在杭经商的日僧玄朗,玄朗出钱给荣睿办了个保外就医,荣睿又假装被庸医误诊致死,最后偷偷潜回阿育王寺。

鉴真看到荣睿和普照虽备受艰辛,却毫无退意,深为感动。就派法进等人秘密到福州去买船,想从天台再辗转至福州出海,对外则宣称去天台山国清寺供奉。当鉴真一行离开明州时,明州太守赠送了许多粮食和日用品,育王寺的僧众和许多忠实信徒也前来送行。

图④ 铁阿育王塔

图⑤ 日本奈良东大寺景

（三）

鉴真驻锡阿育王寺虽然是由于遭遇风暴的偶然因素，但他参拜阿育王塔的影响却是深远的，是他把阿育王寺的舍利信仰带到了日本并首先在日本上层社会流传，这种信仰伴随着日本僧人的参学而延续下来。

在鉴真的中日两国弟子义章中，不仅详细记述了鉴真在阿育王寺停留的过程，特别对阿育王舍利塔的建筑材料、色彩、四面的壁画、刘萨诃的发现传说、山中佛的左右足石、被视为护法菩萨的鱼等进行了详细的描绘。另外，鉴真东渡所携带物品清单中也有"阿育王寺塔样金铜塔一座"。日本神护景云四年（770），称德天皇为供养惠美押胜之乱的死者，建造百万座三重小塔,就是根据鉴真传过去的阿育王塔的故事而仿效的。

在其后的日本镰仓时期,新的佛教门派纷纷创立,净土门中出现了一位对阿育王寺有浓厚感情的重要人物俊乘房重源。重源留学宋朝时参访了阿育王山,后又两次入宋,并以运送日本山口县优质木材营助明州育王山舍利殿为契机,实地考察阿育王寺建筑,后来重源担任重建日本东大寺大劝进职位时,招请宋明州工匠陈和卿等为技术指导,重建东大寺。陈和卿等传去的"天竺样式"建筑,被认为是日本镰仓时期建筑风格的新形式,焕发出豪放的构造美,不仅对日本传统的建筑艺术形成冲击,而且使镰仓时代的建筑风格呈现出多样化和个性化的特点。现存遗构有东大寺南大门、开山堂以及法华堂礼堂等。

南宋淳熙四年(1177),日本平安末期的重要大臣平重盛派人前往阿育王寺布施黄金千两,住持佛照德光也回赠了许多物品,其中的青瓷茶碗是中国龙泉窑的产品,特别珍贵。据说在室町时代,将军足利义政在拥有这种茶碗时,不慎茶碗破裂,于是向中国提出更换新品,但这时的中国已经没有这种茶碗了,足利义政连肠子都悔青了,只得用铁丝修补,修补之处看上去像蚂蟥,所以这批茶碗又称"蚂蟥绊",现保存在东京国立博物馆,是日本的重要文化遗产。

关于日本的育王山信仰,还有一则有名的佳话,说的是镰仓幕府的第三代将军源实朝,始终认为自己的前世是宋朝育王山的长老,非要"故地重游"不可。他不顾大臣们的再三进谏,命人打造了一艘庞大的唐船,并组织了60名随从人员准备出发,谁知大船虽然被拖到了海边,但怎么也浮不起来,最终没能成行。

日本的育王山信仰形成于平安末期到镰仓时期,是在鉴真圆寂三十多年后的事情,但起源于奈良时代。除了佛学和佛典外,鉴真还把中国大陆的先进文化和先进技术带到了日本,使日本出现了辉煌的奈良文化。

【九】布袋和尚

（一）

布袋和尚的姓氏和生卒年都不详，自称契此，又号长汀子。在奉化岳林寺出家后，整天背着一个布袋，云游四方。有人问他："师傅有法号否？"契此回答："我有一布袋，虚空无挂碍；展开遍十方，入时观自在。"人们听了后，似懂非懂，便随口称他为"布袋和尚"。

布袋和尚形体肥胖，言谈举止疯癫无状。平日里用一根木杖挑着布袋，到处行化乞食。讨来的食物，一半吃掉，一半放入布袋之中，所用之物，也藏在布袋里。每次路过村庄时，就有儿童蹦跳着跟在后面，伸手向他索要食物和玩具，布袋和尚就把口袋里的东西拿出来，分与孩子们。因此，每到一个地方，就会有许多孩童跑过来，簇拥在他的身边嬉戏玩耍。在杭州灵隐寺前的山岩上，雕刻有"十八小儿戏布袋"，就是根据这一传说塑造的。

这只布袋看起来并不大，但无论多少东西装进去，都不会满，甚至连他从福建募捐来的一批扩建寺院的大木头，都能装入袋中。有人恶作剧，把死鱼投入他的布袋，他也不生气，笑嘻嘻地收下后，背到河边放生，鱼儿竟然摇头摆尾，欢快地跃入溪中。也有人把馊饭菜倒入他的布袋，取出来时却新鲜无比，口感比原先还要好。有个惯于寻衅闹事的无赖，三番两次夺下他的布袋用火烧，仍旧完好无损。

布袋和尚走到哪里就睡到哪里，冬天经常在雪地上睡觉，衣衫从来不湿，示人祸福无不应验。

有一次在田间劳作，与人比赛插秧快慢，几个村民手起手落，前面的稻田很快就绿了一大片，布袋和尚人胖动作慢，眼看就要输了，他却哈哈大笑，高声吟诵道："手捏青苗种福田，低头便见水中天；六根清净方成稻，退后原来是向前。"

布袋和尚有个徒弟,名叫蒋宗霸,他的后代就是日后鼎鼎大名的溪口蒋氏。蒋宗霸官场失意后寓居在奉化城北应家山,这里距岳林寺很近。蒋宗霸闲来无事出门散步,经常与布袋和尚相遇。他见这个胖和尚言谈睿智诙谐,行动常有惊人之举,为之倾倒,就拜其为师,皈依佛门,成为居士。皈依佛门后的蒋宗霸日日口诵"摩诃般若波罗蜜多",人称摩诃居士。

有一天,布袋和尚与摩诃居士云游到福建温泉。挺着大肚子的布袋突然感到背脊奇痒难熬,来不及细想就脱去僧衣,跳到温泉洗浴,摩诃也跟着脱衣下水。师徒俩在温泉里泡得高兴,摩诃就上前为师父擦背,擦了两下,突然惊叫起来。原来布袋和尚的光背上,赫然张着只又大又圆的眼睛,星光四射,明亮如镜。摩诃兴奋地说:"师父,你背上开眼,是真佛下凡耶。"布袋听了后,闷声不响地穿好衣服,带着蒋摩诃急急忙忙赶回奉化岳林寺。蒋摩诃以为得罪了师父,跟在后面不敢讲话。到了岳林寺的禅房,布袋和尚取过袈裟、净瓶以及九环锡杖和随身的布袋,对蒋摩诃说:"我的真身被你看破,天机已经泄露,不能久留在此,这些东西就留存给你。"说完就走到山门东边的一块青石上坐化。

那是后梁贞明二年(916)三月三日,布袋和尚示寂于奉化岳林寺东庑下石凳上,留有一首《辞世偈》:"弥勒真弥勒,分身千百亿;时时示时人,时人自不识。"说完此偈,安然而化。

已经有些慧根的蒋摩诃知道天数所定,也不是特别悲伤,将师父遗体和遗物放入荷花缸,安葬在锦屏山东北面中塔。

几个月后,奉化有人去四川,居然碰到了布袋和尚,那人吓得跳了起来。布袋和尚却笑着对他说:"请你带个口信给摩诃,叫他好好保重,我们相会的日子不会太长啦。"

岳林寺有一和尚在外游方,途中遇见布袋和尚,跟往常一样,背着布袋行化乞食。布袋和尚还告诉他,自岳林寺出来,拿

错了人家一双鞋子,托他带回岳林寺。那个和尚回到岳林寺后,方知布袋和尚早已去世多时。

各种各样的说法传到寺里,住持便让小和尚打开中塔的荷花缸,发现里面除了一只鞋外,什么都没有。这时,许多人回忆布袋和尚临终偈语,以及平日貌似疯癫的非常举动,这才知道他是弥勒化身。

岳林寺是布袋和尚出家和圆寂的地点,既然知晓他是弥勒菩萨的化身,哪有见了真佛不拜的道理。于是在宋崇宁三年(1104),岳林寺住持昙振在寺后建阁,塑布袋和尚形貌作弥勒佛供奉。

或许是这个胖和尚慈祥的笑容,或许人们更喜欢其大肚能容的宽厚,这个平民化的菩萨很快受到了追捧。先是在奉化,然后在明州城乡,再后来,全国各地的寺院都将天王殿内供奉的带冠金身弥勒换成袒胸露腹、笑口常开的布袋和尚形象。北宋元符元年(1098),哲宗皇帝赐布袋和尚为"定应大师"名号;北宋崇宁三年(1104),宋徽宗赐阁名为"崇宁"。

图① 弥勒塑像

不仅中国的寺院如此,在东南亚、朝鲜、日本、欧美等国家和地区,凡是有佛教信仰的地方,在天王殿首先看到的就是这位袒胸露腹的笑口弥勒像,让人迈进山门就感受到浓厚的禅悦,领略到那种无所不容的气度和精神。

与此相对应的是,大多数寺院的弥勒殿还配有这样的对联:"大肚能容,容天下难容之事;开口便笑,笑世间可笑之人。"

(二)

弥勒,名阿逸多,意译为"无能胜"。他是与释迦牟尼同时代的圣人,学佛比释迦牟尼还要早,只是他喜好交游、爱吃穿,勇猛精进不如释迦,所以让迦牟尼后来居上,弥勒反成了他的弟子。

尽管如此,释迦牟尼在他的众多弟子中,还是选择弥勒作为自己的接班人。释迦牟尼在一次法会上公开说:"弥勒命终后必得往生兜率天上,以菩萨身为天人说法,56亿万年后由此下生人间,于龙华树下成佛,分三会说法,普度众生。"弥勒因佛祖的亲口认定,而取得了"未来佛"的资格。

据佛典记载,弥勒出生在一个名叫波罗奈的小国,就是现在印度的贝那拉斯这个地方。他的父亲好像是个宰相,据说他母亲原来是个性格很暴躁的人,自从怀上弥勒以后,性情变得慈祥温和起来,所以弥勒被称为慈氏。

自古伟人多磨难,弥勒也是。因其长相俊逸、聪慧过人的缘故,还未成年的弥勒,就被小肚鸡肠的国王视为潜在的竞争对象:"名相显美,傥有高德,必夺其位。"所以想在其羽翼还没有丰满时,设法除掉,以绝后患。弥勒的父母得知消息后,吓得魂飞魄散,连忙把儿子送到南印度的波梨弗多罗国,到其舅舅那里避难。

图② 弥勒道场

弥勒的舅舅波婆梨是位博学多才的国师,门下有五百弟子,其中有个弟子在一次偶然的机会,听说了释迦牟尼佛的种种功德,便向师父进行汇报。波婆梨听了后,满心欢喜,本想亲自到王舍城灵鹫山去拜见佛陀的,但由于路途遥远,年事已高,经受不起车马劳顿,便派遣自己最得意的外甥弥勒,让他带人代表自己前去礼佛。

弥勒见到释迦牟尼佛后,并没有表现出紧张恐惧的神态来,反而提出一连串的问题来考察,比如我的师父有几相,他今年多大岁数,有多少弟子,等等。佛陀回答得丝毫不差,弥勒这才叹服。接下来,便是听佛说法,得法眼净。这个法眼净,按字面解释,是具有观见真理等诸法而无障碍和疑惑之眼,说得直白一点,就是对佛法不怀疑,不毁谤,这是入门者所必需的。

释迦牟尼佛的姨母,也就是佛教历史上首位比丘尼摩诃波阇波提,亲手织成一件金色袈裟让佛陀穿。佛陀让她布施给众僧,摩诃波阇波提不愿意,说专门为你织的。佛却说,你给我穿,获得的福报局限于亲情,而施给别的僧人,则是大爱,能获得更大的福报。摩诃波阇波提没有办法，只得将这件精心制成的袈裟送给别的僧人穿，但佛陀的那些常随弟子，推来辞去，无人敢接这件袈裟，唯有弥勒毫不犹豫地接受下来。而且，每天披着这件耀眼的袈裟，跟随佛陀与其他师兄弟们，在波罗奈游化乞食。

问题也随之来了。弥勒的相貌本就庄严非凡，再穿上件引人注目的袈裟，不用做广告，就成为乞食群中的一个特殊标志，引得满大街的人都跑出来，围绕前后，争观其相。但人们往往只顾赞叹他的相貌，而忘记施食给他，于是弥勒经常饿肚子。

写到这里，不禁想起《西游记》中的唐三藏来了，也是因为外貌俊美的缘故，惹得女王女妖争着要与唐僧哥哥拜堂成亲。可见，佛门不乏美男子，如果自己不能掌控，或者说没有七戒八戒限制的话，要想保持佛门清净并不是件容易的事。

有一次，释迦牟尼佛在法会上告诉众比丘："未来的时候，阎浮提（泛指人间世界）土地平坦方正，人寿八万四千岁，身高八丈，那时弥勒出生于婆罗门家，身现金色，具足三十二相，相好光明，出家学道，成等正觉，说法度生。第一大会，度九十三亿众生；第二大会，度九十六亿众生；第三大会，度九十九亿众生。这便是弥勒龙华三会说法度生的情形。不论出家、在家，只要严持斋戒，焚香燃灯，大兴供养，将来它定蒙弥勒化度。"

弥勒听了释迦牟尼佛的叙述之后，从座位上站起来，跪在佛陀面前说他愿意成为那个弥勒。佛陀同意了，并在众人面前当场为弥勒授记，确定其为未来佛，名号仍旧是弥勒。当然，此弥勒成为彼弥勒是有原始因缘的，并非佛陀的心血来潮，这一点，在《贤愚经·波婆离品》中有详细记载。

这就意味着，弥勒从佛陀授记后十二年内，就必须先圆寂，然后上生兜率天，教化兜率天的天子。再然后，在兜率天住持四千年，相当于地球时间五十六亿七千万年。最后，再下生阎浮提，于龙华树下成佛，广度释迦佛教化或与之有缘而未成就的众生。

看了许多有关弥勒佛的文字资料,最吸引人的便是弥勒菩萨降生人间的那个时代了。

那个时候,地球上的土地面积比现在还要广袤,没有穷山恶水,没有悬崖峭壁和坎坷不平的道路,海洋和陆地的资源极其丰富,类似金银、珍珠和琥珀那样的珍宝散满大地,但人民的反应都很冷淡,和看见瓦砾没有什么两样。一年四季温和舒适,没有严寒酷热,到处有甘美的树木和柔软的绿草,人们行走在上面,就好像踏在很舒服的地毯上。所有的人民,几乎没有贪欲、嗔恚和愚痴的恶性,言谈之间和风细雨,听不到有争论的声音。而且,不论男女老少,若想大小便时,脚下的土地就会自然裂开一小部分,来承受这些臭秽,完事后,地表又自然复合,不会留下任何的蛛丝马迹。再有,当时人的阳寿极长,约八万四千岁,女人要到五百岁才出嫁。

这样美轮美奂的人间福地,太令人向往了。可惜,这是天上馅饼,像我等凡胎肉身的俗人,不用说再等五十六亿年了,就连五六十年,都要打上几圈肚皮官司,思量一下能不能赶上。

但是且慢,经书上说了,只要你皈依三宝,勤奋修炼般若波罗蜜多三藐三菩提法,待到阳寿享尽时,就可以往生至兜率天内院了,在弥勒菩萨居住的那方净土里接受教育培训。在那里待满五十六亿多年后,再随菩萨降生那个美好的人间,共同来教化大众。

这样的好事,谁都愿意去做,但并不是谁都能做到的。在中国,开创弥勒信仰先河的是晋朝的释道安。

道安是东晋时期博学的佛教学者,佛教僧团的领袖。他制定出了中国第一部僧侣规范,里面有行香定坐上经开讲之法,六时行道饮食之法以及布萨差使悔过之法等等。出家人统一以"释"为姓的规定,也是他倡导的。因为道安名气实在太大,据说为了争夺他,北方前秦大帝苻坚在淝水战役前,专门安排一次

图③ 奉化弥勒文化休闲区

襄阳争夺战,用武力把道安劫持到长安,请他主持了几千人的大道场。

盛名之下的道安,在解经或讲经过程中,非常谨慎,唯恐不合佛意。特别是汉译佛经,在两种文字转化过程中,经常有其意不明之处,道安就想通过弥勒菩萨为住自己释疑解惑。因为经文说,弥勒是未来龙华三会天人师,有开启智慧的功能,道安就带领弟子在弥勒佛前立誓,愿生兜率天。

这样一位重量级的佛门大德,率领弟子发愿求生兜率净上,影响着后来佛教中很多人物,也信奉起弥勒菩萨来,这是很自然的事。

几十年后,有位名叫法显的高僧,在北印度的陀历国,亲眼看见了身高八丈、脚背八尺的弥勒像。其后,随着《弥勒经》的译出,释尊的继承者,乃是兜率天的弥勒菩萨,被广大信众所认知,信奉并皈依弥勒菩萨,成为当时的一种社会风气。

自公元4世纪初起,弥勒信仰传到中国,直至公元8世纪,前后四百年，是中国弥勒信仰的鼎盛时代。其后，弥勒信仰逐渐衰落。其根本的原因，是有人曲解弥勒下生的思想，甚至用来达到某种政治目的，使得原本纯粹的宗教信仰，变味变质了。

虽然有些衰落，但还好，因为出现了应化。

所谓"应化"，就是菩萨化身示现人世间，教化众生。根据大藏经中现存的古籍记载，在南北朝时期，有南齐的傅翕，以及唐末五代的布袋和尚。

傅翕又称傅大士，他在修行过程中，变卖了所有的家产，用来设大会供养僧俗四众，甚至把妻子也抵押出去了，换来的卖身钱还是用来供佛。后来他直奔皇宫，经常与梁武帝说法论道。再后来，他的弥勒化身位置被唐末五代的布袋和尚取代了。

【十】

四明知礼

（一）

四明知礼是宋代天台宗的核心人物。

他是螺溪义寂的再传弟子，从天台十六祖宝云义通大师处学修天台教典后，没过几年，便证得法华三昧。到二十多岁时已名震四方，净侣云集。

天台宗是佛教传入中国之后在陈、隋之际形成的第一个富有中国特色的大乘佛教宗派。天台宗的法脉传到第九祖湛然大师之后，又归于平和的沉静状态，虽然其后代代祖师法脉相传，但只是继承，没有创新，直到四明知礼大师时又出现兴盛的景象。

当时天台宗在经历了唐代的安史之乱和会昌法难以及五代离乱后，教典丧失殆尽，天台佛学处于衰微阶段，而且衰微的程度令人难以想象。至十四祖清竦时，由于没有教典，只得高谈阔论，因此得了个"高论清竦"的雅号。直到吴越王派人到高丽和日本访求天台教典，才使得天台宗由湮灭而复兴。

天台教典失而复得，这本来是件好事，但由于对原典看法不一，导致观点歧异。当时以钱塘一带为道场的慈光悟恩著《金光明玄义发挥记》（简称《发挥记》），是注释天台宗初祖智𫖮大师《金光明玄义》的书。但《金光明玄义》有两种版本流行，而天台宗独有的经典解释法是"五重玄义"，即由"释名、辨体、明宗、论用、判教"五分科构成，其中的"释名"又分为"教义释"与"观心释"。而当时流行的两种版本，广本有"观心释"，略本没有。而悟恩的《发挥记》是以略本为蓝本，并说广本的"观心释"是后人伪作。悟恩这一说法立即引起轩然大波，各种观点互相论驳，而在这时，悟恩的徒弟奉先源清和灵光洪敏又推出了《难词二十条》，非议广本的观心释，把争论推向了高潮。

知礼开始保持沉默，而且沉默了相当长一段时间，最后在

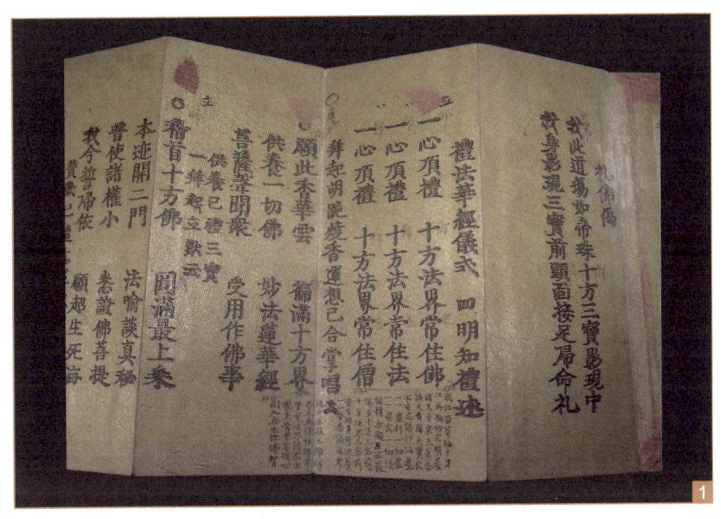

图① 知礼述《礼法华经仪式》

同门善信的请求下作《释难扶宗记》，阐明广本的观心之义，反驳二十条难词之说。悟恩和源清相继去世后，源清的弟子梵天庆昭和孤山智圆继承师说，合作撰写了《辩讹》，指谪《释难扶宗记》。对此，知礼先后作《问难书》《诘难书》《问疑书》《复问书》应对，庆昭又作《答疑书》《五义书》《释难书》答辩，往复五次，历时达七年之久。

到了景德三年（1006），知礼把前后十次来往的论辩文章结集成《十义书》，派弟子神照本如带着《十义书》前往钱塘面请庆昭作答。同年五月，庆昭复书《答十义书》为之抗辩，知礼又撰《观心二百问》反诘之，而且"先标问目，又布难词"，要求对方"依数标章，览文为答，毋使一条漏失"。据说庆昭最后回了知礼一封信，信中对知礼表示敬仰，并尊为止统。

但过了十余年，智圆又撰《光明玄表微记》，复以"四难"否认广本之"观心释"。翌年，知礼作《光明玄拾遗记》，论破智圆之说。

自慈光悟恩否认广本，至四明知礼论破"四难"，前后历四十年，其间争议论点虽多分歧，但主要的焦点集中在观心之真妄境。

以知礼为代表的山家派主张"妄心观"，其观心的目的在于转凡心而实现理心；而山外派则主张"真心观"，认为观道的要

图② 四明知礼

点在于依妙解而定妙行。两家之论争,从哲学观点上应该是"山家实相论"与"山外唯心论"之争。

而山外派唯心论的观点显然已经离开了天台宗"性具说"而趋近华严宗的"大乘起信论"的学说,要么让天台佛学失去特色,要么在理论上肃清非天台思想,山家派选择了后者,为此知礼在《十不二门指要抄》中立华严为别教,主张"别理随缘",山外派则反对此说。当然还有其他种种佛学思想上的争论,那时的氛围肯定是乱糟糟的,有点像春秋战国时期的百家争鸣。

争鸣的结果是天台宗经过知礼的肃清,直到北宋末年,江浙一带,无不奉天台之教,即所谓"代代禀业天台智者教乘","勿事兼听",由此造成了天台宗的第二次中兴,知礼也被称为天台宗的中兴之祖。

如果要追溯,早在清竦之后,天台宗就已分成两派,一派是螺溪义寂大师,自称得天台法脉真传,为山家派,另一系是慈光志因大师,他也自称为天台正宗,但被山家派称为山外派,从此就拉开了天台宗在宋代长达百年的山家派与山外派之间的争论。山家派到四明知礼时达到高峰,人才辈出,其中较著名的有尚贤、本如和梵臻等嫡传弟子三十多人,后分为三个流派,法脉流传至今;而山外派只传了几代就不知所向了。

（二）

知礼（960—1028），俗姓金，字约言，鄞县人。父亲名叫金经，母亲按照传统习俗被称为李氏。金经为汉代金日䃅之后裔，据《汉书》记载："金日䃅，匈奴休屠王之子。"

知礼幼年有点命苦，7岁光景母亲就去世了。母亲去世时他号啕大哭不止，并缠着父亲说要出家当和尚，刚刚经历丧妻之痛的父亲被儿子纠缠得没有办法，只好同意了他的要求。于是他开始跟随太平兴国寺洪选和尚出家，15岁时受具足戒。具足戒是"大戒"，与沙弥和沙弥尼的十戒相比，因其戒品全部齐备而得名。出家人受持此戒后，才算是正式取得僧尼资格，在此之前有点像现在招工的见习期。知礼的见习期从7岁到15岁，整整8年时间，有点漫长。

话又说回来，一个7岁孩童吵闹着要当和尚本来就有点不可思议，更不可思议的是，做父亲的居然会同意小儿的要求，这种种的不可思议，只能以天生有佛缘来解释了。据说知礼的父母曾在菩萨面前祈求能生个儿子，并很快梦见了神僧携带一名童子托付给他们，告诉说这是佛陀的儿子。梦醒后不久，知礼的母亲就怀孕了。

知礼成为正式的佛门弟子后，专门从事律部的研究工作，律部也就是戒律与禁忌方面的教义，按现代通俗的说法，应该是法律和制度方面的专业。过了四年以后，他就来到宝云义通门下学习天台宗的教义。

知礼来到宝云门下的第三天，处于住持之下、众僧之上的首座对他说："法界次第，你当奉持。"说得直白些，就是一切事物都有上下高低先后之分，先进山门为大，你是新来的，应当先打打杂做些服务性的工作。知礼听了有点着急，心想我从7岁出家，已经在佛门待了十几年了，离开原来的寺院拜宝云义通为师

的目的是为了更深层次地研习佛法,现在要我像刚进山门的小和尚那样先打杂,何年何月才能取得真经?不行,得用有分量的话镇住他们,别让他们看扁了。

情急之下,知礼也不怕得罪首座,反问道:"什么是法界?"首座回答:"大总相法门,圆融无碍者是也。"大概的意思就是,所有修习佛法的门户都敞开着,只要诚心向佛,是没有半点障碍的。知礼反问道:"既圆融无碍,何有次第?"是啊,既然没有半点障碍,又为什么有上下高低之分呢?

这话把在场的僧众都惊呆了,好厉害的一张铁嘴啊。一个月后,知礼就开讲《心经》,听讲的人无不叹服他悟道之迅速。第二年已经把师父宝云义通的佛法思想完全消化吸收,第三年,就开始代表师父讲法了。过了六七年后,也就是宋端拱元年(988),宝云义通圆寂,指定由知礼继承衣钵,成为天台宗第十七祖。那年,知礼28岁。

(三)

知礼32岁时,受请住持明州乾符寺,从此大开讲席,追随者众多。《指要抄序》是这样说的:"师主干符讲席,诸子悦随,若众流会海。"由于干符寺堂舍狭隘简陋,前来听课问道的人又多,容纳不下,于是在至道元年(995)移住县城东南保恩院,继续聚徒讲学。翌年,保恩院住持居朗显通将保恩院捐让给知礼做道场。有了固定场所以后,知礼的佛法越来越精湛,名气也越来越大,"道不求扬而四方尽闻,众不待召而千里自至"。

咸平三年(1000),有个名叫寂照的日本僧人,带着日本天台宗著名学者源信法师的二十七个问题请教知礼,知礼写成《问目二七条答释》从容作答。第二年知礼又写成《十不二门指要抄》,阐明性具诸义和别理随缘义。奉化的雪窦重显和尚看了《十不二门指要抄》后大为赞叹,专门设斋庆贺,为知礼端茶倒水,表示敬意。

大中祥符二年(1009),经过多年的筹划兴建,新的保恩院全面竣工,阁楼高耸,佛殿庄严,内有僧舍120多间,成为讲忏兼备的大道场。翌年朝廷敕额"延庆寺",并隆旨准予"永作十方住持,长演天台智者教法"。延庆寺由此成为讲宗五山之第二。

在延庆寺,知礼亲自撰写了《十方传教住持戒誓辞》,特别强调将来选任住持的基本条件,必须具备"天台五德",即"旧学天台,勿事兼讲;研精覃思,远于浮伪;戒德有闻,正己待物;克远荣誉,不屈吾道;辞辩兼美,敏于将导"。并与异闻法师等人一起立下"传贤不传徒"的宏誓,打破自古以来沿袭下来的"师徒相传"子孙庙旧习,为延庆寺的天台教观真正成为十方丛林奠定基础。

天台教法,重在解行并进,教观兼行。知礼一生的重心都在讲忏上面。讲述过的经教有《法华玄义》《摩诃止观》《大般涅槃经疏》《净名经疏》《金光明经玄疏》《观音别行玄疏》《观无量寿佛经疏》等。以上除了《大般涅槃经疏》为天台五祖章安灌顶所著外,其余都是知礼的著作。同时也讲解唐朝中兴天台的荆溪湛然的著作,如《金刚》《止观义例》《十不二门》以及《始终心要》等，足见其精勤的程度。在依忏法修观方面同样出色，前后共修过的忏法有《法华忏法》《金光明忏法》《弥陀忏法》《请观音忏法》《大悲忏法》等。在修忏时，为了大众利益，经常奋不顾身。有一年明州大旱，知礼与慈云遵式法师一起修习金光明忏法，约定如果三日内不下雨，就要自焚一只手。到了约定的日期，果然下起大雨。

大中祥符六年（1013），知礼创建念佛施戒会，并动手写疏文劝导大众。知礼说："今天结集万人来一起共修，而成为一个莲社，希望大家心心系念极乐世界阿弥陀佛，日日刻期精进发愿往生。"该会一直延续至南宋，历时一百九十余载而不衰。同时组织"明州延庆院念佛净社"，净社普结僧俗男女一万人，毕世称念阿弥陀佛。翌年二月，在院内启建道场，供养三宝，斋设僧田，祝延帝寿，福利军民。会首210人，社员999人，每日各念佛千声，进行忏悔。

知礼认为"净土法门决然可信"，因为如来曾特地说过，并屡屡言之，还委婉言之，这是佛答应的事情，绝没有假。大中祥符九年（1016），57岁的知礼与十位心志相同的僧人结伴"誓修法华忏，三年忏满，焚身供养《妙法莲华经》，誓往生西方净土"。他对门徒说："为得半首偈颂，值得亡身；为求一句经文，可以投火，佛法之高深如此。为警世人对佛法的懈怠之心，我将焚身自杀。到时候你们不要胡乱哭闹，要各自努力，振兴佛教。"

秘书监杨亿素仰知礼的道风，在这之前已向丞相寇准提出申请，要求赐知礼紫色袈裟，以示朝廷对知礼的敬重之心。寇准当下同意，杨亿亲自写信表示祝贺，连同紫色袈裟一起，派使者送予知礼。谁料想使者刚走，就传来了知礼准备自焚的消息。杨亿大吃一惊，连忙又提笔写信说："方当台教复兴之时，正赖传持为世良导"，意思是现在是天台教复兴的关键时刻，正需要像你这样的高僧来传播教义普度众生，你怎么可以离开尘世

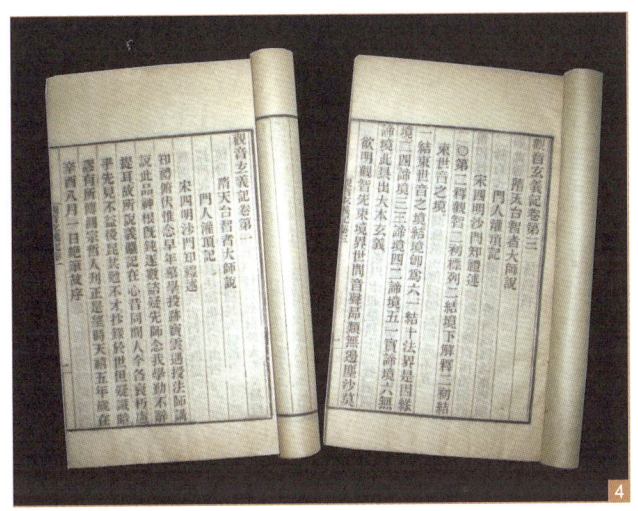

图④ 知礼著《观音玄义记》书影

呢。两人在书信里各抒己见,杨亿的去信已发出四封,知礼仍不肯让步,非要自焚警世不可。杨亿没有办法,只好写信给郡守李夷庚及天竺寺慈云大师就近劝阻。李夷庚和慈云接到杨亿的信后连忙赶来,太宗驸马李遵勖闻讯也来信劝阻。最后皇帝下命令"住世演教",不许焚身殉教,知礼才无奈地取消了以身殉教的行为。天禧四年(1020),宋真宗赐知礼"法智大师"号。

当时正值皇帝诏告天下,设立放生池。知礼抓住机遇广施福田,每到佛诞日,就结集放生会,组织大众一起修法,然后放生鱼鸟等生物。枢密使刘筠受命就此事专门撰文以示表彰,立放生碑于寺院内。

知礼住持延庆寺数十年,除了讲学之外,专门修习忏法。这里所说的忏法,是佛教徒忏悔罪业的仪则和修习止观的行法,起于东晋的道安和尚,南朝亦很流行。历代有许多忏法的著述,如现在仍在流行的《梁皇忏》《法华三昧忏仪》《慈悲水忏》《千手千眼大悲心咒行法》等,其中《千手千眼大悲心咒行法》(世称《大悲忏》),为流行最广影响最大的忏法,撰集者就是知礼。

宋天禧五年(1021),知礼六十二岁那年,受真宗皇帝礼请而举行祈求国泰民安法会,恭礼"法华三昧"三昼夜的忏法道场。同时受内侍俞源清的恳请要求解说,知礼为说明修忏的功用及

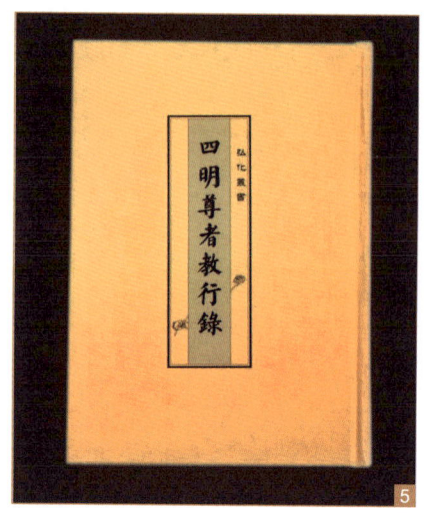

图⑤ 弘化社印《四明尊者教行录》

修持方法,撰写《修忏要旨》,流行于世。

到了仁宗天圣六年(1028)正月元旦,知礼启建金光明忏七天,到第五天结跏趺坐,召集大众说法之后,突然称念阿弥陀佛数百声,然后气尽而逝,时年六十九岁。据说知礼去世后,不知什么原因并没有马上火化下葬,而是开棺显露遗体达14天之久,众人发现他的指甲、头发居然变长了。后来火化时,舌根不坏,像莲花的形状。

知礼的著作很多,现存的主要著作有《观音玄义记》《观音玄义疏记》《观无量经疏妙宗抄》《金光明玄义拾遗记》《金光明经文句记》等,经书以外的著述收入《四明尊者教行录》。知礼在性具、性恶、别理随缘等观点方面发展了天台宗的理论,尤其是"别理随缘"的佛教理论最为著名。

知礼从学识到德行都获得很高的评价。天竺忏主遵式赞他"于今山家一教,旋观海内,唯见一人而已";"天上无双月,人间只一僧"。《佛祖统纪》著者志磬赞他"四明法智,以上圣之才,当中兴之运,自荆溪而来,九世、二百年矣,……备众体而集大成,辟异端而隆正统者,唯法智一师耳。是宜陪位列祖,称为中兴(之祖)"。

【十二】

延寿智觉与《宗镜录》

（一）

延寿智觉（904—975），余杭人，俗姓王。他于天台德韶禅师处悟得玄旨，是为法眼宗第三代祖师，同时也因劝人念佛，誓愿弘修净土法门，而为净土宗第六代祖师。

著名的国学大师南怀瑾先生说过这样一段话："宋代有两部名著在文化上具有卓越的贡献。一部属于史学方面的，即司马光历经十九年时间所编撰的《资治通鉴》，另一部为哲学的著作，即永明延寿禅师所撰写的《宗镜录》。"

佛学造诣很高的清朝雍正皇帝也是《宗镜录》的热心提倡者，甚至认为不懂永明延寿这本书的人，根本没有资格学佛。他曾经说过，在历代高僧大德中，"永明古佛，实为震旦第一导师"。雍正帝日理万机，仍抽出时间，对八十万字的《宗镜录》亲加选录，颁示天下丛林。

永明延寿就是延寿智觉，因为他住持杭州永明寺时间比较长，所以连寺带号这样叫了。这样的叫法在佛教界是常有的事，比如金峨寺开山祖师怀海离开鄞县后在江西大雄山百丈岩修禅，人称"百丈怀海"；宏智正觉住持天童几十年，人称"天童正觉"。延寿智觉也是在这种情况下，称为永明延寿的，而在这之前,他曾在明州雪窦寺住过九年。更重要的还在于,那部具有史诗般意义的《宗镜录》,其初稿,就是在雪窦山完成的。

延寿智觉是中国佛教史上的一位伟大人物,《佛祖历代通载》称延寿"总角之岁,归心佛乘"。就是说他从小就有佛缘,据说七岁时诵读《法华经》,读到得意处,竟然使得群羊跪听。二十岁以后因为信佛的关系,他一日只吃一餐。但不知什么原因,他没有走幼年出家的道路,而是与普通人那样结婚生子,二十八岁那年出任华亭(今上海松江区)镇将,负责督办军需。

毕竟不是凡俗之胎,做了官的延寿,信佛的本性没变,一有钱就去集市买鱼虾龟虫等放生。时间一长,渐渐入不敷出。然而只要一看到那些弱小的生灵,就会不由自主地生出怜悯之心,直至动用库钱继续放生。

这事终于被察觉,在当时那是死罪。当延寿被押赴刑场行刑时,面对冷飕飕的屠刀,他摆出一副面不改色心不跳的样子来,典刑官问其不怕死的原因,延寿回答得理直气壮:"动用库钱是为了放生,并不是个人享乐,于心无愧,死后可往生净土,所以毫无畏惧之感。"估计这位典刑官也是信佛之人,马上把延寿的这番"遗言"报告给同样崇佛的吴越王钱元瓘,吴王当即下令赦其死罪。官是做不成了,但被准许出家为僧。延寿告别妻儿,来到四明山鄞县境内的龙册寺,在翠岩令参禅师处剃度为僧,法名延寿,字智觉,时年三十岁。

在龙册寺学习了一些基本知识后,延寿便拜别师父,出外参学。先是在天柱山上独自禅定了九十多天,连小鸟在衣服中筑巢都没有发觉。出定之后,就去天台山参拜德韶大师。

天台德韶是禅门法眼宗创始人文益大师的弟子,禅学功夫深厚,被吴越王尊为国师。天台宗在唐武宗灭佛后能够中兴,除了得力于义寂的高名与学识外,与吴越王的鼎力支持是分不开的,这其中,德韶起了穿针引线的作用。他不持宗门的偏见,把义寂推荐给吴越王，才使得天台宗有重昌的机会。

延寿参谒德韶后，获准留下修禅。有一天，全寺僧众出坡劳作，延寿听见有柴薪坠地的声音，豁然开朗，悟得玄旨，当即作偈道："扑落非他物，纵横不是尘。山河并大地，全露法王身。"这首开悟诗偈得到了德韶的认可，延寿也因此成为禅门法眼宗的第三代传人。这期间，延寿在国清寺结坛修习过《法华忏》，后来又往天柱峰诵《法华经》达三年之久，佛学修养与禅定功夫与日俱增。德韶对此非常满意，密授玄旨时说："你将来一定会有大兴佛事之日。"

延寿智觉是在四十九岁那年，到奉化的雪窦寺开设道场的。雪窦山上有千尺飞瀑、万丈奇岩，修行的环境非常清幽，延寿看了后满心喜欢。他后来作过一首偈，描述当时的情景："孤猿叫落中岩月，野客吟残半夜灯。此境此时谁得意？白云生处坐禅僧。"

关于延寿在雪窦山时的情形，《宋高僧传》记载，延寿除说法之外，常在寺前千丈岩瀑布前坐禅诵经，衣食非常简朴，过着几乎与世隔绝的山僧生活。《景德传灯录》则说，延寿来到雪窦山后，依从他学习禅理与净土学问的人非常多，他也经常在寺内上堂说法。

一天，延寿开堂说："雪窦山中，千尺瀑布迅疾而下，纤丝粟粒都无法停留；万丈山岩奇峻挺拔，连站脚的地方都没有。问各位，你们从哪里迈步前进呢？"在粟粒无法停留的瀑布之间涉足，在无立足地的山岩之间起步，这便是延寿门庭的特点。

有个僧人就问："雪窦山一条路，该怎样行走？"

延寿答："步步寒花结，言言彻底冰。"意思说每一步路都凝结雪花，每一句话都冰冻到底。

在雪窦山期间，延寿的个人佛学修养达到了一个全新的境界。他独自结庐雪窦山中峰，在早晚上堂说法之余，倾注全部心血,编纂《宗镜录》,完成了这部佛学巨著的初稿。

北宋建隆元年(960),延寿智觉在雪窦寺住山九年后,被吴越王钱俶迎至都城杭州,重兴行将衰败的灵隐寺,使之再次成为远近闻名的大寺院。不久出任永明寺(净慈寺前身)首任住持,并在那里完成《宗镜录》的定稿工作。晚年又奉诏在钱塘江畔督建六和塔,成为杭州千年以降的地标性建筑。由于延寿最后十五年在杭州永明寺度过,世称"永明延寿",被誉为"杭州第一高僧"。

北宋开宝七年(974),年事已高的延寿智觉,再次回到阔别多年的天台山,在山上开坛传授菩萨戒,引来万余人求戒,这也是他最后一次主持大型的传戒法会。以后的日子里,他闭门谢客,专心念佛。翌年冬天某日,大师早上起来后,照常焚香礼佛,然后告诉寺内的僧俗,说要往生了,然后趺坐而化,世寿七十有二。荼毗后的舍利,像鱼鳞那样遍布全身,谥号为"圆妙正修智觉禅师"。

后世对延寿智觉的德行,评价极高。尤其对《宗镜录》好评如潮。《宗镜录》成书后,很快就流传到高丽。高丽国王读了后赞赏不已,派使者前来拜见延寿,叙弟子礼。延寿当即为随使者而来的三十多名僧人印证,法眼宗因此而流传海外。

法眼宗在宋初盛极一时,与延寿智觉的大力弘扬有密切的关系。自他圆寂以后,弟子辈中能够重整旗鼓者几乎没有,法眼宗因此法脉衰微,以至断绝。

(二)

在中国佛教史上,延寿智觉是第一位透过宗门禅而融摄教、律,并提倡"禅净双修"法门者。他以禅净融通法相、三论、华严、天台等各宗派教义,并主张"祖佛同诠""禅教一体"的思想。元代僧人优昙普度在其《莲宗宝鉴》中赞延寿智觉为"宗门之标准,净业之白眉"。

延寿智觉的禅法强调"万法唯心",认为世界上一切事物同归于心,而心就是一切,一切就是空。因此他主张参禅要守住空空的心,并要以此为本,不仅要心外无物,而且还要心内无物,企图通过任何外人帮助或内在努力都是无益的,只能平添烦恼。只有守住空空的心,不产生任何杂念,才能凭借机缘而大彻大悟。他提出以"心"为宗的目的,是针对当时禅宗出现的种种弊端。

晚唐五代,禅宗一花五叶盛开,成为中国佛教的主流和中国化佛教的代表。禅宗自达摩西来,其理论依大乘如来藏学,确信众生皆有佛性,只是被无明的妄念遮蔽住了,迷而不现。但这没关系,可以通过修直观自心的如来清净禅或一行三昧,顿悟自心佛性,这就是所谓的禅宗之禅。宗是禅,是佛心;教是理,是佛语。自古以来,禅宗自称教外别传,不立文字,以心印心。但禅宗虽不立文字,却又不离经教,像《心经》《金刚经》《楞伽经》《大般若经》等,否则拿什么修行啊。所以自菩提达摩起,就主张"借教悟宗",禅与法必须相应。但到了延寿时代,禅宗僧人轻视佛祖教说,参禅流于空疏的倾向非常严重。为此,延寿智觉撰写了《宗镜录》,其宗旨是"举一心为宗,照万方如镜",故名。

在《宗镜录》里,延寿用连绵不断的问答形式,罗列了天台、贤首、慈恩等宗的教理,并于"引证"章中,旁征博引,引证了大乘经典一百二十种,西天东土诸祖法语一百二十种,贤圣集六十本,共计三百种言说,目的是"总一佛乘之真训,可谓举一字而摄无边教海,立一理而收无尽真诠,一一标宗,同龙宫之遍览,重重引证若鹫岭之亲闻,善令面云立雪之人,坐参知识,遂使究理探玄之者,尽入圆宗"。由此可以看出,书中论点就是在诠释延寿所倡导的禅教同佛说,旨在说明一切事理皆本一心,性相圆融，佛法一致，各宗所行的教法，最终都归"心宗"，所有佛陀所教的行法都能圆融互通，正和《宗镜录》卷二十四中说的"此宗镜中，无有一法而非佛事"这一道理相契。

这是部洋洋洒洒八十万字的鸿篇巨著，概括了整个大、小乘经典的精华，是六十部大经论与三百多部显密思想的集中。它与智者大师的《摩诃止观》和宗喀巴大师的《菩提道次第广论》，被认为是最具权威的三大古典佛学论著，是真正的佛学概论。

《宗镜录》在禅门轻视义学的流弊发展到相当严重的时候编集成书，对佛教界来说意义很大，所以宋代元祐年间宝觉禅师说："吾恨见此书晚。平生所未见之文，功力所不及之义，备聚其中。"他非但手不释卷，孜孜研究，还撮录玄要，成为《冥枢会要》三卷，刻版流通。后来又有祖心增辑为《宗镜广枢》十卷（《净慈寺志》）。不过《宗镜录》对于一般佛教徒的参考来说，是有所不便的。所以清雍正帝在《宗镜录》后序里说，《宗镜录》成书以后，从未有人称道赞扬是不合事实的，但阅读它的人不多则是实在情形。于是雍正动用皇权来推广此书，期盼达到广为传布的目的，但没有做到。究其原因，除了禅宗发展到清初，已成强弩之末外，还有，洋洋洒洒的百卷巨著，普通修禅人，哪个看得下去啊。

在倡导禅教合一的同时,延寿还主张禅净合一,倡导禅净双修。所谓禅净双修,是指禅宗有意识地吸收净土宗的信仰和实践,禅宗僧人的身份没有改变,但日常修行的重心转移到念佛上来了。据说他住在杭州南屏山顶时,每天念佛数万声,山下都能听见他念佛的声音,就好像天乐鸣空。这种修行方式在当时影响很大,风靡一时。

延寿智觉把禅净双修看作修行的最高境界,称有禅有净土者,现世可做人师,来世或作佛祖。有禅无净土,则十有九人要走上蹉跎路。他的这一观点,在佛门中独树一帜,影响着无数的修行者,无论是禅门行者或是净宗学人,都十分敬仰他。

据说,现今佛教丛林中例行的纪念阿弥陀佛的诞辰日,就是以延寿大师的生日为准的。

【十二】

雪窦颂古

（一）

当雪窦重显以文学的手法，以诗体的美文形式，含蓄地透露"法眼"时，轰动了北宋的禅林。

禅宗虽然说自己"不立文字，教外别传"，然而在传播和发展过程中，不仅没有离开文字，反而黏得越来越紧。早在唐末五代，就有记载历代禅师传法的语录或偈颂出现。北宋的治国方略是"重文抑武"，朝廷对佛教的态度也很友好，所以士大夫参禅学法热情高涨，与禅僧谈禅论道，诗文相酬，成为一种时髦。而且，五代至两宋这一时期，被称为禅道烂熟的阶段，之前的延寿智觉和汾阳善昭等大德，就很重视文字理论在修禅中的功用。在这样的大环境下，用来表达禅境或启示解脱之道的"文字禅"，也就应运而生了。当时的文字禅有举古、拈古、代别、别语等各种各样的表达形式。

当然还有颂古。虽然重显的《颂古百则》在禅林影响很大，不过开创颂古禅风的，应该是宋代的另一位高僧汾阳善昭。但善昭的颂古，只是把公案的场景复述一遍，表现的形式比较单一。

善昭之后，颂古影响最大的作者有云门宗的雪窦重显和曹洞宗的投子义青、丹霞子淳、天童正觉，被称为禅宗颂古四大家。

图① 雪窦重显

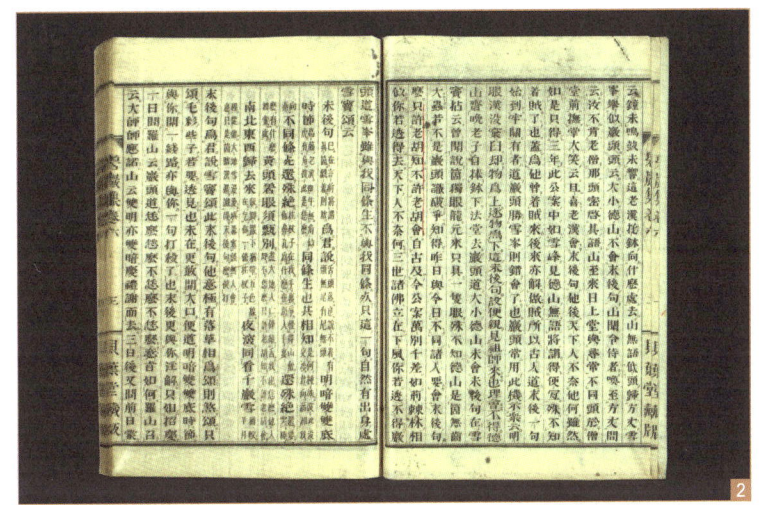

图② 《碧岩集》书影

而雪窦重显的颂古,无论是在表现手法还是形式体裁,或者语言风格上,都最有创意。如果说,汾阳善昭制作了颂古的雏形,雪窦重显则使之成熟。再后来,出来个临济高僧圆悟克勤,把重显的《颂古百则》进行评唱并集成《碧岩录》,更是成了禅门不朽之佳作。

所谓的颂古,就是对古德公案语录,用有韵语的诗偈给予解释与评议,是对晦涩难懂的公案语录所进行的语言文字说明,但奉行的是禅门"不说破"的原则,不是直接去解释公案的本意或原意,而是绕着弯来讲,也就是所谓的"绕路说禅"。请看颂古第一则。

举:梁武帝问达摩大师:如何是圣谛第一义?摩云:廓然无圣。帝曰:对朕者谁?摩云:不识。帝不契。达摩遂渡江至魏。帝后举问志公(宝志和尚)。志公云:陛下还识此人否?帝云:不识。志公云:此是观音大士,传佛心印。帝悔,遂遣使去请。志公云:莫道陛下发使去取,阖国人去,他亦不回。

意思是说,崇佛的梁武帝对于佛教的至高真理,也就是第一义谛(圣谛)其实并不理解,达摩站在一切皆空和平等不二的立场,否认凡与圣、人与我的差别,受到梁武帝的冷落,不得不离开南方渡江到北魏传法。梁武帝听宝志和尚说达摩是观音菩萨,前来"传佛心印"时,派人去追,但已经来不及了。

这则公案非常有名。重显的颂偈是这样的:圣谛廓然,何当辨的?对陛者谁?还云不识。因兹暗渡江,岂免生荆棘。阖国人追不再来,千古万古空相忆。休相忆,清风匝地有何极?师(指重显)顾视左右云:这里还有祖师么?自云:有,唤来与老僧洗脚。

重显的颂是围绕这个公案写的,前面四句简单重复公案大意,又以禅宗特有的笔触表述达摩渡江也许是为了避免在身边产生猜忌与麻烦,然而他一走却引起江南长久的忆念;接着笔锋一转,谓莫要空相忆,清风永无休止地吹拂大地,引人反思:为什么不着眼自我解脱的大事呢?最后是以"还有祖师么"为拈语,"自云"之后为代语:"有,唤来与老僧洗脚",表示对外在的祖师也不必执着,觉悟靠自己。

再说第三则。举:马大师不安。院主(寺主或称监事)问:和尚近日尊候如何?大师云:日面佛,月面佛。

重显的颂文是:日面佛,月面佛,五帝三皇是何物?二十年来曾苦辛,为君几下苍龙窟。屈堪述,明眼衲僧莫轻忽。

马大师是洪州宗创始人马祖道一,曾以"即心即佛"、"非心非佛"、"不是心,不是佛,不是物"接引学人。公案讲述马祖病时,院主问病,马祖以日面佛、月面佛作答,意为不论生命长短,都同样安详美丽。

重显的颂文假托以自己的经历说起,说对本则公案曾多年参究,想从中得到省悟,如同为得明珠几下苍龙深窟一样,其艰辛难以复述,寄语明眼禅僧莫要轻忽领悟即心之佛。"五帝三皇"原指中国古史传说中的人物,说法不一,或以天皇、地皇、人皇为三皇,以黄帝、颛顼、帝喾、唐尧、虞舜为五帝。据克勤在《碧岩录》卷一的解释,其中的"五帝三皇是何物"是取自五代禅僧禅月贯休《题公子行》诗:"锦衣鲜华手擎鹘,闲行气貌多轻忽。

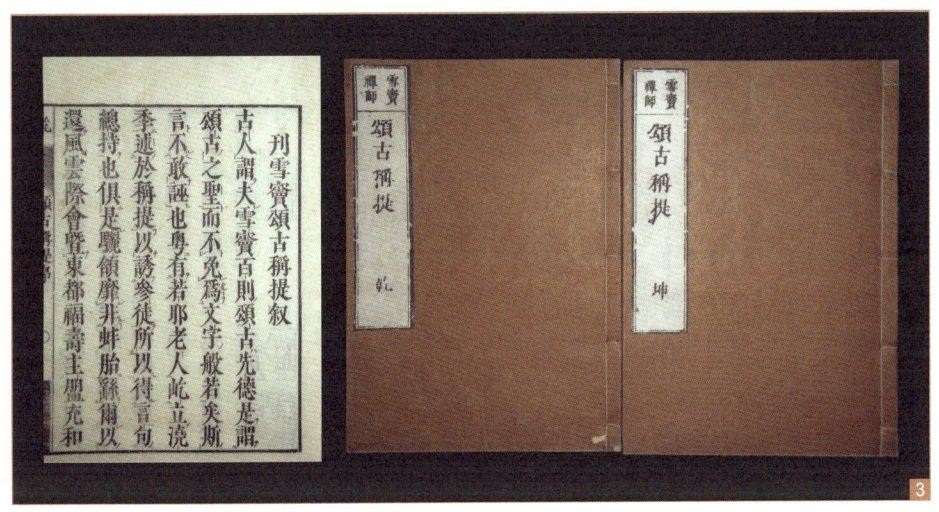

图③ 雪窦重显《颂古称提》

稼穑艰难总不知，五帝三皇是何物？"这里当是用来表示外在世事。

再有，像"江国春风吹不起，鹧鸪啼在深花里。三级浪高鱼化龙，痴人犹戽夜塘水"；"三界无法，何处求心？白云为盖，流泉作琴。一曲两曲无人会，雨过夜塘秋水深"；"透网金鳞，休云滞水。摇乾荡坤，振鬣摆尾。千尺鲸喷洪浪飞，一声雷震清飙起。清飙起，天上人间知几几"等等，颂古的偈文本身构成了一个完整的艺术境界，显示了作者深厚的诗学修养。

重显根据不同的内容，选择不同的诗体，有律诗绝句，也有古风歌行，有五言、七言，也有三言、四言、六言，或淳朴或典雅，或轻灵或凝重，情趣盎然；而意义含蓄，常蕴言外之旨，这样就开阔了人们想象的空间。

所以，《颂古百则》一问世，就风靡整个禅林。此后八百年，几乎所有能提笔的禅僧都有颂古之作，所有参禅者都会去钻研颂古，许多有名望的禅师都以发表颂古的评说为己任。大量的颂古著作纷纷出炉，其炽热的程度有点像现阶段的出书热，这些著作成为禅宗典籍的重要组成部分。

圆悟克勤在《碧岩录》里是这样评价雪窦颂古的："雪窦颂一百则公案，一则则焚香拈出，所以大行于世。他更会文章，透

图④ 智门光祚

得公案,盘礴得熟,方可下笔。"

金元间的曹洞宗尊宿万松行秀禅师,在与其弟子耶律楚材的信中这样称赞道:"吾宗有雪窦、天童,犹孔门之有游夏。二师之颂古,犹诗坛之李杜。世谓雪窦有翰林之才,盖采我华,而不摭我实。"万松认为雪窦重显与天童正觉禅两位禅师,就好像孔子门人的子游和子夏;他更是把《颂古百则》放在"诗坛李杜"这样的高度。所以无论从禅宗的义理,或从文学的角度上看,雪窦之颂古,可谓是登峰造极了。

有些外国学者甚至称其为"禅道烂熟时代之第三人"。第一人为法眼宗的永明延寿,第二人为临济宗的汾阳善昭,第三人就是"云门中兴"人物雪窦重显。雪窦寺有幸,居然与两位重量级的高僧结缘。

(二)

重显(980—1052),俗姓李,字隐之,四川遂宁人,家庭虽然豪富,却是个诗书人家。他从小就很静,不喜欢游戏玩耍,但聪明"精锐","读书知要,下笔敏速"。24岁那年,父母相继去世,他就到益州(今四川成都)普安院仁铣法师那里剃发出家,并受具足戒。然后到处参学，最后在湖北复州智门光祚处修禅。

有一天，重显问师父："心中不起一念，为什么也有过错？"

智门光祚并不答话，只是示意重显走近些。重显刚走上前，智门光祚就用拂子打他的嘴巴。重显被打得莫名其妙，刚想开口，智门光祚又用拂子打过来。重显突然觉悟了。

智门光祚用拂子打重显的嘴巴，实际上是在提示重显，禅法是无法用概念和语言来表达的，所以"不起一念"问话的本身，就是心念。参禅者不应该执着于"不起一念"有错没错。

重显开悟后，在智门光祚门下又修习了五年，然后东行游方，来到池州（今安徽贵池）景德寺，恰好他的同乡挚友曾会任池州太守。曾会说："杭州灵隐寺是禅宗胜地，你如果想去的话，我可以写封信给住持珊禅师，他是我的好友，一定会好好招待你。"

离开池州后，重显先去了庐山，在栖贤寺与法眼宗下二世代表人物澄湜"依之不合"，又去罗汉寺谒见法眼宗另一位代表人物行林祖印，简单对答以后，可能也是话不投机吧，重显连个招呼都不打，就拂袖而去。庐山素来戒律谨严，师威极重，看到重显这般无礼，众僧都为他捏了把汗，行林禅师却说："这是如来广大三昧，不是你们用取舍心可以明了的。"从那时起，重显的名声，在禅宗丛林中传开了。

重显到了灵隐寺后，并没有把信交给住持珊禅师，而是混杂在普通僧人中间静心修行。直到三年后，曾会到灵隐寺找重显叙旧，通过查床号的方法，才在一千多个僧众中找到他，那封举荐信连拆都没拆呢。珊禅师与重显一交谈，觉得非常默契，就推荐他到苏州太湖洞庭山的翠峰寺出任住持。三年后的宋真宗乾兴元年（1022），曾会迁调明州知府，力邀重显出任雪窦山资圣寺住持，这一驻足，就是三十多年，世称"雪窦重显"。

据说当时曾会前后三次派专人去洞庭翠峰寺迎请重显，都被当地信众拦住了，双方发生了剧烈的争执。最后没有办法，重

显只得升座告慰大众，说我是不会忘记洞庭信众的信任和照顾的，但明州太守千里迢迢多次派人来请，这样的情意我也不好推却呀，请你们千万理解，不要让我为难。洞庭信众见大师把话说到这个份上了，再拦就不讲理了，依依不舍地让开一条路，送别心中的偶像。

在辞别翠峰时，重显站在东行的船上，望着远去的翠峰寺，湛蓝的天空，徐徐升起的船帆，碧色的江水，还有两岸退去的绿色松树，不禁诗意盎然，轻轻吟诵道："乘兴飞帆别翠峰，水光春静冷涵空。到人若问曹溪意，只报庐能在下风。云水轻拂下层峦，松桧生风触袖寒。谁问亲游乳峰意，百千年后与谁看。"

重显极具文才，素以"工翰墨"见称，在未悟道时他曾追慕五代时期著名的诗画僧贯休，所作诗偈色调明丽，造句清新，饶有情趣，为诗中上品。得法于智门光祚后，意境更高，造句更奇。如他在就任雪窦寺住持时上堂云："春山叠乱青，春水漾虚碧。寥寥天地间，独立望何极。"气象雄浑，具有一种永恒的宇宙意识，暗示禅所追求的无所不在的"道体"。

图⑤ 雪窦霞光

之前的雪窦寺,虽然在延寿智觉的住持下,已经很有名气了,但经过六十多年的风雨沧桑,已失去了昔日的风采。重显住持雪窦寺之后,实行禅寺仪规,重整寺众参禅修行和生活规范,并且清理周围环境,使寺院面貌发生巨大变化,远近禅僧前来参谒和受法者日多。《禅林僧宝传·重显传》称:"宗风大振,天下龙蟠凤逸衲子争集座下,号云门中兴。"

重显首次开堂示众,就站在法座前环顾僧众说:"如果我们都能以本来面目相见,我又何必升堂说法呢?"他用手一划,说:"各位随着我的手看,无数个佛和佛国一起出现在面前,请仔细地观瞻。如果有人连边际也不知道,就不免拖泥带水啦。"说完就登上法座。

重显这番话的意思,旨在说明实在无法可说。纵然说得天花乱坠,亦"于曹溪路上,一点使用不着"。所以重显告诉学人,佛在目前,当下即是,"诸人随山僧手看,无量诸佛国土,一时现前"。其实重显这一思想,亦是禅宗一贯的风格。如宗宝本《六祖坛经·疑问品》说:"东方人造罪,念佛求生西方,西方人造罪,念佛求生何国?"成佛就在此岸,成佛就在当下,当年六祖慧能就是以这样的禅法来开示信众。世界、佛、我三位一体,不可于我外求佛,这里没有追求目标和追求主体的分野,没有虚幻和实在的对立,自性即佛,佛心不二,关键在于自心自悟,直下承当。

有位行脚僧问重显:"您从前住持翠峰寺,现在住持雪窦道场,有什么不同的心得吗?"雪窦重显答:"马行千里,追风奔月,一切都是过眼烟云。"

行脚僧又问:"德山棒、临济喝已经昭然于世,风行天下,不知师父怎样教人开悟?"雪窦重显说:"饶你一回。"行脚僧还想开口,雪窦重显大喝一声。

行脚僧问:"不知是只有这个,还是另有别的?"雪窦重显答:"射虎不真,徒劳没羽。""没羽"是一则典故:汉代的李广误认一石为虎,一箭射去,连箭翎都射进石头里去了。足见其用力之大。

行脚僧一怔,感到争竞之心突然消失了,心中空荡荡的,没有一丝牵挂,他终于开悟了,立即礼拜致谢。

重显在雪窦寺一住就是三十一年,因此后世禅林多以"雪窦禅师"称之。据《雪窦塔铭》载,经驸马都尉李遵勖的奏请,仁宗皇帝赐予重显紫衣袈裟,后又敕赐明觉大师之号。

重显于宋仁宗皇祐四年(1052)六月十日去世,世寿七十三,僧腊五十夏。他所住持的雪窦山,宋仁宗赵祯曾梦游此山,理宗赵昀御书"应梦名山"四大字。重显的弟子《雪窦塔铭》谓有150人,《五灯会元》载著名弟子11人,其中影响最大的是在越州天衣寺传法的天衣义怀。

义怀提倡禅净一致说,一生七座道场,五迁法席,法门之盛,冠于当时。其门下得法弟子有八十三人,大多住持名寺要刹,可以说北宋云门宗之龙象,自天衣义怀之后,几乎都是重显的法嗣。

【十三】 哑女维卫

（一）

大约是在宋熙宁年间（1068—1077），明州城南的戒香寺来了个做粗活的哑女，长相平常，脸上的表情忽喜忽惨，让人捉摸不透。有一天，哑女在灶间烧饭时突然断了柴火，情急之下，就把自己的脚伸进灶膛当柴用，灶膛里的火越烧越旺，饭很快就煮熟了，哑女不慌不忙把脚抽了回来，竟然完好无损。

哑女经常蓬头垢面行走于大街小巷，见人就预吉凶，每言必中。当时有个读书人叫周锷，居住湖西，正在攻读举业，哑女常来看他，彼此很熟悉。那天，周锷准备行装将去赶考的时候，哑女又来了，莫明其妙地大笑一阵以后，提笔写了一首词：

> 风波未息，虚名浮利终无益。
> 不如早去陪蓑笠，高卧烟霞，
> 千古企难及。
> 君今既已装行色，定应雁塔题名籍。
> 他年若到南雄驿，玉石休分，
> 徒累下和泣。

大概意思是说，你这辈子注定是要经历风波的，何必去争些虚名浮利呢。既然你看不通透，还是要进京赴考，那么我告诉你结果，中个进士是没有问题的。但若干年以后，在南雄落魄的时候，人家把你这块玉当成石头，你想哭也来不及了。

周锷虽知哑女料事如神，但也没有十分在意，只是把她的词收了起来。当晚，无病无灾的哑女突然离世了，周锷很悲伤，买了副棺木将她葬于柳亭。不久，周锷偶然在京城街市上闲走，人群中忽然看到一个熟悉的身影。他急忙跑上去问："你不是哑女吗？怎么会在这儿？"那人没有回答，转眼消失在人群中。后来周锷果然中了进士,又为官南雄知州,却为议论边关的事惹恼皇帝被罢官,这才想起应了那句"他年若到南雄驿,玉石休分,徒累卞和泣"的谶语。

也是在广东,有家专门的铜铸佛像店,一天傍晚,有个女子背着一大包铜料走了进来,双手比画着说要铸一尊铜佛,并写下"送到浙东明州府戒香寺供奉"的字样,然后就走了。店家将沉甸甸的铜料放在桌上,就关门落锁回家了。第二天清晨开门时,发现桌上的铜料居然变成了铜佛,佛相与送铜料的女子一模一样。店家惊奇不已,连忙按那女子所写的地址,将铜佛送到了明州戒香寺。那里,正在准备为哑女铸铜像呢。

那么,这位神秘的哑女到底是谁呢?

明州有个叫卫开的人在洛阳做生意,遇到一位道士对他说:"你们家乡有一个哑女,你回去后一定要去礼拜她,因为她是维卫佛的化身。"卫开回来后连忙前往戒香寺,可是哑女已经圆寂。第二年他前往杭州办事,住在朋友家中,一天在门口,看到一群孩童围着一个尼姑起哄,那尼姑一见到卫开,双手比画着想说什么,却说不出话来。卫开进屋取来纸笔,哑尼提笔写道:"须弥山上摆铎,大洋海底摇铃。若问哑女姓字,只此便是真名。"写毕,忽然不见踪影,再看那些孩童,一个也不见了。这件事传开后,明州人都认定南门外的戒香寺是维卫佛的宝地。那戒香寺,就是日后的柳亭庵,哑女的坟墓,就叫维卫塔。

(二)

维卫佛是佛教过去七佛之第一佛。《长阿含经》称为毗婆尸佛,《增一阿含经》中《七佛父母姓字经》称她维卫佛。这是一位大佛,有救苦难和拒邪镇恶的神功。《佛说护身命经》说:"佛即举七佛名字。第一维卫佛,第二式佛,第三随叶佛,第四拘楼秦

图① 顶螺维卫尊佛

佛,第五拘那含牟尼佛,第六迦叶佛,第七释迦牟尼佛。若有苦厄病痛者,便当诵此七佛名字,诸恶蛊毒悉皆消灭,无能侵近。"

甚至连释迦牟尼佛,也因为怠慢这位过去七佛中的大哥大,而受到了惩戒。

那是极为久远的年代,N 劫以前吧。刚刚成佛的维卫佛,受到了国王和人民的隆重礼拜,还有丰富的供养。当时释迦佛的前生是个修苦行的外道,带着非佛教队伍的五百弟子到处乞食,看到维卫佛所享受的待遇后非常妒忌,咬牙切齿地说:"这个沙门这么大排场,他配吃马料就不错了!"当时除了一个上首弟子,也就是以后的舍利佛,觉得不可以这样诽谤人家外,其余弟子都随声附和。

后来释氏也修成正果成佛了,有个虔诚的信徒邀请诸佛及弟子到他居住的地方结夏安居三个月。佛陀高高兴兴地带着几百弟子过去了，但那个信徒不知怎的，居然忘记了这件事情。被放了白鸽的佛陀没有办法，只好让众人各自化缘，偏偏又是荒年，托钵化缘也没用啊。这时，舍利佛说了声拜拜，莫明其妙跑到天上去了，其余的弟子跟着佛陀继续找东西吃。

有个养马人看了于心不忍，但他那里也只有马吃的麦草，就拿出来供养，佛陀和弟子们就这样，吃了三个月的马食。这时，那个忘性极大的信徒才想起供佛的事，急急忙忙跑来请佛陀再留下来，他要将功赎罪。佛陀估计有些生气，说了声，时间已过，不奉陪了，扭头就走。事后佛陀对弟子们说，那是因果报应，我该吃三个月的马麦。

《杂譬喻经·佛说本末喻》中也有则维卫佛的故事。

从前释迦牟尼佛在裸人国举行开示时，座下有个比丘的耳朵上别着朵须曼花。按照戒规，出家人是不能戴花的，尤其是在佛祖面前。在众人的责问声中，佛祖对花饰比丘说，拿掉耳朵上的花。花饰比丘就摘去耳朵上的花，可又有一朵花戴在原位。这样反反复复，有点像孙悟空砍了脑袋又长出来的样子。最后佛祖命令花饰比丘，施展神通去掉耳朵上的花。花饰比丘以禅定的力量，变出千万只手，在虚空中摘取耳朵上的花，仍然摘不完。在座的人这才知道，这是修道行善的因缘所致，并非一时戴在耳朵上的花。

佛祖解释其中的因缘，在九十一劫前，也就是维卫佛住世时，有个酒醉的旅人路过法会现场，听闻维卫佛的开示后，心生欢喜，便将夹在耳畔的须曼花取下，撒在维卫佛身上，行礼而去。那醉汉寿终之后，在九十一劫中没有坠入畜生、饿鬼、地狱三恶道，而是转生在天上和人间享受福分。昔日的撒花人就是今天这位比丘，他在佛身上撒一朵花的功德，过了千千万万年，还是享用不尽。

这样一位大佛，神通无穷无尽，展示的形象也是千姿百态，其中有幅素描，是个清瘦冷峻的异域男子形象，满脸的络腮胡子，耳朵很长，耳垂也有些大，脑顶隆起的小丘，像道士的发式。这会不会就是维卫佛的本来面目？而落脚在我们这方土地上的维卫佛，却是个最草根的市井女孩，还是个让人怜惜的残障少女，她有喜有悲有怨，言行举止与市民百姓没什么两样，只是偶尔露一下峥嵘，让世俗的人们感受到佛法无所不在。或者，这才是佛教普度众生的本意。

戒香寺哑女是传说故事，虽然也有文字记载，但文字记载的也是传说，那就信则有，不信则无吧。

就是这样一位可信可不信的神仙人物，其在传说中写的那首词，居然被选进了《全宋词》第五百一十一卷，与苏东坡、李清照为伍。编撰者介绍作者生平是这样说的：哑女，活动于宋神宗元丰（1078—1085）前后，有赠进士周锷应举《醉落魄·风波未息》一首。

有人为此写过一篇文章，题目是"写词的女人"，叙述的就是哑女与周锷的故事。我想，写这篇文章的应该是个女人吧？就像我，在维卫佛诸多形象中，最喜欢的还是那个写词的女人。

写到这儿，倒把正事忘了。在这之前，宁波这方土地曾经有过阿育王寺的释迦舍利，以及岳林寺的布袋和尚，现在又有戒香寺的哑女维卫。于是，"四明三佛地"的称谓便传开了。

（三）

哑女所在的戒香寺，若溯源，最早应该是在唐代天复年间。有位叫鸿绍的和尚在这里造了一座柳亭，后来明州的柳刺史收为自己的别业。柳刺史佚名，据说曾在这里的上空看到一道白光，很是奇怪，就舍捐了别业，请僧人在这里建造了柳亭塔院。

图② 柳亭

这地方以后称为戒香寺,再后又叫柳亭庵。

柳亭庵除了维卫佛以外,还出了一位目讲僧。

据钱文荐《柳亭庵复田记》载,明朝初年,寺院里有一个僧人称"目讲僧",不知从什么地方得到一只巨大的乌龟,收养在身边,朝夕不离,整整过了十年。当家和尚讨厌他不务正业,一天趁目讲僧不在,将那乌龟锤杀了。那乌龟就托梦给目讲僧。《复田记》这么写着:"龟夜见(现)梦曰:吾龙种也,左右目能知天文、地理,今已矣。顾与师相处久,无以为别,别当有泪,师第取泪涂目,涂左目能知天文,涂右目则能知地理矣。"这梦确实有些惊心动魄,目讲僧起身到龟尸边上一场痛哭,果然见死乌龟流下两行眼泪。和尚心中一惊,将信将疑之际,就将那龟泪涂到自己的右眼里,留着左眼没敢涂。从此目讲僧就能洞悉地理风水,能在凡人看不见处看出奇洞怪穴,一时名噪南郭。所谓目讲,也就是看和说。目讲僧圆寂后,就葬在塔院内。

一个目讲僧,一个维卫佛,两桩让人津津乐道的传说,集中在一个寺院里,难怪当年的境清寺也就是柳亭庵,能与天宁、延庆、金峨、护圣、保福、资寿等名寺并称。

戒香寺到了明代初年废圮。明弘治十三年(1500),原在云石街口的宝云寺,迁往戒香寺遗址。因戒香寺曾有维卫佛现身哑女的传说,宝云寺住持兴美曾建维卫宝殿奉祀,后又圮。

清初,甬上名士万斯同在《鄞西竹枝词》中咏叹道:"背郭茅庵字柳亭,一丛竹木喜青青。若言哑女当年事,不信人间怪物生。"可见柳亭庵的传奇故事在民间流传之广。

据当地老人回忆,直到20世纪50年代初,尚存残破古庵,庵旁有三四人合抱的古樟,浓荫蔽日,这与史载"柳亭庵三面距水,左为郑郎(今改'澄浪')堰港,堰外即甬江(今称'奉化江')"的描述相吻合。

【十四】宏智正觉与默照禅

梦幻空花,六十七年;
白鸟烟没,秋水连天。

——《指月录》

（一）

据《丛林盛事》记载,宏智正觉在江州圆通寺时,曾经在梦中作过两句诗:"松径萧森窈窕门,到时微月正黄昏。"因为是梦,做过也就算了。

到了宋建炎三年(1129)的秋天,正觉去普陀山朝拜观音时,坐船上岸路过天童寺时,刚好是天明时分,只见松径寂寥,月蒙烟霭,忽然想起几年前梦中诗句,正与此情此景相合,心中微微有些诧异。游览后在寺内歇息,也没有提及自己的名号,不料寺僧中有人认出他来,就悄悄告知寺院的主事。

那时的天童寺,自从普交禅师圆寂后,住持缺位多年,一直没有找到合适的大德坐镇这座禅宗名刹。当主事听说眼前这位并不起眼的僧人居然是赫赫有名的正觉和尚时,马上向明州漕运史向子諲报告此事。向子諲听了后欣喜若狂,说他昨晚做了个梦,梦见有位神仙对他说,天童寺的主人乃隰州古佛也。现在古佛就在眼前,真正是缘法相应。向子埋急忙从城区赶来,非常恳切地请求正觉留下。从此这位曹洞名宿与天童寺结下了不解之缘。

正觉(1091—1157),山西隰县人,俗家姓李。据说他的母亲曾梦见五台山僧人解下一环套在她右臂上,就怀孕了。正觉出生时,右臂果然有一圈隆起。7岁时,每天能诵读几千字,13岁时通"五经",这为他以后修学佛法打下了扎实的文史基础。

正觉的祖父和父亲都是深受佛教熏陶的知识分子,特别是他的父亲,曾在佛陀逊禅师的门下参学多年。佛陀逊曾指着正觉对他的父亲说:"此子佛家意味甚盛,不是尘世中人,假如出家,一定成为佛法大器。"于是正觉在11岁那年被他的父亲送到本地的净明寺本宗和尚那里出家,14岁受具足戒。18岁开始游学四方,临行时他对祖父说:"若不能发展阐扬佛法,誓不归家。"

游学的道路是艰辛的,其间正觉坐过黄河的筏子,去过少林寺,到过龙门,在参谒河南汝州香山寺枯木法成时得到了器重。枯木禅师是曹洞宗著名禅师芙蓉道楷的弟子,曾受皇帝诏命住持名寺,是位很有名气的高僧。

有一天,正觉听到旁边有僧人在诵《妙法莲华经》,当听到"父母所生眼,悉见三千界"时,猛然有所省悟,立即来到方丈室找枯木禅师陈述悟到的禅境。枯木禅师指着佛台上的香盒道:"里面是什么物事?"正觉回答:"是什么心性行为?"枯木反问道:"你悟到之处又怎样?"正觉用手画一圆相呈给枯木,随即又将圆相抛向身后。枯木就说:"弄泥土的庄稼汉有什么界限?"正觉回答:"错。"枯木又道:"另去见一些人才行。"正觉答道:"喏,喏。"

枯木禅师可能觉得正觉在自己门下不会有大出息,所以就让他去另寻高明,以求彻底开悟。正觉在23岁那年投到了河南

邓县（今河南邓州市）丹霞山丹霞子淳座下。

丹霞也是道楷的弟子，他俩一照面，丹霞和尚就问："如何是空劫以前的自己？"正觉回答："井底虾蟆吞却月，三更不借夜明帘。"丹霞说："不在正理，再说一说。"正觉打算再说，丹霞和尚一拂子打过来说："又道不借！"意思是说你刚才不是说三更不借能发光的夜明帘吗？怎么又玩起文字游戏起来了？正觉听了，心中的疑惑全部释然，连忙施礼拜谢。丹霞追着问："何不说上一句话？"正觉说："我今日失钱遭罪。"丹霞道："没时间打你，暂且下去。"

丹霞主领大洪禅院时，让正觉掌管书札经籍等文字工作，后来升任至首座，负责领众参学。丹霞去世后，其另一弟子真歇清了刚刚住持长芦禅院，闻讯后连忙邀请同门的正觉前往长芦。正觉到达时，真歇率领全寺僧人到山门外迎接，只见正觉穿的鞋子和衣服都破了，就让侍者给正觉换双新鞋，正觉正色道："吾为鞋来邪？"众僧听了后都心悦诚服，于是恳请他说法，成为首座。

宣和六年（1124），正觉出住安徽泗州普照寺。这时的普照寺有一半房屋给道教占领做神霄宫，加上当地闹饥荒，导致寺内物资匮乏，人心散乱。正觉到后，就有檀越前来布施，稻米堆积如山，僧供非常充裕。不久，宋徽宗南巡路过普照寺，正觉带领

图②　丹霞子淳

僧众出迎，徽宗见几百多个僧人排列路旁，僧袍整齐，仪态肃静，大为惊叹，马上召见了正觉，并责令道教归还所占的殿宇。后来正觉又住持过舒州太平兴国禅院和江州能仁寺等寺院，直到建炎三年出任明州天童寺住持，前后三十多年，人称"天童和尚"。

正觉来到天童寺不久，正值金兵大举南侵，所到之处从官吏到平民百姓全都人心惶惶，许多寺院因此而拒绝游方僧人挂单，唯独天童寺来者不拒。寺里有些僧人怕这样做会拖垮寺院，正觉却说："过几天乱兵来了，寺院将被洗劫一空，趁现在还没遭抢劫，应该与大众同甘共苦。"不久，金兵果然蜂拥而至，据说这些金兵刚进山门，隐隐约约只见天兵天将排阵列队前来迎战，吓得金兵连连后退而去。

在这之前，天童寺常住僧不到二百人，正觉住持天童寺后，四方学者闻讯赶来，人数一下子增加了好几倍。这么多僧人聚集在天童寺，吃穿住是个大问题。寺院不但是僧人践行佛道的场所，同时也要为他们提供物质后勤保障，像僧园、什物、修行事务以及与世俗交往的能力等都是衡量一个住持水平的关键环节。相传天台二祖慧轴在初祖慧文门下，以"营僧为业，冬夏供养"而著称，所以他后来南下弘法，因"供事能给"而"从者如市"。正觉刚开始也面临着这个问题，许多人都担心寺院后勤供应不足，尤其是负责这方面事务的主事忧心忡忡。正觉笑着说：你不用担心，一切都会好起来的。果然不久，就有"嘉禾钱氏舫米千斛"前来布施。其后，置田一万三千亩，寺院周围的山地全部是寺院的财产，并在象山和定海两县开垦涂田两千余亩。正觉还经常率众上山下田，过着农禅并举的生活。

在正觉住持天童寺的日子里，不但能保证僧供，而且还大兴土木，对整个寺院进行修葺和扩建，使昔日破旧不堪的天童寺"寺屋几千间，无不新者"。花了整整一年时间盖成的大僧堂，能够供上千人在里面吃饭、睡觉、参禅；扩大的山门成为巍峨杰阁，中建卢舍那阁，置五十三善智识像，称千佛阁；又于阁前挖浚内外万工池，两池之间建立七佛塔。当时寺内有常住僧千人以上，世称天童中兴之祖。

（二）

正觉在中国禅宗史上的突出成就在于他后期提出的"默照禅"。

正觉提出默照禅时，正值临济宗大慧宗杲提倡的"看话禅"风行禅林之时。看话禅所倡导的是专就一则古人的话头，历久真实参究以至于悟道的观行方法。正觉认为看话禅滞于公案功夫，不利解脱，于是提出了与其相对立的默照禅观行方法。

"默"是指沉默专心坐禅；"照"是以智慧观照原本清净的灵知心性，默照禅是宋代曹洞宗重要的禅法理论。默照禅教导学人要弃除妄念，放下万缘，内心要做到灵明昭昭，默照并用，以达到衲子出家的本怀：圆融无碍的境界。说到底，默照禅就是守默与般若观照相结合的禅法，表现在外在的形式上是一种以打坐为主的修行方式，要求通过坐禅"休歇身心"，抑制和停止对内外的攀缘，以体悟先天本有的清净空寂之性。

关于默照禅，正觉有一段著名的描述："枯寒身心，洗磨田地。尘粉净尽，一境虚明。水月霁光，云山秋色。自照本根。"也就是说，修炼佛法首先要做到身心如枯木，断绝各种尘缘，以这种方式来清洗和磨冶自心所蒙的污垢。这个观点显然直接受到了枯木法成枯木禅的影响，正觉的悟道师父丹霞子淳也主张到枯木堂去坐禅。通过枯寒洗磨的功夫，使尘垢完全清除，显露出清虚自明的自心田地。为此正觉专门写了一首《默照铭》来讲这种默照禅，又写了一首《坐禅箴》来讲禅定法门。比如"佛佛机要，祖祖机要，不触事而知，不对缘而照。""默默忘言，昭昭

图③ 曹洞宗檀信徒日课礼诵法

现前。鉴时廓尔，体处灵然。"诸如此类的箴语，我等凡俗之人是看不懂的。

作为两宋之际禅宗两大家的宗杲和正觉，在佛教走向衰退及文字禅盛行的时代，都在为自己的宗门寻找出路。他们所创立的看话禅和默照禅，不同程度上反映了各自为改变禅学现状所做的努力，因此也都具有反对文字禅流行的意义。但两种禅的追求并不相同，看话禅虽受时代局限而不无遗憾，但其指导思想是革新进取的，默照禅则坚持了曹洞宗传统的保守精神，体现为向北宗禅的回归。

看话禅与默照禅的对立，反映了宋代禅宗内部临济与曹洞两大系统在思想和风格上的严重分歧。因此默照禅一问世，就遭到了看话禅创始者大慧宗杲的激烈批评，斥之为"默照邪禅"。在宗杲看来，虽然当时流传的"邪禅"很多，但默照禅却是其中最不能容忍的一种。

大慧宗杲虽然在宗风上激烈抨击默照禅，大有把其赶尽杀绝的气势，但那是学术之争，并不影响俩人的私交。宗杲对正觉的人品道德极为敬重，称赞他"起曹洞于已坠之际，针膏肓于必死之时"，把他视为自己的知音："个是天童老古锥，妙喜知音更有谁？"

在天童寺少白塔院下有三间路亭，名为"揖让亭"。说的是南宋绍兴二十六年（1156）冬天某日，新任的阿育王寺住持大慧宗杲与甬上第一状元张孝祥相约去天童寺访宏智正觉。正觉早已在少白岭上迎候。入亭休息时，两位禅师互相谦让不已，张孝祥看了很感动，说："三代礼乐，今归释氏矣！"于是就为此亭写下"揖让亭"匾额。

大慧宗杲和张孝祥都是反对宋朝廷向金国妥协求和的，常与朝中重臣张九成等共谈国事，因此遭到过秦桧的迫害。大慧曾被剥夺僧籍并流放边地，秦桧死后才得以平反。当时育王寺住持刚好缺席，正觉就举荐大慧出任，估计大慧住持育王寺后，前来参学访道的僧人很多，而育王寺的后勤供给不是很充足，就告诉本寺的主事多置办些日常用品送过去。大慧到了育王寺后，果然跟随者众多，没过多久，寺内的供需就出现了困难，育王寺僧众人心惶惶。正觉闻讯后再次雪中送炭，给大慧送去钱粮。大慧感动得连连说"非古佛安能有此力？"

由此可见，两位高僧虽然在宗风上意见相左，但并不影响到丛林的道谊，俩人相交莫逆，互敬互爱，在禅宗史上留下了一段佳话，"揖让亭"就是他俩友情的见证。大慧曾拉着正觉的手动情地说："我们俩人都已经老了！你唱我和，我唱你和，这样唱唱和和也有很多年了。今天我们来个约定吧，将来一旦有谁先离开尘世，尚在人间的那位要替先行者料理后事。"正觉高兴地答应了。

（三）

大慧宗杲评价宏智正觉"起曹洞于已坠之际，针膏肓于必死之时"，并非空泛的溢美之词。

曹洞宗是禅宗五家之一，由洞山良价在唐大中十三年（859）

图④ 洞山良价

创立,其主要宗旨为"五位君臣"说。洞宗开山之初,四方学者蜂拥而至,门徒五百多人。后来传法于曹山本寂和云居道膺,这两位开曹山法系,续洞山宗风,向前来学习取经的僧众宣传解说五位要诀,并开丛林模式创建真如寺,门徒一下子猛增至几千人,就连新罗和高丽的僧人也慕名前来。这是曹洞宗兴盛的第一个兴盛时期。

谁知到了唐末,随着初创时期最后一颗明星云居道膺的寂灭,曹洞宗失去了强健的思想活力,再也看不见有"人天师"的主体出现。至少从公元10世纪中叶起,曹洞宗进入了百年孤独的年代。

曹洞宗原本是个气象阔大宏伟、宗风从容细密且又回互绵延的禅门大宗,为什么突然失去吸引力了呢?这与其立宗之初义理思想的早熟与外在名相语汇的贫弱匮乏大有关联。从洞山开宗以后,经曹山本寂到云居道膺,不过两世,其内外资源忽然告罄,出现了严重的青黄不接。自同安丕三传至大阳警玄的百余年里,曹洞门下静如止水,新意生机丧失殆尽。这种难以为继的孤独状态,不仅仅是门下冷清,更在于承其法统者精神深处的痛苦和无奈。经过再三考虑,大阳警玄毅然壮士断腕,临终前将曹洞法统,以皮履直缀为记,庄重托付给如日中天的

临济宗高僧浮山法远,嘱其代觅法器,续传曹洞宗风。

庆幸的是,在警玄寂灭二十多年后,投子义青成功续接。投子义青的嗣法弟子中,以芙蓉道楷最著名,开创了曹洞宗历史上第二个兴盛时期。芙蓉道楷曾奉皇帝诏命住持过京城十方净因禅院及天宁寺等,后于芙蓉湖畔结庵教化,嗣法者有29人,其中以丹霞子淳和净因自觉闻名于世。丹霞门下以宏智正觉最为出类拔萃,蔚然成为道楷中兴曹洞宗之后的领军人物。

应该说,从投子义青接法,到芙蓉道楷入住帝京接受赐紫封号,其门徒法如法成者也享此殊荣,可谓是方兴未艾之际,大慧宗杲为什么还用"已坠"和"必死"的话来形容当时的曹洞宗呢?

大慧是旁观者清。虽然从表面上看,自从芙蓉道楷接掌以来,曹洞宗出现了中兴繁华的局面,但一个带有根本性的问题始终没有解决,那就是创建一套可以操作的、对修行实践具有指导意义的思想理论体系。因为曹洞建立初期已经具备思想的早熟性质,但在寻找新的理论生长点和依据上没有来得及开拓,随着曹洞宗的次第传承,这个矛盾越来越突出,理论上无以立足的危机必然导致法脉难以为继。

而注重坐禅,一直是曹洞宗修行实践的传统特色,如果说那些属于形而上的义理特色可以随时间推移而有所淡化或脱落,

图⑤ 芙蓉道楷

那么注重坐禅这一传统则贯穿修行实践，不能回避。如何对曹洞宗修行实践提出根本性的指导方针，为其后发展开拓生存空间，正是宏智正觉"默照禅"的入手之处。

正觉认为"默照禅"能给曹洞学人以中规中矩、不被赚举之信心。这里，既包含和坚持了偏正回互、理事泯融的形而上理念，又更是一种切实便利的习禅方法。正觉认为神秀所谓"身是菩提树，心如明镜台"是区分"雪里粉""墨中煤"的荒谬之举，指出默照者并非观心看净，没有一个身、心一类的特定观照对象，不仅要求习此禅法者去除一切观照对象之念，而且连坐禅者自身也要休歇、融入"空"中。

正觉的默照禅法，既坚持和发展了石头希迁以来禅法宗旨，并将其推展到彻底空心的极致，使曹洞禅法落到实处并站稳脚跟，同时又大胆扬弃了洞、曹二宗师名相过于烦琐的弊端，一改曹洞宗素来不事张扬的传统，提出简便易行且富于吸引力的主张，所传心要，比以往大德更加明白晓畅，号召力极强。其矛头所向，直指人心："参禅一段事，其实要脱生死，脱生死不得，唤什么作禅？"如此直截了当，振聋发聩，激活了曹洞宗的生命力，使之宗风大振。所以后来的史家都认定曹洞宗在两宋之间的大德，影响最大的当推宏智正觉，天童寺也一度成为当时的禅学中心。

绍兴二十七年（1157），宋高宗赵构下旨要正觉出任杭州灵隐寺住持，正觉到任没几个月，就告病要求回归天童。10月7日回到天童，第二天就沐浴更衣告知众僧准备后事，同时写信给大慧宗杲，要他前来主持自己的丧事。在给大慧的信中有这样几句话，流传很广："钝鸟先飞行，灵龟脱壳难。我无你不去，你无我不行。"

最后，又提笔写下了一首意象绝美的临终诗偈：

梦幻空华，六十七年；

白鸟烟没，秋水连天。

活在世界六十七年，就像梦中的幻影，虚空的花朵；又宛如白色的飞鸟消失于白色的烟岚，秋天苍茫的水融于苍茫的天际。这是何等的寂静，又是何等统一的境界啊。这正是正觉禅师的禅境禅风所在。

绍兴二十八年（1158），谥"宏智禅师"号，塔名"妙光"。妙光之塔的墓铭由龙图阁学士周葵撰文，状元张孝祥书写。正觉著有《颂古百则》《宏智禅师广录》等，其嫡传弟子二百八十多人，著名的有嗣宗、法智、法会等二十余人。

【十五】大慧宗杲与看话禅

（一）

宗杲（1089—1163），俗姓奚，安徽宣城人。12岁在家乡私塾读书，与同学戏闹时，砚台误中教书先生的帽子。先生见帽子被弄脏，盛怒之下将他赶出了学校。

这件事激发了宗杲出家的愿望。当时就说："大丈夫与其读世俗的书，不如探究出世间的佛法！"于是只身前往东山慧云院依慧齐禅师出家。17岁那年受具足戒，剃发做了正式和尚。

开始时他遍阅诸家语录，尤其喜欢云门文偃之语。在阅读五家语录的时候，宗杲产生了疑问："元（原）只有一个达摩，何以有许多门庭耶？"带着这个疑问，宗杲就投广教绍珵禅师座下请益。此前宗杲曾经参究过雪窦重显的拈古、颂古及古德悟道之因缘，因此经绍珵禅师稍加指点，便很快洞达了先德之微旨。广教绍珵对宗杲超常的慧悟感到非常惊讶，叹为"再来人也"。

离开了绍珵禅师以后，宗杲开始四处游学。他先后参礼过太阳山元首座、洞山微和尚、大沩慕吉禅师、开先智珣等大德，基本通达了曹洞宗旨，最后来到宝峰湛堂文准座下。湛堂文准是黄龙派真净克文的弟子，他的禅学提倡与儒家伦理学说的结合，强调禅僧自身的道德修养。宗杲追随文准前后六年，受其思想影响很深，但并没有完全开悟。文准病重时，嘱咐宗杲道："我去世后，你应当去拜见圆悟克勤禅师，一定能够完善你的机锋的运用。"

圆悟克勤是当时非常著名的禅师，先后七次住持名刹，说法精彩，受朝廷敕赐紫袈裟及"佛果禅师"名号，一般僧人要想拜他为师是很难的。宗杲为此采用迂回战术，先是找到丞相张无尽居士，请他为已经去世的先师湛堂文准撰写塔铭，张无尽见到宗杲后非常欣赏，与他朝夕长谈，并为宗杲居住的庵取名叫"妙喜庵"。张无尽是在克勤门下开悟的居士，与克勤又是四川老乡，

图① 大慧宗杲

两人关系非同寻常,所以宗杲在张无尽的引荐下得以在京都天宁寺拜克勤为师。

有一天克勤开堂,宗杲和众僧都去聆听,克勤举了个"僧问云门'如何是诸佛出身处?'云门答'东山水上行'"的例子说,如果是天宁门派就不这样回答,而答"熏风自南来,殿阁微生凉"。宗杲听后,忽然感到前后的边际都断绝了,运动的现象不产生,像是坐在完全空净的地方上。克勤却说:"你能够到这一步也不容易,但可惜生机死了不能存活,不怀疑言语词句,这就是最大的病患。"意思是说,参了死句却没有怀疑精神,是学禅的最大忌讳。克勤让宗杲住在朝廷士人止息参禅的择木堂做侍者,每天同士大夫一起入室参禅,参的是"有句无句,如藤倚树"这个话头。

半年后的一天,宗杲问克勤说:"听说当年你在五祖处曾问过'有句无句,如藤倚树'这个话头,不知五祖是怎样回答的?"克勤笑着没有回答。宗杲说:"当时你肯定是当众发问的,现在说说又何妨。"克勤没办法,只好对他说:"五祖的回答是'描也描不成,画也画不就。'我又问:'树倒藤枯时如何?'五祖说:'相随来也。'"宗杲听到这里当即疑障消释,说:"我领会了!"克勤非常高兴,又举出几例因缘诘问他,宗杲都酬对无滞。克勤还是

图② 圆悟克勤

怕宗杲对公案参不透,又撰写《临济正宗记》交给他,并让他掌管记室文书。不久,让他分座说禅,在禅室中手握竹片来勘验学禅的人。

宗杲因此名动京师,士大夫争相和他交往。靖康元年(1126),右丞相吕舜徒奏请朝廷赐予宗杲紫袈裟和"佛日大师"的封号。不久金兵入侵,金兵首领准备强索十几个禅宗名僧,宗杲也在其中,他闻讯后连忙逃脱,来到吴地虎丘潜心钻研佛典。在虎丘,当阅读《华严经》中的"菩萨登第七地,证无生法忍"之处,彻底弄清了以前向湛堂请教的"殃崛摩罗持钵至产妇家"的那段因缘。

当时圆悟克勤受诏住持云居寺,宗杲前去探望恩师,第二天就被任命为首座。寺院中有许多修行精进的人,因圆悟克勤长期空着这个位子,等待宗杲的到来,这些人很不服气。冬至那天,有位昭觉元禅师上前发难道:"眉间挂剑时怎样?"宗杲答道:"血溅梵天。"圆悟克勤在法座上连忙用手制止俩人的舌战:"停下!停下!问得极好,答得更奇。"丛林由此对宗杲更加刮目相看。克勤后来又回到四川,宗杲则于靖康二年随汴京的陷落而逃难,先后到过江苏、浙江、湖南、广东、福建等地,建炎四年(1130)应诏住持杭州径山能仁院弘扬宗风,盛极一时。

（二）

宗杲在禅学上首先对正觉的默照禅提出批评。他不怕得罪人，不怕与人结怨，一心只想着"报佛恩，救末法之弊"。绍兴初年，宗杲在福建时，那里正盛行"默照禅"，他就"力排之"，称之为"邪禅"，后来一直没有停止过对它的批评。

除了默照禅，当时还流行参究古人公案的禅风。"公案"形成于唐朝，但它被广泛应用于参禅活动是在五代末宋初。公案的根本含义是指前辈祖师的言行范例，也就是说，凡禅宗祖师在上堂或小参时所发表的看法即"话头"，都是公案。此外，师父与弟子间的机缘语句即"机锋"，乃至现存的全部禅师"语录"或"偈颂"，也都是公案。自公案产生至宋代"公案禅"盛行，禅僧专于文字技巧上着力，而忽视对公案的当机体悟，使禅的问答日益形式化，唐代禅宗所具有的独特个性也由此丧失殆尽。

宗杲把默照禅称作"默病"，把抓个古人公案，绕路说禅的禅风称为"语病"。当初在克勤门下得悟后，克勤担心他"透公案未得"，就举出公案来试他，虽然被宗杲三转两转截断，但宗杲对公案的这种参究法却起了怀疑。宗杲认为，禅的精神不在语言文字，而在于悟。"禅无文字，须是悟始得"。宗杲决心另辟蹊径，于是不惜冒叛师的罪名，在圆悟克勤死后，焚毁其《碧岩录》一书的刻版，以毕生的努力推行自己的禅法。

宗杲的禅法名为看话禅，或话头禅，它不必默照，也不必参究整个公案，而只要把某个公案中某句关键性的话头提出来时时参究，天长日久，就能开悟。话头当然很多，宗杲提到的就有"庭前柏树子""麻三斤""干屎橛""狗子无佛性"等许多种，而他最常用的，是参"狗子无佛性"中的"无"字。

宗杲说："只看个古人人都道底舌头，移逐日许多妄想底心来话头上，则一切不行矣！僧问赵州：狗子还有佛性也无？州云：

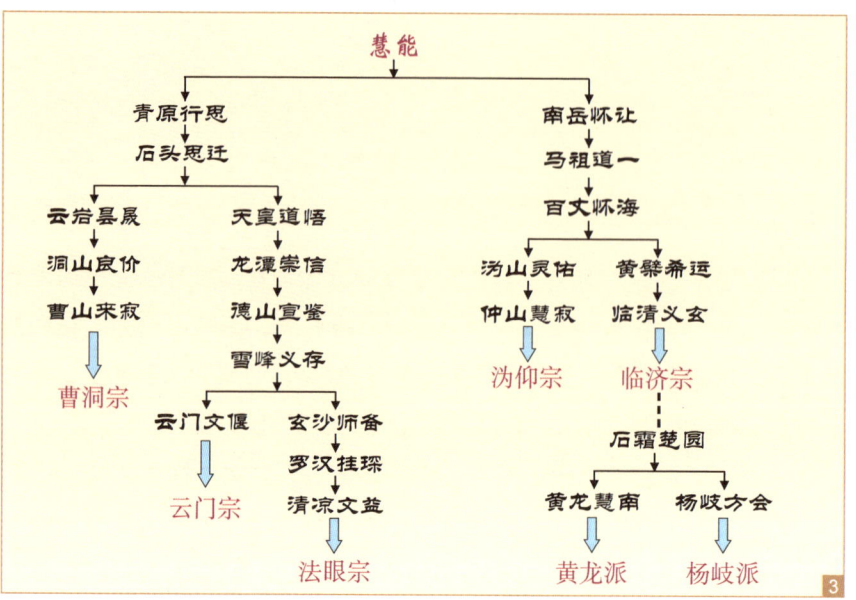

图③ 禅宗第六祖慧能法脉

无。只这一字,便是断生死路头底刀子也。妄念起时,但举个无字,举来举去,蓦地绝消息,便是归家稳坐处也。"

宗杲的看话禅,不仅有意与文字禅对立,将公案引向新的领域,而且由于它强调直截了当,也可以说它是"无字禅"。在宗杲去世的半个世纪后,便有禅师慧开按他的思想编辑而成《无门关》一书问世,里面所辑的第一则公案就是赵州和尚的"狗子还有佛性也无"。

看话禅最大的特色是在一个"疑"字上。宗杲说"千疑万疑,只是一疑。话头上疑破,则千疑万疑一时破;话头不破,则且就上面与之厮崖。若弃了话头,却去别文字上起疑,经教上起疑,古人公案上起疑,日用尘劳中起疑,邪魔眷属。疑情不破,生死交加;疑情若破,则生死心绝矣。生死心绝,则佛见、法见亡矣"。

如果说"无"具有否定客观世界的作用以达到主体无的意义,那么"疑"便是实现这种认识和体验的先决条件。看话禅为摆脱文字禅的烦琐形式,从对"无"字的质疑开始,提出了另一条通往觉悟的道路,就是要实现对现实一切的超越,达到永恒、无限、平等的绝对无差别的精神世界。

图④ 径山寺旧照

（三）

宗杲奉诏住持阿育王寺是绍兴二十六年（1156）的事，是在被贬获赦后不久前来的，不到两年又重返径山。虽然住持阿育王寺的时间很短，因其威望极高，故"四海英才云集于此"。其间，曾率领八万多信徒，结成般若会，以十万余的岁入缗钱"用瞻斋厨"。

宗杲被贬的原因是因为政治。他所处的年代，适值金兵入侵，权奸当道，宋室几亡，国难当头之际。政局的变幻，民族的危亡，民生的疾苦，不仅给世俗社会的人们带来苦恼和不安，同样也冲击着深居寺院的僧侣们。此时的宗杲虽身在佛门，但不曾忘却世事，他认为学佛和学儒是可以统一的："若知径山落处，禅状元即是儒状元，儒状元即是禅状元"；"儒即释释即儒，僧即俗俗即僧，凡即圣圣即凡。"僧侣也应和世俗忠义之士一样，具备忠君爱国的思想品格。

宗杲不仅在思想上提倡忠义与奸邪的对立，将爱君忧国视为做人的准则，而且身体力行，坚定地站在主战派一边，与礼部兼刑部双料侍郎的主战派官员张九成结成方外之交，两人来往密切，相聚时常常针砭时政，矛头直指投降派的代表人物秦桧。

有一次,张九成又来到宗杲住持的临安径山寺谈论时政,说到激动处,宗杲忍不住诗兴大发,信口吟道:"神臂弓一发,透过千重甲;衲僧门下看,当甚臭皮袜。"这本来只是这位佛界高僧忧国爱民之心的真情流露,并没有任何其他政治目的。但秦桧是中国历史上最臭的卖国贼,就连掌握着兵权的岳飞都能让他杀害在风波亭,何况区区一个和尚?秦桧认为这是在影射他与金人议和之事,于是罗织"谤讪朝政"的罪名,加以迫害。宗杲因此被毁牒剥衣,除去僧籍,发配到湖南衡州长达十年之久。后又再次流放到广东梅县。

当时梅县地处边沿荒地,一年四季飘浮着瘴雾疠气,生活异常艰难。在被流放发配的十多年里,宗杲虽身处逆境,却丝毫没有改变宗教信仰,而是利用这段相对比较空闲的时间把其先师的语录公案编辑成《正法眼藏》。

宗杲之所以能和张九成等朝廷要员保持友好关系,除了忧国忧民外,还有另外一个原因,那就是比较重视居士教育。这也与当时整个社会的大环境有关。

宋代的佛教虽然已有逐渐衰退之势,但禅宗仍有相当的活力,继续担当着中国佛教主导的角色。居士的参禅学佛活动进入新的高涨时期,而临济宗的佛教居士教育是有历史传统的,无

图⑤ 杨岐方会

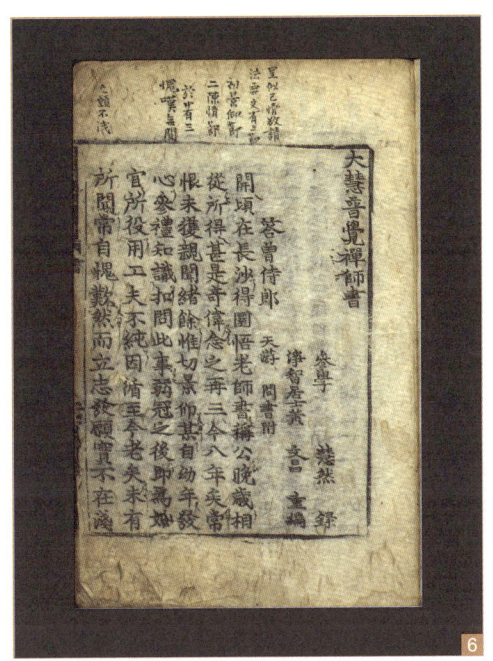

图⑥ 《大慧普觉禅师书》书影

论是黄龙慧南还是杨岐方会都有佛界以外的弟子。方会甚至在上堂说法时明确指出，禅宗的发展不能离开官僚士大夫的扶助，更不能没有帝王的支持。宗杲的师父圆悟克勤更是身体力行，凡士大夫请说法者，均予以满足，或示以法语，或作书述解，未曾稍有懈怠。

宗杲在此方面与其师父相比有过之而无不及，在他看来，在一个长期受内忧外患困扰的时代，局限于个人的默照修养，独善其身，对外部世界充耳不闻，这既脱离时代的需要，逃避社会责任和义务，也不可能真正获得解脱。现实环境要求重新恢复佛教的活力，担当起历史的使命。这一思想中蕴含着传统儒家的入世和济世精神。

宗杲说，禅不应着意摆脱世俗的干扰，它可以与世事打成一片，参禅者照样可以做官置田地，照样可以忠君爱国，照样可以化时治民。在现存的《大慧普觉禅师语录》三十卷中，其主体部分就是针对士大夫禅学的评论和指导。其实宗杲一生的佛教活动，也是与士大夫禅学及其历史命运联系在一起的，追随他参禅

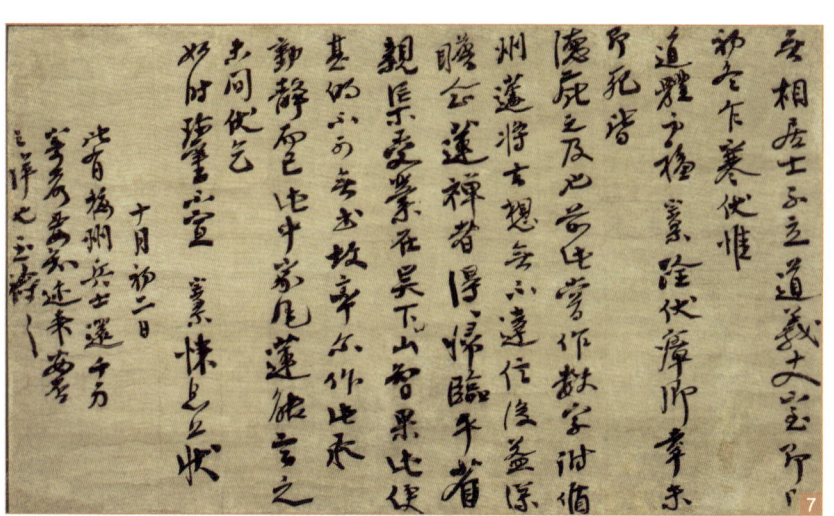

的居士不计其数,既有上层官僚、朝廷重臣,也有地方官吏乃至普通百姓。

宗杲在绍兴二十八年(1158)奉诏重返径山,他的弟子们听到消息后,纷纷归来护持道场,径山很快恢复昔日盛况。后谢任退居二线归隐明月堂,在此期间,以后成为孝宗皇帝的普安郡王经常邀请宗杲说法。隆兴元年(1163)孝宗即位,赐宗杲"大慧"禅师号,同年八月病逝。临终前,侍僧了贤请求偈语,宗杲提笔留偈道:"生也只是这样,死也只是这样,有偈无偈,是什么热闹的大事?"写完这几句话后就去世了,享年75岁。孝宗皇帝听到宗杲去世的消息后很难过,特地为宗杲的真容像作赞词道:"生灭不灭,常住不住。圆觉空明,随物现处。"

宗杲圆寂后,门下弟子为他建塔,将其全身安葬在明月堂之侧。孝宗皇帝特地下诏改为"妙喜庵",谥号"普觉",塔名宝光。并于淳熙初年(1174)刻其全录八十卷,随佛经一起流行。宗杲死后所得到的尊荣,在中国佛教史上也是少有的。

【十六】

皇皇巨著

（一）

公元 1252 年，当奉化籍的学问僧大川普济编著的《五灯会元》在杭州灵隐寺脱稿不久，有位名叫释志磐的鄞县僧人在东钱湖畔完成了六十万字的《佛祖统纪》，两部巨著相隔时间不到二十年。

无论从哪个角度来评价，《五灯会元》和《佛祖统纪》在中国佛教史籍上，被称为经典，是当之无愧的。

两位宁波僧人，几乎是在相同的时间段内，也就是南宋末年，完成两部佛学巨著编撰的，这与南宋中叶以来，四明文化出现了从未有过的繁荣景象有关。尽管有些震撼，却也在情理之中。

虽然大川普济（1197—1253）编纂了佛典巨著《五灯会元》，但记载他生平的资料却不多。

他是奉化六诏人，张姓人家的幼子，19 岁依香林院出家，受具足戒。开始时习律宗，然后学法华宗，有一天，突然觉得这里面有问题："持犯束身，义学支离，何能超生死乎？"意思是习律身教义，怎么能脱度轮回呢，于是来到天童禅寺改习禅修。

到了天童寺后，首先拜见的是天童寺无用净全禅师，他是临济宗著名高僧大慧宗杲的法嗣。无用禅师将普济引到室中，开口就说："有句无句，如藤倚树。"大川答："斩钉截铁。"无用禅师又说："沩山呵呵大笑，聻。"大川答："寸钉入木。"

这是杨岐禅的两段著名话头。当初圆悟克勤禅师经常举"有句无句，如藤倚树"这一话头勘问大慧宗杲禅师，可是宗杲每次刚要开口，克勤禅师马上打断他说："不是！"后来宗杲又将这一话头勘问他的弟子弥光禅师，弥光不能彻悟，于是问宗杲："我病在何处？"宗杲禅师说："别人死了活不得，你今活了未曾死。要到大安乐田地，须是死一回始得。"什么叫"死"呢？宗杲说："如人斫树，根下一刀，则命根断矣。"大慧宗杲禅师，大悟十八

图① 大川普济

遍,小悟不知其数,每悟一次,就是脱胎换骨般的一死一生。所以大川普济说"斩钉截铁"。可见他初入禅门,即有如此悟性,也深得无用净全禅师的器重。

但这仅仅是小悟,离真正的开悟还是有距离,和大多数僧人一样,大川普济走的也是到处参学的道路。今天我们变着法子爬山走古道,为的是健康快乐。而那些佛门弟子,为了解除心中的疑惑,去拜访已经觉悟的智者,或者开辟新的修行道场。他们行走在茫茫的大地上,在青青的大山里面,披荆斩棘不用说,经常是杳无人迹,要经受寂寞和辛苦的双重考验,但那种美好和自在的感觉却是无与伦比。有句禅诗这样形容:"杖挑明月,衣惹烟霞。"你看,天色渐渐黑了,月亮出来了,禅杖便把月亮也挑着;挑着明月走路的时候,飘逸的僧衣与同样飘逸的烟霞不停地亲密接触。这样的意境,你说美不美?

就这样走啊走,大川普济终于来到越州(今属绍兴)的能仁寺,参谒临济高僧浙翁如琰,两人一见面,如琰问:"上座何处人?"普济答:"奉化。"如琰问:"还认识憨布袋么?"普济去提坐具,如琰下夺坐具便打,普济当下顿悟。至于大川当时是在什么样的灵感下突然开悟的,史料上没有明说,我也猜不出来。

浙翁如琰很喜欢这个徒弟,移住钟阜寺时也带着他。再后

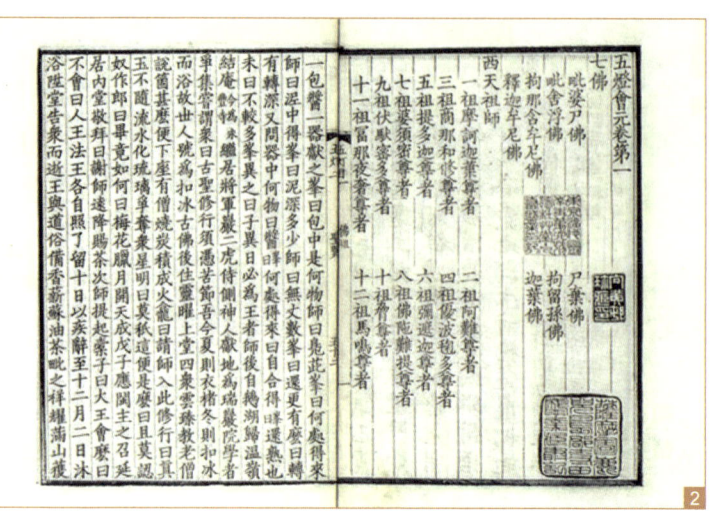

来，如琰出任天童寺住持，普济被委派任天童寺"知藏"，就是整理藏经，有点类似于图书管理员的角色。或许从那时起，大川普济的心里就萌发了编著佛典的想法吧。

嘉定年间，朝廷诏令大川普济出任普陀宝陀寺住持，其后又在秀州报恩寺、鄞县大慈寺、越州天章寺、临安净慈寺、灵隐寺等许多地方走走停停。这期间，大川普济编纂成了著名的《五灯会元》。

禅宗最初打出的旗号，是不立文字的。后来可能操作上有些困难吧，或者说与时俱进也可以，反正到了宋代，"不离文字"的"文字禅"出现了，其表现形式是，各种"灯录"和"语录"的编纂问世。

"灯录"是禅宗创造的一种史论并重的文体，它以本宗的前后师承关系为经，以历代祖师阐述的思想为纬，汇编成禅宗的思想史和师承史。它发端于唐代。但当时并不叫灯录，而另有各种书名，如杜朏《传法宝记》，记载弘忍门下的法系的历史；净觉《楞伽师资记》，记载北宗神秀系的历史；《历代法宝记》，记载成都保唐宗历史；智炬《宝林传》，记载南宗慧能系的禅史。此外如五代后期在南方出现的《祖堂集》，也是"灯录"体禅史成书之前的禅宗史籍。

直接以"灯录"命名的禅宗著作,则始于宋代《景德传灯录》。一般认为,《祖堂集》在形成并流传了一个多世纪后即销声匿迹,主要原因是由于《景德传灯录》的广泛传播。《景德传灯录》撰成不久,便受敕令编入《大藏经》,享受特殊的荣誉和待遇。随着木版印刷术的发展,《景德传灯录》逐渐普及于僧俗两界,从而取代《祖堂集》的地位和影响。

《景德传灯录》为北宋法眼宗清凉文益的法孙道原所著,因为撰成于宋真宗景德年代(1004—1007),故名。记述了自过去佛至法眼文益法嗣的禅宗传法世系共52世1701人的问答语句,另附有语录者951人。其中卷五记慧能弟子青原行思的法嗣,包括曹洞宗、云门宗、法眼宗的法系。

灯录是"记言体"著作,与僧传的"记行体"不同。它又是一种特殊的"谱录体",即按世次记载,只限于禅宗,不像"僧传"那样包罗各门。在《景德传灯录》问世后,陆续又有四种"灯录"编成。分别是临济宗李遵勖撰于宋仁宗天圣七年(1029)的《天圣广灯录》三十卷;天童寺僧佛国惟白撰于宋徽宗建中靖国元年(1101)的《建中靖国续灯录》三十卷;临济宗禅僧悟明撰于宋孝宗淳熙十年(1183)的《联灯会要》三十卷;云门宗禅僧正受撰于宋宁宗嘉泰年间(1201—1204)的《嘉泰普灯录》三十卷。

大川普济在上述"五灯"的基础上,重新梳理内容,删繁就简,把原来的"五灯"共一百五十卷缩为二十卷,卷帙减去原书七分之六,而内容实际只减去原书二分之一左右,所以首先给人以简明扼要之感,对于只需略知禅宗大意的人来说,是一部分量适中的入门书。

而且,原来"五灯"各书只以南岳、青原两大系分别叙述,以下不再分宗立派,世系发展日子一久,支派繁衍,法嗣散布,大系难以统摄,所以"会元"改变了以往灯录的结构,在南岳、青原两系下,各立宗派,使其明晰易查,便于僧俗披览。

这部著作的特色还在于，所记录的大多是日常生活中的常见之情，常见之理，众多高僧以此为观照对象，用精警的禅语昭示了顿悟的日常用途。书中语言文字透彻洒脱、新鲜活泼、简要精练，公案语录、问答对语趣味盎然、脱落世俗，深受读者喜爱。因此，自从《五灯会元》问世后，以前的五种"灯录"地位逐渐被其取代，成为流传最广的"灯录"。北宋大儒沈静明认为："禅宗语录，尽在五灯。"

由于《五灯》简略，易于流通，因而获得了广泛的传播。南宋以来，续有刻本。至清代，正式入《龙藏》。此外，坊间还有一些流通本。所以元、明以来，好禅的士大夫多珍藏其书。

大川普济除了上堂说法，或者埋头著书外，平日语言不多，许多士大夫慕名想与其交往，几乎都被婉言谢绝。住持灵隐寺两年后的某一天，突然以身体不好为由提出退位，众僧没有思想准备，连忙恳求继续留任。当日升座后回到方丈室，又对他的弟子说了许多勉励的话，言谈举止与往日大不相同，众人十分奇怪。不久他说："我要走了。"然后留遗嘱，特别说明火葬后骨殖投入江河。交代完后事作了一首诗："地水火风先佛记，冷灰堆里无舍利。扫向长江白浪中，千古万古第一义。"众僧请求留下遗偈。普济笑着又提笔写道："来无地头，去无方所，虚空进绽，山岳起舞。"写毕掷笔，不一会儿就示寂了，时在宋宝祐元年正月十八日，终年75岁，火化后得舍利五色如菽。

除了《五灯会元》外，元恺编有《大川普济禅师语录》两卷，又名《灵隐大川济禅师语录》《大川济和尚八会语录》。主要辑录其住妙胜禅院、观音寺、大中寺、光孝寺、报国寺、十方寺、光孝寺、灵隐寺等八会的上堂语、小参、举古、颂古、赞跋、偈颂、小佛事等。卷末附物初大观撰的《灵隐大川禅师行状》。收入《续藏经》第二编第二十六套。

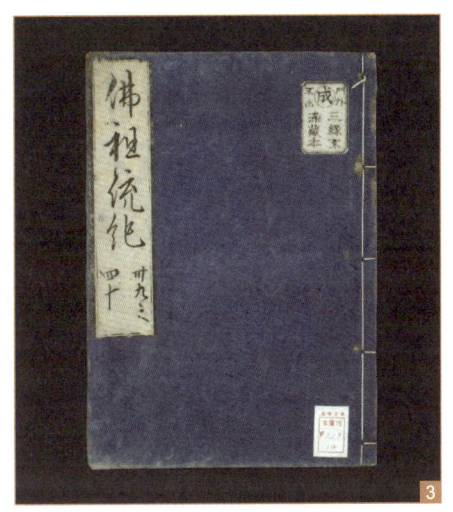

（二）

如果说,大川普济生平的资料被称为匮乏的话。那么,释志磐的生平几乎是白纸了。连生卒年都不详,何况其他?

零碎的资料显示,志磐号大石,幼年师从袁机,后出家学禅宗,精通天台宗教观,是山外派仁岳门下的传人,曾经在四明福泉山以及东钱湖的月波山居住。咸淳五年(1269)著有《佛祖统纪》,共五十四卷,收在《大正藏》第四十九册。另有《法界圣凡水陆胜会修斋仪轨》六卷。

他是哪里人呢?他出生时或者幼年有没有异于常人?他到处参过学吗?那位名叫袁机的授业恩师又是怎样一个人呢?他有徒弟吗?为什么写成这样的巨著却没有人去了解他呢?洋洋洒洒六十多万字啊,那些资料从哪里来?

太多的问号,头都大了。还是说说这部巨著吧。

这是部纪传体的佛教史著作,以记述天台宗历史为主。

早在北宋政和年间,释元颖撰有《天台宗元录》,主要记述天台宗的传授情况。至南宋庆元年间,吴克己增广《宗元录》,撰成《释门正统》,但未刊行即去世。嘉定年间,释景迁在以上两书基础上编成《宗源录》。至嘉熙初,释宗鉴将吴著《释门正统》加以

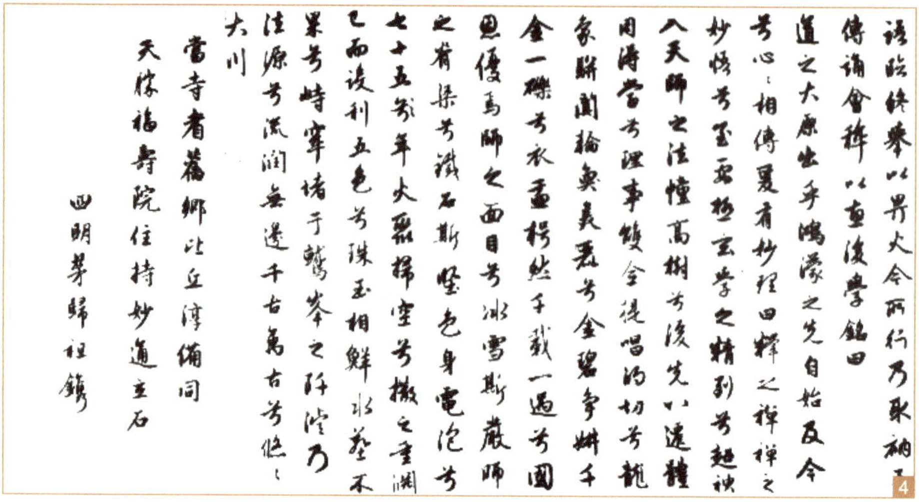

扩充改编，分本纪、世家、诸志、列传、载记等五科，沿用原书名，详叙天台宗历史，刊刻流行于世。

《佛祖统纪》是在《宗源录》和《释门正统》的基础上编撰而成的。体例上仿效《史记》和《资治通鉴》，内分本纪、世家、列传、表、志五科。新增内容的量很大，除了天台宗，还涉及佛教的其他方面。

本纪部分凡八卷（卷一至八）。初为"释迦牟尼本纪"，从天台宗的角度来阐述释迦一生的法平；次为"西土二十四祖纪"，记述释迦大弟子迦叶等十三人及龙树与他十弟子的事迹；三为"东土九祖纪"，记载自慧文禅师至荆溪湛然禅师的所谓"天台九祖"事迹；最后为"兴道下八祖纪"，记载自道邃至知礼间天台八祖相承的历史。

世家部分凡两卷（卷九至十）。初为"诸祖旁出世家"，记载天台宗上述十七祖中除龙树、慧文、智威、知礼四人以外东土诸祖弟子们的事迹，凡有南岳、天台以至宝云十三世家，二百有五人（不尽有传记）。

列传部分凡十二卷（卷十一至二十二）。首为"诸师列传"，记述自遵式、知礼以下共十世的天台宗人物，其中以尚贤、本如、梵臻三家的传承弟子为主；次为"诸师杂传"，记述持有山外

图④ 灵隐大川济禅师塔铭

派相似观点的知礼门下仁岳、从义和遵式门下道因三家,指斥他们"背宗破祖,别树门庭";三为"未详承嗣传",记载修习天台教学而不详师承的傅翕等四十三人。

表的部分凡两卷(卷二十三至二十四)。初为"历代传教表",以年代为序,记述从梁武帝天监元年(502)起至宋仁宗明道二年(1033)间天台诸师讲经、说法、著述、交往等的简要事迹,以明台宗的传授和规模;次为"佛祖世系表",就以上本纪、世家、列传中诸师及其弟子,列表以明传承关系。

志的部分凡三十卷(卷二十五至五十四)。首为"山家教典志",为慧思、智𫖮等六十一人的著述目录,同于史书的《艺文志》;二为"净土立教志",下分莲社七祖、十八贤和入社百二十三人和不入社三人的传;三为"诸宗立教志",记禅宗达摩等六人,贤首宗法顺等九人,慈恩宗玄奘等二人,瑜伽密宗金刚智等五人,南山律学道宣等三人的事迹;四为"三世出兴志",记过去、现在、未来三世成、住、坏、空各劫的演变;五为"世界名体志",用图文描绘佛教所说的华藏世界、万亿须弥、大千三界、忉利天宫等,其中有"震旦""西域""五印"等历史地图;六为"法门光显志",记录佛教各种仪式和制度的起源,如雕像、舍利塔、忏仪、僧斋、盂兰盆供、放生等;七为"法运通塞志",以编年法记载佛教产生、传播及中国佛教盛行与衰落的状况,同时也记载历史上的大事;八是"名文光教志",选录有关天台宗的重要碑文、序言、论述、书牍等。九是"历代会要志",按时代先后分类编排有关佛教的史实,旁及道教。

《佛祖统纪》是天台史学集大成之巨著,全书共54卷,约61万字。志磐在编撰过程中,虽偏重天台宗,但也兼涉其他各宗。由于采择史料面广,编选比较精审,因而具有较高的史料价值。这本书引证内外典籍近二百种,此外还有相当数量的碑铭书论。由于志磐具有较高的史学方面的修养,该书体例完备,章法有序，融合了纪传、编年、会要等各类体裁，故能纲举目张，文采斐然。

志磐虽是山外派的传人（第十世），但观点则是山家派的。这样的错位，让人联想起志磐的祖师净觉仁岳禅师，也曾经"背叛"过其师知礼。其实，过去的佛门是很热闹的，经常会出现百家争鸣的情景。甚至在著述上，也会把自己的观点体现进去，包括志磐这部巨著，但这并不影响这本书的伟大或者说是经典。

志磐是从宝祐六年（1258）开始动笔，到咸淳五年（1269）八月搁笔，整整十年，五易其稿，用呕心沥血来形容，并不为过。咸淳七年（1271）刊成行世时，志磐已经是卧病的暮年了。

《佛祖统纪》传世已历七百余年，早期不太被人重视，这可能也是志磐生平事迹不能详细的原因吧。近世随着中国佛教史研究的深入，《佛祖统纪》新颖的体例、开阔的视野、丰富的内容，逐渐显示出其重要的学术价值来。

【十七】

南宋佛学泰斗

图① 无准师范

（一）

无准师范是阿育王寺的第三十三任住持。

其实，他最早与阿育王寺结缘，是在20岁那年。在这之前，他曾在成都正法寺以及镇江金山寺等处问道，总是觉得自己没有开悟，就风尘仆仆来到明州育王山，参拜住持佛照德光禅师。当时出家人落发必须自己掏钱，才能取得官府颁发的度牒，无准无钱剃发，寺里的僧人们开玩笑地称他为"乌头子"。

佛籍记载，无准刚拜见德光时，德光就问："什么地方来？"

无准回答："剑州。"德光反问道："带得剑来么？"无准听了没有直接回答，而是大喝一声。德光笑了，说："这乌头子也乱做！"意思大概是还没有开悟就胡乱运用起棒喝的禅机来了。

无准在德光座下参学了一段时间以后，觉得还是没有通透，于是又前往杭州灵隐寺，当时天童咸杰的弟子破庵祖先是该寺首座。

有一天吃过饭后，无准陪着破庵祖先游观石笋庵。庵里有个僧人向破庵请教，问他猢狲子捉不住怎么办才好。破庵听后不假思索地回答："你费力不讨好地去捉它干什么？像风吹过水面那样自然成纹，不是很好吗？"无准在旁听了这话，如醍醐灌顶,豁然大悟。

在禅宗公案中,常以猿猴比喻心性。僧人说猿猴捉不住,是指心性把握不住。破庵指点他顺其心的本性行事,不必强加于它。不知道那位请教的僧人领会了破庵的意思没有,反正无准是彻底领悟了。

无准悟道后并没有马上离开灵隐寺,而是继续留在破庵身旁修习,直到把破庵门派的佛教理义全部融会贯通为止。

破庵祖先圆寂后,无准来到了风光秀丽的台州雁荡山,在瑞岩寺得以邂逅雪峰云禅师。两人相见如故,雪峰云恳切地挽留无准与自己一起修炼,共同参证佛法禅机,无准欣然答应。

据说就在当天晚上,无准梦见一个身材修伟的佛门中人把手中所持的茅草送给自己,而且态度恭谨,没有丝毫的戏谑之意。醒来后梦中的情景依然清楚明白。无准觉得有些奇怪,但也没有多去想它。

第二天,瑞岩寺来了位风尘仆仆的僧人,是从千里外的明州清凉寺赶来的,专程邀请无准前去住持该寺。无准随着专使来到清凉寺,刚迈进寺院的正殿,抬头间猛然发现眼前供奉着的这位神像的容貌,和梦中送茅草的那位一模一样,走近仔细看上面的字,写着"伽蓝神茅姓"的字样!

无准在清凉寺住了三年,又迁任焦山寺和雪窦寺住持。宋绍定二年(1229),奉诏住持育王山广利寺,也就是现在的阿育王寺。二年后奉旨同时住持径山万寿寺。

(二)

无准师范(1179—1249),俗姓雍氏,四川梓潼人,出身世代笃信积善的望族,一门有三人出家为僧。他本人具有二十多年的游历生涯,曾历游清凉、焦山、雪窦、育王、径山等江浙名山大

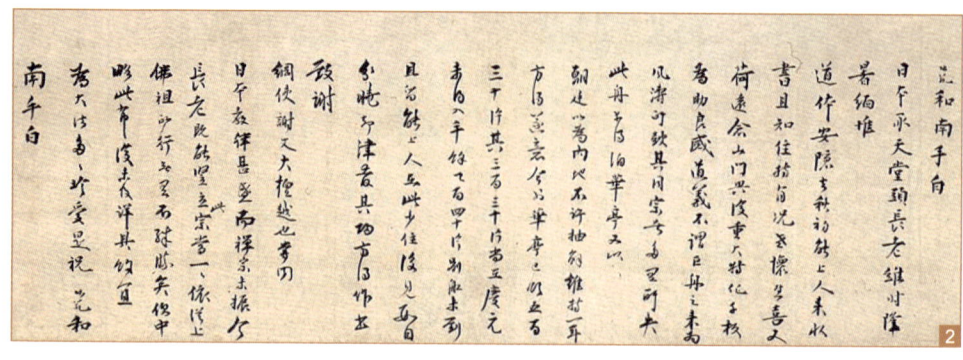

寺，交游请益的高僧多达二十余人。可见其佛学功底的深厚。

径山万寿寺虽然号称天下第一禅寺，但无准入住时，正值"嵩少林散席，径山朝名以师补处"。他刚到京城，丞相史弥远专门约见了他，恳切地说："径山住持，他日皆老宿无力葺理，众屋弊甚，今挽吾师，不独主法，更张盖第一义也。"少林为临济宗源流所在，所谓"初祖安禅在少林"。少林散席而以无准补径山，可见，宋朝廷对无准寄予的厚望，除"主法"之外，更重要的是希望能依靠无准的力量进一步巩固径山作为"五山之首"的声名，以振兴中国的禅宗。

住持径山的第二年，无准就入慈明殿为皇帝说法，宋理宗深为感动，认为无准"以所说法要，示参政陈贵谊，谊奏云，简明直截，有补圣治"，因而赐"佛鉴禅师"号，又赐金襕袈裟和银绢。

据《宋赐僧金襕袈裟试考》，金襕袈裟原为佛菩萨塑像所用服装，由官方赐给高僧，含有推崇这些高僧是"活菩萨"之意。整个理宗朝，得赐金襕袈裟的只有无准师范和撰写《佛祖统纪》的志磐。

无准师范之所以能得到敕赐金襕袈裟和师号这两种殊荣，不仅是由于他奉行的经世、实用的思想，一定程度上迎合了统治阶级的需要，同时也是因为他在当时禅林的崇高地位和禅学方

图② 无准师范尺牍

面的深厚造诣。

无准说法"机用迅驶,如击石火闪电光",郑思肖集《十方禅刹僧堂记》称其"孤硬,有恶辣手","讲丛林规矩","不许看经看册,不许偶语杂事,昼夜趺座,密如列筒,尽命参究,咸有觉触"。因此,无准师范在禅宗界具有很高的威望,法席特别隆盛,自大慧宗杲以来无可比者,门下俊杰号称"南询三十四师,东渡十六师"。

无准在径山居住了二十年,当时前来问道的僧俗像潮水般涌来,信众的布施也很丰足,虽然在此期间曾两次遭遇火灾,但都能很快修复;而且还在离寺40里之处修筑百间房屋,专门接待游方僧人,并题写了"万年正续"的匾额;在"万年正续"西面几百步遥的地方,建造了一座小巧别致的佛庵,作为老年僧侣日后归隐藏身之处。在庵内还修筑了几座重阁,用来收藏朝廷赐给寺院的御函。

宋淳祐八年(1248),无准让人在明月池旁筑了间别室,并命名为"退耕",准备归隐修习。翌年春天,无准突然疾病发作,临终前书遗表十余种,然后挥毫写下遗偈:"来时空索索,去也赤条条;更要问端的,天台有石桥。"

无准师范圆寂后,遗体停放将近半月而颜色不变,宋理宗闻讯后,专门派人前来吊唁。

(三)

无准师范是五山之首径山寺的住持,曾经给皇帝演说佛法,有"南宋佛学泰斗"之称,是宋代佛教界的代表人物之一。

但就是这样一位佛门巨匠,在现代的许多禅宗史专著中,几乎都没提及他的名字,即使提到,也极为简单。可能是因为除《无准师范禅师语录》和《无准和尚奏对语录》外,没有留下重要的佛学著作，或者在佛学上没有自成体系，更没有独创门派，所以后世对无准师范不重视也是情理之中。

可是在日本，无准师范赢得了镰仓和室町两个时代的辉煌声名，是宋代中日文化交流史上举足轻重的人物，尽管他本人从未踏上过日本国土，却对日本社会和文化等各个方面，尤其是对禅宗产生了极大的影响，以至有所谓"日本禅系中三分之一为无准法孙"之说。这其中，有日本禅学史上声名显赫的高僧圆尔辨圆、兀庵普宁和无学祖元等，在日本几乎家喻户晓。

日本佛教的许多宗派都是从中国传入的，禅宗因为不立文字，教外别传，所以特别重视师承的正宗。日本僧人既然学习了中国禅法，同样非常讲究嗣法的正宗与否，获得当时有名宋僧的印可，确定自己的师承是直接关系到他能否被社会认可的大事。在日本禅的各宗派中，经常被问到开山的祖师是否去过中国，或者是否从中国来到日本的事实。这种状况有点像我们这些年蜂拥的出国留学，拿个洋文凭回来总是好事，即使像圆尔辨圆那样的禅师也不例外。

赴宋前，圆尔辨圆在日本已经很有名气了，传说鹤岗八幡神祠开八讲席时，他曾同三井寺的赖宪僧正辩论佛法，结果一举取胜，声名传遍关东。

圆尔辨圆到了宋朝后，历巡江南诸多伽蓝，遍访名师望德。有一天，圆尔辨圆在中国的佛门挚友、时在灵隐寺任知客的退耕德宁对他说，阁下已经参遍天下名刹，但天下最著名的宗师只有无准师范，为什么不去参访他呢？圆尔辨圆听了后如梦初醒，立即前去拜山。无准见到圆尔，也是"一见器许"。无准还特为他写了一篇法语，其中有："圆尔上人效善财，游历百城参寻知识，决明已躬大事，其志不浅"，对他大为赏识。无准曾嘱圆尔说："汝早归本土，提倡祖道"，要圆尔回日本后按照临济宗的宗旨仪规弘布禅法，开示众生。

圆尔辨圆自 1235 年入宋,在无准门下苦修六年后终得印可,回国后在崇福与承天首次倡导临济宗杨岐派的无准禅系。其师兄径山僧道樗曾赠诗曰:"兴尽心空转海东,定应赤手展家风。报言日本真天子,且喜杨岐正脉通。"临济宗杨岐派就是在径山由圆尔从无准师范处传入日本,圆尔因此成为日本临济宗杨岐派的始祖。

兀庵普宁是继第一位赴日宋僧兰溪道隆之后的又一位宋朝高僧,住持日本镰仓建长寺期间,大力倡导教外别传。虽然在日仅五年,但影响很大。他最大的贡献是感化了当时执权的北条时赖,使他达到大彻大悟的境界,将禅宗和镰仓武士结合起来。日本古代禅宗二十四派中,其法系称"宗觉派"。

无学祖元应幕府将军北条时宗氏的邀请东渡日本。曾住建长寺,镰仓圆觉寺创立后,成为开山第一祖。由于他经常针对日本禅林的情况,结合自己的体验亲切地传禅,故其禅法曰"老婆禅",长期受到日本禅林的喜爱。祖元的法系在古代日本禅宗二十四派中称"佛光派"。近代以后,日本临济宗的十四派中圆觉寺派奉无学祖元为开山祖师。

无准师范作为中国禅林最具代表性的道场径山的大德,其修行生活依照的是当时中国禅林的中心规范《禅院清规》进行的。圆尔辨圆将《禅院清规》带回日本后,以此为蓝本,制订了《东福寺清规》。《东福寺条条事》中有"圆尔以佛鉴禅师丛林规式,一期遵行之,永不退转矣"。

据日本的《径山寺味噌》一文,日本的僧堂生活也是从径山传过去的。该书还记载,自兰溪道隆、无学祖元到日本弘教后,僧堂生活大量移植宋法,举行"茶礼"的僧堂中要张挂名家绘画和无准师范等祖师的墨迹,摆设中国花瓶,泡茶用天目茶碗。按照圆尔辨圆"一一依从上佛祖所行"的准则,东福寺的僧堂生活更是宋朝风格的翻版。

虽然南宋时期，中日两国佛教交流主要集中在江南一带，但直至南宋中叶，甚至径山鼎盛的大慧宗杲时期，径山都不是入宋僧的主要目的地，距离登陆港口明州较近的天童、育王等古刹才是日僧向往的地方。正如日本著名学者木宫泰彦在《日中文化交流史》中所指出的，禅院五山中，最先为日本人所熟悉的是育王山，日本入宋僧最早住过的地方是天童寺。比如，我们所熟知的日本临济宗初祖明庵荣西和日本曹洞宗创始人希玄道元，都是从天童寺走出去的高僧。

到南宋中后期，径山突然成了入宋僧参谒嗣法的热点。他们或游方参谒，或住山拜师，或书偈往来，频繁程度为中日佛教交流史上所罕见。原先只是作为游历地之一的径山，几乎成了入宋日僧的必到之地，这些日僧不远万里来到中国，其主要目的是为了嗣法弘扬无准法系，致使这一时期的中日交往达到空前绝后的程度。

【十八】

从无学祖元说开去

（一）

忽必烈定国号为元后，以联合南宋灭金为借口假道于宋，在灭金以后又乘机把南宋也灭掉了，那是公元1279年的事。

在这之前，无学祖元在台州真如寺主法，当蒙古大军势如破竹挥兵南下时，祖元避乱来到雁荡山能仁寺。但没多久，元军占领了乐清，能仁寺的僧人四散而去，寺里只剩下无学祖元一人。这时，一群元兵冲进能仁寺，把刀架在祖元的脖子上，大师神色泰然，口中念出四句偈诗："乾坤无地卓孤筇，喜得人空法亦空；珍重大元三尺剑，电光影里斩春风。"

意思是说，这天地间已经没有我无学祖元的存身之处了，我早已把生死置之度外，你们还是爱惜一下手中的刀剑吧，如果你们想用它来对付我，那简直是在电光影里砍斫春风一样徒费力气！出身蒙古族的元兵大概连汉语都听不懂，何况是佛门的偈语。但他们被眼前这个和尚大无畏的气势所震慑，作揖赔礼而退。

这段传说带有浓厚的神奇色彩，四句偈颂却是真实的存在，见载于多种文献中，并被冠以"临剑颂"的题名。

无学祖元（1226—1286），俗姓许，鄞县人，家族为当地豪富。

12岁那年，祖元随父亲游山寺时，偶尔听见有僧人诵"竹影扫阶尘不动，月穿潭底水无痕"之句，当时就有所省悟。第二年父亲去世后，在早年出家的哥哥规劝下当了和尚。但不知为什么，他没有在家乡的寺院里出家，而是跑到杭州净慈寺，在北涧居简禅师那里剃度，后来又投五山之首杭州径山万寿寺的无准师范门下钻研佛法。无准圆寂后，祖元又历参杭州灵隐寺、家乡的阿育王寺和大慈寺等名刹，37岁那年在东钱湖白云庵住持七年，在为母亲送终后又重返杭州灵隐寺投奔法兄退耕德宁，任灵隐第二座。其后，又应邀住持台州真如寺，时间也是七年。

在温州能仁寺慑退元兵后，祖元又返回明州，在法兄环溪惟一住持的天童寺任首座，时常为大众说法，名气越来越大。

当时的日本正是镰仓武家执政的全盛时期，自从兰溪道隆东渡日本以后，许多禅匠也纷纷前往弘法，使得镰仓和京都的禅宗大为兴盛。后来执政的北条时赖创建了建长寺，迎请兰溪开山住持。

时赖的后代时宗也是虔诚的禅宗信徒。兰溪道隆圆寂后，北条时宗特遣道隆弟子为使者，携带聘书入宋，邀请宋代高僧渡日继承道隆席位。日本是以国家的名义来下聘的，宋朝也不敢随便找个水准不高的和尚敷衍了事，经过佛门宗匠们的认真研究，认为无学祖元是东渡弘扬佛法的最佳人选。

那是公元1279年，也就是南宋灭亡之年的五月，国破山河碎，54岁的祖元是怀着感伤的心情离开家乡和祖国的，从入宋日僧荣西和道元曾经登陆的宁波港出发，背井离乡前往日本。

同年八月辗转到达镰仓后，幕府将军北条时宗隆重迎接。祖元在进入山门、佛殿、方丈室时，分别炷香举法语，仪式与住持真如寺时完全相同。在接下来的开堂仪式中，所有的程序也与《百丈清规》对开堂仪式的规定完全吻合。可见，祖元是严格按照宋朝禅宗寺院的规定完成入院仪式的，从中看出祖元移植宋朝禅林制度的用心。

如芝撰《行状》称祖元开堂演示之时,"万众云臻,欢声雷动",北条时宗当场拜在祖元门下,执弟子礼。这之后直至示寂,祖元始终任建长寺住持一职,其间,兼任圆觉寺住持。确切地说,应该是圆觉寺的开山。当时北条时宗建造圆觉寺,其中一个很重要的原因,就是想断除祖元归国之心。

祖元刚到日本时,曾经参访过宋朝禅寺的日本长乐寺住持一翁院豪前来印证佛法,祖元以"香严击竹"等公案接引,院豪理解禅意很到位。祖元特将此接引问答经纬撰写成偈,升堂说偈示众。日本相国寺至今还保存着祖元当年亲笔书写的偈语,现在已成为国宝。

在院豪的引荐下,祖元认识了高峰显日。高峰显日是后嵯峨天皇的皇子,十六岁时从东福寺的圆尔辨圆得度后,夜以继日地参禅问道。听说先师的同门法弟祖元来日,就连忙赶来拜在祖元门下。高峰显日成为祖元的法嗣后,引导以祖元为始祖的佛光派走向兴隆,其法嗣梦窗疏石更是把佛光派发展成为日本禅林最大的门派。

在住持建长和圆觉两寺期间,祖元通过上堂、小参、普说、入室等形式教化镰仓武士,弘扬祖师禅风。语言不通,除了借助翻译外,就是用笔谈的形式来交流,如"但来相叫""你且来""我要你",都是寥寥几字,旁人看得云里雾里,问答者彼此心领神会。祖元甚至说,不通语言正好与禅宗"不立文字""明心见性"的宗旨相吻,而且他还有个"方便法门",就是临济宗的"棒喝"之法。针对学人的提问,不以言语回答,而是用棒打或大喝一声应对,以此来暗示和提醒学人,不要执迷于语言文字和分别意识,而要顿悟本体心性。

元至元二十三年(1286),也就是日本弘安九年,无学祖元在圆觉寺逝世,时年61岁,谥号"佛光国师"。

图② 日本建长寺

作为日本中世禅发展史上"镰仓禅"的代表,祖元为禅宗扎根日本做出了杰出贡献。时至今日,无学祖元的名字依旧出现在日本很多中学的历史教科书上,而他身体力行创作的大量诗偈和赞语,更是成为日本"五山文学"的奠基之作。

(二)

祖元东渡日本缘起建长寺。建长寺的开山祖师兰溪道隆(1213—1278)是四川涪江人,13岁那年在成都大慈寺出家,后到浙江参学于无准师范等名宿,最后来到天童寺参无明慧性习禅道,得承法嗣。

在天童寺期间,道隆与从日本来参学的月翁智镜和尚比较谈得来。在月翁智镜的邀请下,南宋淳祐六年(1246),道隆带领弟子从明州出发东渡弘法。到了日本后,初住博多圆觉寺坐禅接心,著《坐禅仪》诲众。翌年在月翁智镜住持的泉涌寺驻锡,并撰《泉涌寺行事次第》,教诲僧众上堂、下座等诸般作法。次年南下镰仓,初入寿福寺,后移常乐寺。

在镰仓幕府五代执权的北条时赖支持下,道隆将原属天台宗的常乐寺改为禅院。当时的镰仓为日本新的政治、军事中心。

新兴的武士阶级在此另立中央,独据一方建立了武家政权。武士阶级为了巩固政权,迫切需要一种新的宗教形式作为其精神支柱。另一方面,又由于镰仓远离京城,旧佛教势力鞭长未及;整个佛教界发自旧佛教内部及由新兴的改革派发起的改革浪潮日益高涨。这些都为临济禅的弘扬提供了极有利的客观条件。

日本建长五年(1253),北条氏在镰仓创建建长兴国禅寺,邀请兰溪道隆出任"开山第一世"。建长寺作为宋代文化以及佛教临济正宗禅的发源地,很快成为镰仓武士的精神家园。

在住持建长寺十三年的时间里,道隆广收门徒,弘布禅风。他的弟子无隐圆范,先后住持建仁、圆觉、建长等禅寺;弟子林叟德琼,先后住持镰仓禅兴、寿福诸寺;弟子约翁德俭,历任建仁、建长、南禅诸寺住持;弟子直翁智侃、文永中转嗣道隆同门师兄弟圆尔辨圆之法,开丰后的万寿寺;弟子藏山顺空开肥后的高城寺,后又住持筑前的承天寺;弟子无及德诠入宋迎无学祖元东渡。兰溪道隆的一系列法嗣的作为,在日本形成了一个庞大的禅宗法系。

日本正元元年(1259),道隆应邀前往京都,住持名刹建仁寺。不久,便在建仁寺山内创建了西来院,举扬祖师禅风,凡教诲寺众入寺开堂皆依禅林规式。道隆在建仁寺的兴禅布教活动,

图③ 一山一宁

引起朝野注目。他对荣西开创的建仁寺的兼修禅的改革和朝廷对道隆的日益信任，遭到了比睿山天台教派的嫉妒和排斥。日本弘长元年（1261），道隆重返镰仓，应北条时赖之请入主禅兴寺，后移锡建长寺。日本文永十年（1273）前后起，幕府轻信流言蜚语将道隆二次流放甲州。日本弘安元年（1278），执权的北条时宗悔过前非，迎请道隆三住建长寺，时宗还发愿再另建一座禅寺，尊请道隆开山住持。可惜的是，这个承诺竟成了诀别。同年七月，兰溪道隆染疾示寂，日本天皇赐"大觉禅师"号。

道隆开创了镰仓第一个禅宗道场，是第一个获得日本国禅师称号的僧人，也是在日本传法时间最长的中国禅师，前后时间长达33年。兰溪道隆之后，禅宗逐渐风靡日本，成为其主流文化长达五六百年。

道隆禅法的核心是在兼修禅以外，日本禅宗又出现了具有纯粹宋风的"纯粹禅"。道隆提倡"纯粹禅"，不仅包括宣讲纯粹的宋地禅宗教义，还包括发展和巩固纯粹的宋地禅制度。

（三）

如果要溯源，在宋代明州，与日本佛教交流史上，第一位前往日本的应该是天童寺僧宝庆寂圆。宝庆寂圆（1207—1299），河南洛阳人，幼年即在天童寺落发，为长翁如净嗣法弟子。日僧道元归国时，寂圆原本打算同往的，因为恩师长翁如净病重的缘故未能成行。宋理宗绍定元年（1228），寂圆与弟子义云启程东渡日本，先住兴圣寺，继居永平寺，再赴大野郡万福山银杏峰麓坐禅修持。日本弘长元年得豪族伊自良氏资助，建成宝庆寺，成为日本曹洞宗第二道场。寂圆住持该寺长达30余年，直至示寂。

继无学祖元后，元朝赴日弘法的一山一宁（1247—1317），早年依无等融禅师出家于台州鸿福寺，后到四明山善元寺研习

《法华经》，历游延庆、天台、天童、育王等名刹。元成宗铁穆耳继位后，准备派遣高僧赴日劝无学祖元归顺，一山一宁被选定为劝降使，临走时受赐金襕衣及"妙慈弘济大师"之号，于大德三年（1299）搭乘商船前往日本。由于一山一宁肩负元廷使命而去，抵日后，执政的北条贞时将其禁锢在伊豆的修善寺。不久，素仰宋地禅风的幕府听说这是位有道高僧，当即解除禁锢，并礼请一山一宁住建长寺，后又住圆觉寺、净慈寺。再后来，后宇多上皇慕其高风，下诏邀请住南禅寺，经常问询道法，北条贞时等也真诚皈依，一时法席鼎盛。一山一宁示寂后，日本上皇赐以"国师"封号，赐额"法雨"，并题其像赞曰："宋地万人杰，本朝一国师。"一山一宁在日本整整度过20年，以博学多才受到日本僧俗的尊重和信赖。他在开创"一山派禅学"的同时，推动了日本禅宗中心由镰仓向京都的发展，也为宋学在日本的传播打下了基础。

在一山一宁后，宁波地区的赴日僧还有明极楚俊与东陵永屿等。

确切地说，古代中国与日本之间，曾有过三次文化交流的高潮。其中唐代是第一次，明代是第三次，两次均是官方名义下进行的交流。与这两次交流不同，宋元时期是民间的文化交流。其时中日两国没有正式建立国交，特殊的历史条件和文化背景，使得搭乘商船往来于日宋之间的僧侣，成为两国文化交流的主要担当者，以僧人为代表的佛教交流，更是成为中日文化交流的主要内容。以这些僧侣为桥梁，中日双方共同掀起了中日文化交流史上的第二次高潮。

这其中，以无学祖元和兰溪道隆为代表的宁波僧人，功不可没。

【十九】

荣西与道元

（一）

　　在兰溪道隆之前，中国的禅僧很少有出国传法的，基本上都是以一种泱泱大国的姿态等待着外国僧人上门来求教。这些外国和尚中以日本人居多，其中的明庵荣西在天童寺方丈虚庵那里继承了临济正宗法脉后，回国创建了日本佛教临济宗。

　　日本禅宗虽早于奈良时代已经开始流传，但并不兴盛，真正独立成宗并造成广大影响者，首推荣西所开创的临济宗。荣西曾先后两次入宋求法，归国后全力弘扬禅法。在荣西的推动下，日本的禅宗呈现朝气蓬勃的景象，其后又有不少宋元高僧陆续东渡扶桑，使临济宗愈发兴隆，荣西由此被尊为日本临济禅门祖师。

　　明庵荣西（1141—1215），俗姓贺阳，是日本备中吉备津人，备中这地方，现在叫作冈山县，荣西的父亲是吉备津神社的祠官。荣西8岁时就跟着父亲读《俱舍颂》，11岁师事本郡安养寺的静心法师，14岁在比睿山受戒出家，20岁之前已经博览经书并精修天台宗和密教的虚空藏法，与寺里的僧人辩经时从不落败。有人就开玩笑说："你口才虽好，但外貌又矮又丑，可惜了。"荣西当即反驳说，虞舜接受禅让而成为贤明的帝王，晏婴拜相于齐国成为千古贤臣，从来没有听说过他们身材很高呀。那些笑

图① 荣西

他的人听了哑口无语并觉得很惭愧。而荣西尽管嘴上说得理直气壮,内心深处还是很在意自己外貌的,想通过百日修法的办法来祈求神灵帮助增高。据说在他入坛前,把自己的身高刻在坛堂前面石柱上,等到百日坛会结束后再去测量,发觉已经比以前高四寸多了。

荣西虽然精通经藏,却常感不足,听说中国禅法兴盛,于是于乾道四年(1168),搭乘商船从明州登陆入宋求法。途中遇到了日僧重源,两人结伴先后参谒天台、育王、天童等禅宗名刹,得到多位高僧指点。同年九月,与重源同船返回日本,并从中国带去《天台章疏》三十余部计六十卷。

荣西回国后潜心阅读天台典籍,看到三百多年前最澄等前辈高僧在著作中多次提到禅宗,内心很向往,用他自己的话说,如同"见传教大师《佛法相承谱》"。可惜,他第一次赴宋行色匆匆,未能涉及这一法门,这个遗憾在宋孝宗淳熙十四年(1187)得到了弥补。

也有文章说,荣西二十年后再度入宋,原本想从中国借道去印度的,由于关塞不通等原因不能前往。荣西觉得好不容易出趟国,既然印度关山重重,就在中国找个好老师吧,于是前往天台山拜谒虚庵怀敞禅师,并献《谒师诗》表达求道决心:"海外青蓝特特来,青山迎我笑颜开。三生未朽梅花骨,石上寻思扫绿苔。"虚庵怀敞是天童名僧雪庵从瑾的高足,当时正在住持天台山万年寺。

两年后,虚庵怀敞前往住持明州天童禅寺,把荣西这个外国徒弟也带了过来。荣西对虚庵禅师的精妙佛法极其敬仰,在天童寺跟随师父刻苦钻研佛法,参究数年后,终于得虚庵禅师的印可,继承了临济正宗的禅法,成为临济宗的第十六世传人。宋孝宗闻之,特赐法号"千光禅师"。

荣西跟随虚庵怀敞习禅五年,深得要旨。绍熙二年(1191)学

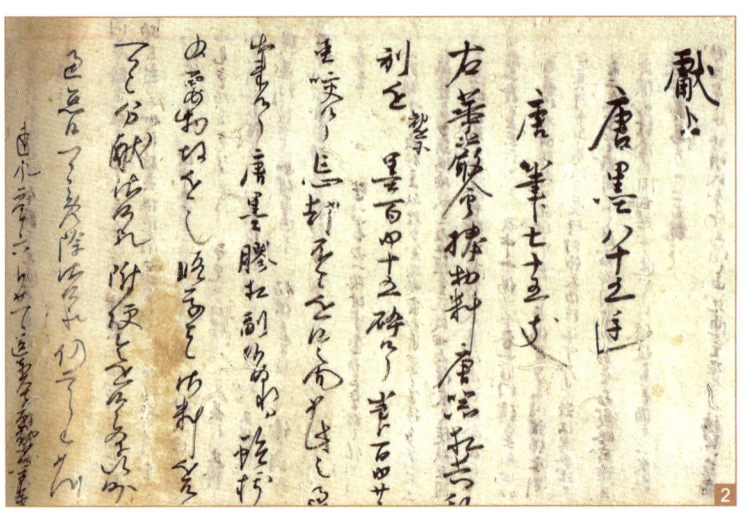

成归国时,虚庵怀敞授予他菩萨戒及法衣、印书、钵、坐具、宝瓶、挂杖等法物,以及释迦牟尼佛以下二十八祖图等,并赠书送行。虚庵在书中说:"释迦老人将欲圆寂时,以涅槃妙心、正法眼藏付嘱摩诃迦叶,乃至嫡嫡相承至于予。今以此法付嘱汝,汝当护持,佩其祖印,归国布化,末世开示众生,以继正法之命。"荣西顶戴信受,于七月扬帆归日本,平安抵达平户岛苇浦。荣西原本具有台、密根基,如今又得临济真传,使他最终成为日本的一代高僧。

荣西回国之时,正值日本户部侍郎清贯在建造寺院,延请荣西住锡教化。开始时只有几十个人前来捧场,没有多久就道俗爆满。第二年,荣西于筑前建造报恩寺,行菩萨大戒布萨。其后三年间,荣西以肥前、筑前、筑后、萨库、长门及九州为中心,展开布教活动,全力倡扬禅法,同时亦开创寺院,制定禅规,撰述经论等,渐受教界瞩目。

日本建久六年(1195),荣西在博多建立圣福寺,参禅者四方云集,声名远播,是为日本禅寺的始创。三年后,荣西撰《兴禅护国论》,这是日本最早的禅书,内容涉及禅对国家的重要性及佛法与王法的相依相关,出版后马上成为畅销书。不久荣西又著《出家大纲》,阐述僧众的天职。

日本正治元年(1199),由于比睿山僧徒的攻击、诋毁甚为激

烈,荣西遂转赴镰仓进谒幕府将军源实朝,得到了幕府的信任。1202年将军源赖家在京都创立建仁寺,请荣西为开山。荣西在这里设置台、密、禅三宗兼学的道场,创立真言院和止观院,把这三宗融会贯通成日本的临济宗,一时人才济济,名声日隆,震动朝野,荣西因此被尊称为"日本临济宗的初祖"。由于临济宗是日本禅宗的最早宗派,荣西也就非常自然地拥有日本禅宗创始人和日本临济宗开山祖师双重身份了。

荣西离开天童寺后,始终没有忘记天童寺的培育之恩。宋绍熙四年(1193)九月,当他听说天童寺要重建千佛阁时,就从日本募得一批百围巨木,从海路运至天童,帮助虚庵怀敞完成这一重大工程。

荣西两度入宋不仅带回中国的禅学,而且还带回了中国的茶种和吃茶的礼仪,并撰写了日本第一部茶书《吃茶养生法》,为日本以后茶道的盛行打下了基础,促成了中国茶文化在日本的传播并生根发芽,荣西也因此在日本被尊称为"茶祖"。

(二)

希玄道元投到荣西门下是公元1214年,当时他只有十四五

图③ 道元

岁左右，在京都建仁寺刚刚接触到临济宗的皮毛，一代宗师荣西就撒手西归了。道元是从荣西的弟子明全那里获得禅法的，所以他和明全的关系到底是师徒还是师兄弟有些模糊不清，但多数史料是作为师兄弟记载的。

他是日本村上天皇第九代后裔，自幼接受了很好的汉学教育。4岁读唐李峤的《百咏》，7岁始读《毛诗》《左传》。8岁时，因为母亲亡故触动道元对人生无常的感念，小小年纪动了出家的念头，14岁那年就出家为僧，专心"习天台之宗风，兼南天之密教，大小义理，显密之奥旨，无不习学"。据说他在广读佛经后，产生了一个很大的疑问："显密二教都说本来法性，强调天然自性身，如果是这样，那么三世诸佛依据什么来发心求菩提？"实际上，这就是对佛教"第一义"的发问。他带着这个问题到三井寺公胤僧正处请教，公胤回答说："你这一问题不可答。据说大宋有传佛心印的正宗，你应当到大宋去求觅。"于是道元就找到了从大宋求法回来的荣西大师，直接拜于他的门下，不料第二年荣西就圆寂了，他就只能在荣西的弟子明全门下参禅，成了荣西的再传弟子。这一参就参了九年。

南宋嘉定十六年（1223），明全入宋求法，道元跟随前来。他们参拜了天童山、育王山，祭扫了天童寺外西山坡上的祖师虚庵怀敞的墓院，参访过无际禅师等名宿，最后道元听说曹洞宗第十三代祖长翁如净出任天童寺住持，就急忙赶回天童，拜在如净门下。

有一次，如净禅师晚上巡视禅堂，看见一名学僧坐着睡着了，就开口责骂："参禅的人必须身心脱落，你不好好打坐，却在这里只管打睡做什么！"

当时道元恰好在旁边，听到这句骂人的话暗藏玄机，豁然大悟。第二天他就走到如净的方丈室烧香。如净便问："为什么烧香？"道元说："昨晚听和尚骂人，使我身心脱落了。"

如净看了他一眼，果然有变化，就印可他说："很好，身心脱落，脱落身心。"道元不放心："和尚不要随便印可，说不定这是暂时的现象。"如净说："我怎么会随便印可呢！"道元追问："什么是你不随便印可的？"

这句反客为主的问话，其实是道元借着问如净开悟的内容是什么，从中可以看出道元对佛性如观掌中珍了。如净很高兴道元的悟境深刻，笑着说："果然脱落了，果然脱落了。"

如净非常喜欢这个日本徒弟，道元到达后的第二年，如净就对他说："自今以后，不拘昼夜时候，着衣袾衣，而来方丈问道无妨。老僧一如亲父恕子无礼也。"这句话已经很明确无误地认定道元为他的嫡传法嗣。道元从此潜心学习曹洞宗禅法，随侍如净身边3年，最终豁然开悟，如净授之印叮，并传授秘蕴和衣具顶相。

就在道元准备回国时，长翁如净语重心长地对他说："你毕竟是异域人，授表信后，归国布化，去广利人天吧。"他又叮嘱道元，"莫住城邑聚落，莫近国王大臣，只居深山幽谷，接得一个半个，勿令吾宗致断绝。"最后一句话说得意味深长。

道元于南宋的绍定元年（1228）回国，先住京都建仁寺，在那里写成《普劝坐禅仪》一书，把从长翁如净那里传受的默照禅

图④ 日本建仁寺

的要旨，作了言简意赅的论述，由此奠定了道元开创日本曹洞宗禅法的理论基础。以后，他又依照大宋禅寺的建筑风格，于1236年建成了兴圣宝林寺。道元在竣工后的寺院里举行了开堂仪式，这是日本佛教最早按中国禅宗寺院仪规举行的第一次开堂说法的仪式。再后来，道元建成了吉祥山永平寺，永平寺从此便成为日本曹洞宗的传法中心，道元也成了日本禅宗曹洞宗的开山祖师。

道元所建的各座寺院，都是按照宋地特别是天童寺的建筑风格而建，都具备山门、佛殿、法堂、方丈、僧堂、浴室、东司（厕所）等七堂，极具宋地五山十刹的禅宗式建筑风格。他还仿照《百丈清规》制定了《永平清规》，成为最早把宋地禅林清规比较完整地运用于日本寺院的范本。

道元念念不忘师父如净"不可亲近国王大臣"的教训，据说当时的后嵯峨天皇听说道元的德誉，嘉奖道元的操行，赐道元以紫衣，道元再三推辞无效，但终生未穿。此后一心坐禅，"不顾万事，纯一辨道"。

道元从中国游学归国时，许多日本僧人问他在宋朝学到了什么佛法，道元是这样回答的："山僧所历丛林不多，只等闲见识天童先师，当下认得眼横鼻直，人不能瞒。便空手归乡。所以佛法无一毫。朝朝日东升，夜夜月西沉。鸡晓五更鸣，三年一闰生。"意思就是我远渡重洋，去中华大宋朝求法，并没去参历众多的禅林，只是偶尔在天童山拜晤如净禅师，在他的点悟下识得"眼横鼻直"的道理，看到了"真如"，再也不会受他人迷惑了。这样我就空着手回日本来了。所以你要问我得了什么佛法，我无可奉告。我只识每天早晨日出东山，每天夜里月沉西海；雄鸡在五更黎明之际高鸣，三年一过又有一个闰年。如此而已。

这充满禅机的话是道元多年修佛的感悟。"眼横鼻直"虽为事实，但能真切地感悟到它存在的，却为数甚少。对"鼻头向下"

图⑤ 《道元和尚广录》

这个事实,如果没有经历过勤苦的修行,是无法体验其庄严的。

据说道元与其法兄明全入宋求法抵达明州时,明全先到天童寺挂锡,道元因为只在日本受过菩萨戒而没有受比丘具足戒的缘故,按照中国丛林的规矩还不算是比丘,所以只能在船上等候宋朝有关部门的特批手续下来,这段时间大概三个多月。这期间发生了一件小事,对道元以后的求法过程产生了很大的影响。

那天下午,有位来自阿育王寺掌管后勤的老典座来到船上想买日本产的木耳,道元这些天可能有些闲闷,加上天色已晚,便非常热情地邀请老典座在船上住宿。老典座说不行啊,明天寺里要煮面供养大众,我是为这事特意出来买木耳的,所以必须得赶回寺里。

道元还是想把老典座留住,说假如你不在寺里,难道就没有人代替你做这件事了吗?老典座说怎么能让别人代替呢?我是到了七十多岁好不容易才得到这份职务的,怎可轻易放弃?况且我也没办过在外住宿的请假手续,是不能破坏僧团的规章制度的。

道元就说,您那么大年纪应该说是德高望重了,为什么还要去做煮饭烧菜的活呢?应该安心坐坐禅念念经才对呀。老典座

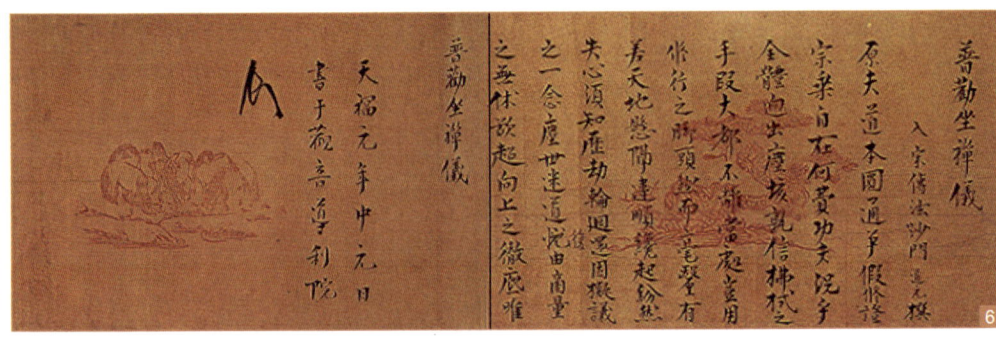

听了哈哈大笑,你这个外国后生和尚啊,你也许还不了解什么叫修行,请原谅我实话实说,你是个不懂禅心经语的人。

道元便问,什么叫禅心经语?老典座回答,一二三四五。道元再问,什么叫修行?老典座咬字清楚地回答,六七八九十。

道元听了很震撼,老典座认真地把日常杂务当成"辨道"和"佛事",正是"长养圣胎之业"的具体表现,使道元领悟到了"搬柴运水,处处是道场"的道理,同时也深深感到中国禅林真是个藏龙卧虎之地,一个看上去老态龙钟的烧饭老和尚,也是禅风高峻,深不可测。

道元撰写有《普劝坐禅仪》和《学道用心集》等著作,其弟子怀奘和义云编为《正法眼藏》95卷。另有《永平清规》《永平广录》等。1969年,大久保道舟编有《道元禅师全集》2卷。

公元1980年,日本曹洞宗管长秦慧玉率近百人的代表团访问天童祖寺,与中国僧侣共同举行法会,建立"日本道元禅师得法灵迹碑",以资纪念。道元创立的日本曹洞宗,现在已经成为拥有16000余寺的大宗派,其信徒约有920万之多,在日本宗教界占有举足轻重的地位。

【三十】 天童如净的禅法

图① 天童寺一景

（一）

禅宗的五家七宗，到了后来只剩下临济和曹洞两宗。曹洞宗开宗祖师洞山良价和曹山本寂建立了曹洞禅学的基本内涵，到丹霞子淳禅师之法嗣宏智正觉时代，大师主张以"静坐默究""般若观照"的默照双运，来彻悟清净本心的"默照禅"的坐禅修行论，完成了曹洞宗的思想理论架构，曹洞坐禅的主张也才有了理论基础。

宏智正觉住天童山三十余年，整备伽蓝，重振清规，弘扬坐禅、默照之禅风，门下衲僧多达千余人，但能传承法脉撑其宗风的，只有石窗法恭（1102—1181）而已，默照一禅不久便失去昔日的辉煌，几乎被大慧宗杲的看话禅取代。

默照禅以后能在禅宗史上重放异彩，是因为有了天童如净的传承与弘扬，是他把宏智正觉的默照禅推展到了极点，成为继宏智正觉之后的另一主轴人物，其禅法在当时被称为"如净禅"。

从法嗣或者说是遗脉来看，如净是在宏智正觉圆寂六年后的公元1163年才出生的。他是明州苇江人，俗姓俞，至于苇江在什么地方，我查不出来，据说有可能在横涨一带的奉化江岸边。如净少时出家，年幼勤奋，博览群书，19岁开始到处游

图② 雪窦智鉴

方参禅。

先是来到雪窦山拜谒智鉴禅师。雪窦智鉴是天童寺住持大休宗珏的法嗣,传曹洞宗丹霞子淳的禅法,而丹霞正是宏智正觉的师父。当时的雪窦寺,高僧辈出,龙吟虎啸,是天下学禅之人仰慕向往之地。

如净进门后刚礼拜完毕,智鉴禅师便问:"你叫什么名字?"如净回答:"如净。"智鉴便说:"不曾染污,净个什么?"如净听了不知怎么对答才好。

几天后,如净来到方丈室请求智鉴禅师:"愿乞某充净头"。所谓净头就是寺院专门负责打扫厕所卫生的僧职,如净请求去扫厕所。智鉴还是那句话,没有污染净什么呀,等到你悟道了,再去打扫厕所不迟。

几个月后,智鉴把如净召入室内,问他之前布置的作业题现在是否能解。如净正要开口回答,智鉴却大喝一声:"出去!"就这样,经过多次来回折腾,突然有一天,如净闯进方丈室,兴奋地告诉师父:"某甲道得。"意思是我明白了。

智鉴道:"纵脱白㲲,即落便宜,如何道得?"这是一句很难懂的禅语,我琢磨了好长时间,还是不能明白。

如净却听懂了师父的意思,正要开口,智鉴却劈面便打。

如净终于大悟，连声叫道："某甲道得！某甲道得！"智鉴点头微笑，并马上宣布让他去扫厕所，如净非常高兴地领命而去。

根据师父的指示，如净在打扫厕所的同时，选择的课题是参赵州从谂的庭前柏树子公案。

这是个名案。《祖堂集》卷十八"赵州"：（僧）问："如何是祖师西来意？"师云："庭前柏树子。"僧云："和尚莫将境示人。"师云："我不将境示人。"僧云："如何是祖师西来意？"师云："庭前柏树子。"

所谓"祖师西来意"自然是"自心是佛"的问题，僧人要求赵州不要用"外境"（与"心"相对的外部景象）来解释"心性"的问题。赵州是很耐心的，对求教者解释说"柏树子"并非"外境"，看到"柏树子"本身就是心的活动。

"庭前柏树子"公案出口后，很快就流行开来。大凡学禅的人，都喜欢琢磨一下，参究其更深层次的含义，如净也是。

他边扫厕所边参柏树子公案，不久就领会了其中的深刻含意，并向师父呈上开悟偈。

如净的开悟偈原文是这样的："西来祖意庭前柏，鼻孔寥寥对眼睛；落地枯枝才蹦跳，松萝亮鬲笑掀腾。"

智鉴禅师仔细阅读了如净的书偈后，觉得他对赵州和尚庭前柏树子的公案理解得非常到位，完全开悟了。

在雪窦得法后，如净辞师游方，遍参禅席，弘扬曹洞之默照禅，在江湖达二十余年。南宋嘉定三年（1210），受请住持华藏忠寺，其后历主建康清凉寺、台州净土寺、临安净慈寺、明州瑞岩寺，后来又再住持净慈寺。嘉定十七年（1224）奉诏住持明州天童寺。

在这之前，天童禅寺连续十三位住持都传临济宗，至如净禅风为之一变，再举曹洞宗法。为曹洞宗第十三代祖师。

（二）

如净的禅学思想主要是建立在"三界唯心"和"万法唯识"的禅悟理念基础上的，其宗旨是为了说明三界诸法都是唯心所造、唯识所变，彻底破除内外诸境的真实存在，以至看破出生前的本来面目，也就是以心传心，见心成佛。如净以为参禅的过程是身心脱落，这样才能以心传心，见心成佛。所以他非常重视坐禅，静居于深山幽谷，刻苦禅坐，乃至臀部溃烂。后来的史家也都认为，如净一生修行的精华就是"只管打坐，身心脱落"。

只管打坐其实是一种猛烈的修行方法，修行的人心须在打坐的当下全神贯注，有人把它比喻为决斗的剑士。如果真能体证只管打坐的精义，那么打坐的当下就是证悟，修行的当下就是解脱。对大多数修行的人来说，这个阶段可谓"路漫漫其修远兮"。

从如净的许多语录来看，他是极力反对看话禅的，有许多斥责抑制的言语，但透过现象看本质，他是在秘密维护临济禅法。原因是由义玄禅师所创立的临济喝，最初有"三玄""三要""四料简"等闲家具。岂不知这些闲家具都是为了勘验修行人而设立的，可后人往往是注重这些细作的外相却忽略了大道的主体。后来临济宗由公案禅演化为看话禅，许多人则以捉机锋或打转语为乐事，而将明心见性的主旨放在一边，导致修行人堕入野狐禅和狂禅。如净提出要"断临济命根"、铲除"临济祸胎"，破斥的是参看话禅者的流弊，并非是反对看话禅的禅法。为彻底铲除这种弊病，如净作《临济赞》曰："捏个空拳，吓杀天下；这般祖师，畜生驴马。"

同样，好逸恶劳者参曹洞宗的默照禅也容易堕落无事窠里，从而变得"冷湫湫地"或"寒灰枯木"，粗重的妄念是没有了，但犹若冷水泡石头似的浸泡着，也是定境难以现前，无漏智无法透出，最后一念无始无明未能看破，难以彻见心性。如净为了挽救这种禅病，在其上堂说法时亦用"临济喝""德山棒""赵州茶""云门饼"等宗风开示。如请首座上堂云："拔断毒陀尾巴，穿住黑牛鼻孔；虚空背上牵来，大地六番震动。甚恶毒兮甚仇雠，屎尿腥臊汗血流；拟将眼觑无踪迹，个是清凉第一头。喝一喝！"这便是以临济喝之法逼拶行人直下猛烈用功参究、以彻底打破黑漆筒的例证。这正如他谢知事上堂云："打破黑漆桶，十方空豁豁。爆雷一喝变通，掣电千机顿发，便可以东行撑架门庭，西班怒骂佛祖。收放绝来由，纵横透今古。正当恁么且道，不立功勋一句如何？大家头上添灰土。"如净把其他门派的宗风拿来活学活用的目的只有一个，就是想抑制狂禅与枯寂禅的繁衍，匡扶正法。

（三）

如净的"真正参禅、不存佛祖"的理念与思想，在当时也是风靡一时。他认为，参禅既要依佛祖言教始，但亦须句外透关，不能死拘泥于佛祖言教。因为佛祖言教是帮助行人抽钉拔箭的利器，犹如渡河的筏子一样，而不是根本，所以真正参禅者到了

图④ 天童霞光

一定的境界务须透过佛祖言教、踏翻圆觉伽蓝，方能确保达到开悟的田地，否则，依旧是在无明鬼窟里做活计。

由于大多数习禅之人对佛都是无条件的信仰崇拜，容易陷入偏执偏见境界，很有可能对佛教经典文字不能灵活地融会贯通。如净以豪放的临济风格和曹洞宗婉约的幽默来表达"连佛祖都不要执着的彻底的'空'观"。

他说，"饱饭快活屙一堆，超过瞿昙亲授记"。"瞿昙"是释迦牟尼未成佛时的俗家姓氏。这句话的意思是，吃饱喝足后舒舒服服地拉上一堆大便，那种幸福要超过佛亲自对你的授记，既然如此，那就不必过于执着于佛了。

又比如，相对于德山宣鉴禅师的"达摩是老臊胡"这样的率直狠话，如净在说达摩时要风趣得多。他说："抉出达摩眼睛，作泥弹子打人。"这种玩笑让人忍俊不禁。又说："释迦老子毒花开，达摩大师王小二。"意思释迦拈花，拈出来的不是"菩提之花"，而是"毒花"；至于达摩大师则是"禅宗专卖店"的"王小二"，其店老板应该是释迦牟尼了。看上去像是恶搞，但却蕴含着佛学深义，那就是消除人们对佛祖及其境界或思想的神圣性，从而阻断人们有可能对佛祖产生的执着之心。

更为有趣的还是下面这则禅语："上堂瞿昙，夜半翻筋斗，万像平沉大地空，赢得波旬拍手笑。"半夜三更"万像平沉大地空"，这时释迦牟尼佛居然在翻跟斗，并且赢得了在一旁观看的恶魔波旬的拍手大笑。这样的场景能不让人笑掉大牙？而如净导演这出幽默剧的目的就是为了让那些过于痴迷执着的人们做到真正意义上的"参禅不存佛祖"，达到禅悟的终极境界。

后人评价天童如净在南宋曹洞宗史上有殿军之慨，这与其个人风格大有关系，如净性格豪放，见处高迈，放言纵谈，痛斥时弊，则恶拳痛棒。史家往往以"只管打坐"一语概括其宗风，却没有剖析其内心沉痛激愤之深，实为皮相之言。永平道元曾说，如净禅师开示语录："参禅者身心脱落也，不用烧香、礼佛、念佛、修忏、看经，只管打坐而已"，表面上看是将默照禅发展到极致，其实是为匡救时弊而痛下针砭。

当时僧界上层沉迷于名利，下层风纪颓败的局面比比皆是，所以如净说法语录里，看不到曹洞开山祖从容绵密和回互亲切之风，触目尽是愤嫉痛言，如指斥"僧堂里都不管，云水兄弟也都不管，只这与客官相见追寻而已"，又如常就天下僧家长发长爪之辈警诫云："不会净发，不是俗人，不是僧家，便是畜生。古来佛祖，谁是不净发者！如今不会净发，真个是畜生！"其他如指斥在服装上"近来都着直缀，乃浇风也，你欲慕古风，则须着褊衫。"又如在经行步态上强调"僧家寓僧堂，功夫最要直须缓步，近代诸方长老不知人多也，知者极少"。他因而规定自己门下："今日参内里之僧，必着褊衫，传衣时、受菩萨戒时亦着褊衫。"经行则"肩胸等不可动摇而振也"。有一代豪迈不羁之龙象，却在发、爪、着衫、步态等琐细处唠叨不已，其内心的焦虑苦痛可

想而知。

最后,他竟将曹洞传法信物,悉数尽付随参不到三年的异域僧人道元,令其席卷而归海东,看上去这是绝望之举,实际上拯救了曹洞一脉。回顾曹洞宗历史,壮士断腕,以拯法脉,大阳警玄在前,天童如净殿后,两者都令人敬佩深思。

南宋绍定元年(1228),如净感到身体欠佳,就辞去方丈之位,移居涅槃堂疗养。有一天,当他听说法堂的宝盖镜坠落在座上时,便说:"镜枯禅至矣!"命侍者设香案,击鼓集中,拈香供养嗣法足庵禅师后,对众人说:"如净行脚四十余年,首到乳峰,失脚落在陷阱,此香今不免拈出,钝置我足庵大和尚。"足庵大和尚就是智鉴禅师。

如净为住持而不标"秉承",就是主张撤销门户,只是由于当初确从雪窦智鉴处得法,所以临终始有"拈香置钝"的举动,以报师恩。

最后留下辞世偈是这样说的:"六十六年,罪犯弥天。打个跳,活陷黄泉。咦,生死从来不相干。"写完,便掷笔而逝,弟子奉全身建塔于天童山中。关于他的机缘语句,有《如净和尚语录》二卷、《天童山景德寺如净禅师续语录》一卷,收入《续藏经》。

近代虚云和尚鉴其"出世天童,六座道场,两奉天旨,法道之盛,可想见也"。故作赞曰:"从来无名,唤作庭柏;白日见鬼,受赵州惑。末后拈出,秤锤是铁;此风扇布,知恩报恩。"

【二十二】史氏家族的佛缘

图① 史浩

（一）

如果要溯源，得从史浩年轻时代开始。经历了建炎战乱的倾家荡产后，史浩与寡母寄居在天童街亲友家，这里毗邻天童寺，距育王寺也很近，史浩经常陪母亲去两寺烧香拜佛。

当时天童寺住持是宏智正觉禅师，他在建炎三年来到天童后，倡导"默照禅"，弘扬曹洞宗风，使天童寺成为当时著名的禅学中心，正觉也被人们称为天童和尚。宏智正觉说法文采斐然，出口成诗，语句中富于哲理，读来生动有趣，这便是中国佛教禅宗特有的示法禅诗。

佛理诗自从佛教在汉晋之际从印度传入，就应运而生了。不但僧人写，许多崇佛的文人也写，成为我国古代诗歌园地中的一畦奇葩，如禅宗六祖慧能的得法禅："菩提本无树，明镜亦非台。本来无一物，何处惹尘埃。"至今都在口口传诵，成为不朽。

宋代禅宗与文人的联系更为密切，甚至形成一种社会风气。文人们热衷于参禅、悟道、写禅诗，从而丰富着自己的生活色彩和精神境界。这除了他们学理上的崇奉外，可能与当时宋王朝重文轻武的治国方略有关。这些文人学士们，遇上明君时，能施展才华，实现自身价值；倘若昏君当道，即便是满腹经纶，壮志

图② 霞屿禅寺

凌云,也是无可奈何花落去。这时,大开解脱之门的,唯有释氏禅家了。

史浩当时的情况是,二十出头年纪,遭遇家国两殇不久,眼前寄人篱下,乡举又屡试不第,四处卜问前途也没个准信。本来是闲来无事陪母亲去听佛理课的,谁知遇到的是位文化底蕴深厚的得道高僧,不知不觉中,便被吸引住了,很自然地接受了正觉的默照禅。从此俩人交往几十年,彼此十分友善。绍兴十年(1140),史浩居住在东钱湖下水时,曾约正觉同赏湖光山色,并写下了《东湖游山》诗文:"金襕禅老今大颠,坏衲蒲团日坐禅。我行不问西来意,消息还将方寸传。"十年后又通过张九成结识了"看话禅"创始人大慧宗杲。

也有文章说,史浩最早结识的僧人,是天童寺的僧人法平符衡,当时在寺里的具体职位好像是书记。这位书记工文能诗,尚

书孙觌和郎中朱希真等文人出身的官员，都很赏识他。后来受请住持象山延寿寺，又移足杖锡山延圣院。法平既然是一个诗僧，经常与当时的文人墨客交往，其中包括大诗人陆游。

史浩的诗名虽不及陆游，但也是南宋著名诗人，经常与法平诗偈唱和，是情理中的事，其中的《酬法平偈二首》是这样写的："团团璧月印寒潭，时有清风扫碧岚。照见山人方隐几，洒然无物自沉酣。""白鹭栖烟一点明，皎然压倒语全清。莫言后代无人继，杖锡行将擅此名。"还有一首《走笔次韵寄平元衡禅老》："年来管城不脱帽，只羡夫君诗法好。怡云剥啄到云寮，始知春风属此老。忆昔代匦持钧衡，红尘瘦马太忙生。自从得请归吾里，常与雇豕为群行。有时片月随杖屦，飘飘洒洒欲仙去。去寻杖锡四明中，听取怡云末后句。"从年少初识到花甲退隐，这段方外之交，随着岁月的沉淀，反倒更加淳厚了。

最初的佛缘结下后，三十九岁那年，史浩进士及第，出仕后担任的职务是余姚尉，不久兼昌国正监盐官。南宋绍兴十八年（1148）三月某日，史浩和一位名叫程休甫的朋友去普陀山游玩，先是去潮音洞，这里据说是观音菩萨屡现灵相的地方。两人在洞口趴了半天，什么也没看见。在向观音菩萨像点香供茶时，倒是出现了"盏浮花瑞"的祥瑞，但并不明显。

史浩有些不甘心,下午又拉着程休甫去潮音洞,俯伏在长着青苔的大石头上,还是不见观音现身。这时,有位僧人指点道,岩顶有洞,可以往下看。两人攀登至潮音洞顶,细细搜寻。果然,观音大士闪亮登场了,连眼睛和眉毛都十分清晰,史浩甚至还看清了菩萨的两排牙齿,洁白如玉。

更玄的情况还在后头。当天晚上,有位高僧来访,预言史浩官位将至太师,又告诫他如果皇帝要用兵,应该力谏,并与史浩相约,二十年后在越地见。二十年后,果然有位老者上门印证之前的预言,待史浩出去寻找时,却杳无人影,史浩认定这是观音大士的化身。这些故事和传说,都被记载在元代盛熙明所撰的《补陀洛迦山传》和清康熙朝的《南海普陀山志》等地方史志里。

《补陀洛迦山传》还说,史浩的儿子史弥远在普陀山遭遇的"灵异"是看见"茶树上示一目",预示他有二十年丞相的命运。

这样的传说,信则有吧。正如观音大士预言的那样,史氏父子果然仕途通达。史浩由余姚尉到越王,中间虽然有过起落,但官声一直很好。史弥远居相位二十六年,对他执政期间的表现,后世尽管有许多非议,但至少在正宗的《宋史》中,并没有被列入奸臣的行列。接下来,史弥远的侄子史嵩之,在理宗朝也当了五年的宰相。从史浩的迅速崛起,到史弥远走向极盛,再到史嵩之的持续兴盛,百余年来,史氏家族呈现出"一门三宰相,四世两封王"的尊荣,是名副其实的南宋四明第一人家。

(二)

史浩与佛教最深的因缘应该是水陆法会了。南宋乾道九年(1173),史浩路过镇江金山寺时,非常羡慕那里水陆法会的兴盛。五年后的淳熙五年(1178),施田百亩给东钱湖的月波山讲寺,建殿设像,并与名僧商议制仪文四卷,启建水陆大斋,在当

图④ 水陆法会画（部分）

时影响非常大。距月波讲寺不远处的尊教院，有师徒带领沙门三千人，施财置田，仿照月波寺的四时水陆道场，但考虑到史浩所制的疏辞，是专门为官宦报效君亲而做，没有考虑到平民百姓，于是请佛教史家释志磐续成《水陆新仪》六卷，并将新仪刻版发行。

当时史浩撰有《请（有）伦法师住月波水陆院疏》和《月波山求化疏》等与四时水陆有关的文章，同时聘请高僧则约元庵为月波第一师。元庵的讲才非常出名，吸引了很多有名望的信众。为此，史浩用书法的形式赞美道："师教门义龙也，既为吾家师，又作此山主。愿奉此地，长讲天台教宗，长修水陆普度，上报君亲,勿事改革。"又上奏朝廷,赐予智海法师的名号。从此以后,水陆法会在各地盛行,成为朝野经常举行的一种超度形式,并弘传到日本及东南亚各国。这其中,史浩功不可没。

史弥远是史浩的第三个儿子,也是史氏家族的第二位宰相,相宁宗十七年,又相理宗九年,称得上是"威权震主"。他在任宰相期间与很多名僧探讨过佛学,并推荐他们住持各地的名寺。如无准师范住持径山,虚堂智愚住兴圣,痴绝道冲住南京蒋山,大川普济住奉化岳林寺,笑翁妙堪住台之报恩寺,芝岩慧洪住崇报寺等,就连曹洞名宿长翁如净得入五山住持,也与史弥远有关。

南宋嘉定三年(1220),已经是卫王的史弥远向皇帝奏请,由朝廷品定天下禅寺等级,设禅院五山十刹制度。五山为核心,居所有寺院之上,分别是临安径山寺、灵隐寺、净慈寺,明州天童寺、阿育王寺;十刹的规格低于五山;十刹之下还有甲刹,成为十刹之下的第三级大寺。甲刹之数,南宋不明,元制三十六。五山十刹的住持由官方选派,而且"拾级而升"。由此可以看出,这个制度的蓝本是世俗社会的官署等级和官僚晋升制度,是宋代寺院官署化的最充分体现。

史弥远的佛缘还不只这些。嘉定十三年,史弥远在大慈山创立功德寺,宁宗特赐"教忠报国寺"额。这个始于唐代的功德坟寺制度,原本是为已逝的王侯贵族作功德而建,其地位仅次于帝王的陵寺。宋时开始泛滥,仁宗朝规定,凡亲王、长公主、现任中书令、枢密使、入内内侍省都知、入内内侍省押班,都有资格申请功德寺坟。而在实际操作中,后宫的妃嫔、皇帝的乳母以及宰相、尚书、郎中、侍郎等也可以申请。这个设置,主要是考虑到士大夫因游宦或迁徙而离乡背井,祖坟无人祭扫,可以委托族人或僧人照看。而且,皇帝赐予的这些私寺,不但免租税,还给予任命僧尼及颁衣和赐号的权利,所以这类寺院也成为王侯贵族私有财产的保障。

史氏家族共有十所功德坟寺和三所坟观,其中史弥远拥有九座功寺,有七座都在大慈山,包括悟空院、教忠报国寺、妙智寺以及宝华寺等。据《宝庆四明志》记载,大慈山在东钱湖下水村,为丞相史弥远葬母之地,故称大慈山,后来史弥远也葬于寺的右侧。

又据台湾圆山临济寺明复和尚所著《历代塔寺道场略志》记载:"大慈山教忠报国寺:庆元府,传系六朝古刹,五代吴越(904—960)重兴,宋增饰易今名,浙江鄞县。"南宋嘉定十三年(1220)史弥远葬母于大慈山并把大慈寺改建为功德寺后,延聘著名的禅宗大师笑翁妙堪为住持,宋宁宗赐"教忠报国寺"额。当时,寺前建有占地4亩的万工池和高3丈的7座石塔,时有"天童寺七塔,不及大慈寺一塔"之说,当年的大慈寺殿宇恢宏,僧众上千,香火田13800亩,直到明代还有8775亩,规模不亚于现在的天童寺。

大慈寺出过许多高僧,其中最为著名的应该是大川普济。据《中国佛学人名辞典》记载:"撰著《五灯会元》一书的大川普济和尚(1178—1253)为奉化张氏子,初习儒,淹博能文,年十八入香林院出家,得法制翁,嘉定十年出主妙胜,历补陀、岳林、报恩、大慈、净慈、灵隐。于宝祐元年(1253)正月八日寂,寿七十五岁。"另有日本希玄道元的弟子寒岩义尹,于南宋宝祐元年(1253)入宋,宋度宗咸淳三年(1267)回国后,因仰慕明州大慈山的殿宇山水,回国后在肥后建造大梁山大慈寺,尊明州大慈寺为祖庭。这是继天童寺为日本禅宗曹洞宗祖庭外,又一禅宗祖庭。

继寒岩入宋后,日僧玉山玄提也曾入宋历访各地,回到日本九州东部的日向,也创建了大慈寺,成为该寺的开山祖师。其他有明确记载的还有日僧海月明心也曾入宋承嗣大川普济的法

图⑤ 霞屿禅寺补陀洞天

统。一直到元代,大慈山还频出高僧,大慧宗杲的法孙物初大观任住持时,他的法嗣无学祖元在大慈寺的一口圆井汲水时因辘轳转动而豁然开悟。后来无学祖元应邀去日本成为日本镰仓圆觉寺的开山祖师,赠号"佛光国师"。日本长野县上田市安乐寺的开山祖樵谷惟仙,也拜在了大观门下,在他离开大慈寺归国时,物初大观赠给他一首送别诗偈:"三应声中密意通,分明饭布裹春风,休论亲切不亲切,巨航回程至海东。"木宫泰彦的《日中文化交流史》说:"庆元大慈寺也是很多入元僧游历过的名刹。"大慈寺至明代晚期后因多次遭受火灾而逐渐衰落。

接下来应该说说东钱湖的霞屿寺了。据雍正《浙江通志》和民国《鄞县通志》记载,史浩之母叶氏笃信佛教,礼奉观音,久有去南海普陀山朝山进香的愿望,因年老失明,跨洋过海十分不便。史浩便召集地方上石匠在此凿洞,建立观音道场。洞成,迎其母亲上船,帆船在东钱湖中漂泊,听涛声风啸,恰似在海中航行。三日后登霞屿,就谎报到了"南海佛国"普陀山,了却了老母亲的一大心愿,从此也就有了"小普陀"之说。

这是我最初了解的霞屿寺来历。后来发现这两本志书记载有误,真实的情况是,《延祐四明志》卷十七"释道考"这样记载:"霞屿寺,在县东南六十里,东钱湖之心,小屿兀然于其中,大资

图⑥ 小普陀

史岩之凿山为观音洞,仿宝陀之山因,建以奉,且割田以赡。"据此可知,霞屿禅寺建于南宋时期,最初建寺的因由为南宋大学士史岩之为方便其母进香,仿普陀山梵音洞,凿洞建寺而成,距今已有近八百年的历史。

自从开洞建寺以来,浙东一带信众流传着这样一句话:"要朝大普陀,先朝小普陀;若朝大普陀,亦朝小普陀。"所以香火一直很盛。作为观音道场,霞屿寺的主殿为圆通宝殿,供奉的是千手千眼观世音及观音菩萨的三十三化身。

除此之外,史氏家族还创建有其他寺院,有距鄞县东五十里的崇报甲乙寺、鄞县西二里半的能仁观音院、列为教院十刹之一的昌国县延庆寺、鄞县东二里的灵济寺等。

【三十二】天童第一座

图① 雪舟

（一）

五百多年前的明宪宗成化三年（1467）五月，日本遣明使船队经过七天七夜海上颠簸后顺利地到达宁波港。在这艘船上，有位看上去并不起眼但神态气质很沉稳的中年僧人端然而坐，他就是后来被维也纳世界和平大会推选为世界文化名人的日本画僧雪舟等杨。

雪舟乘坐的船只在宁波港口登陆后，还不能马上进京，要等候有关部门的批准文件，这一等就是三四个月。三四个月对于其他专门为了贸易交流而来的日本商人来说可能度日如年，而雪舟则喜出望外，这是梦寐难求的机遇啊。

他首先朝拜了天童寺。天童寺在宋时是中国禅宗五山之一，规模宏大，制度完备，是日本禅宗临济、曹洞两宗开山祖荣西和道元先后留学过的著名禅寺，在日本几乎老幼皆知。在没有来到宁波之前，雪舟不知多少次已经把天童寺装进梦乡，现在能够零距离直面相对，真正是菩萨保佑了。

天童寺更是以博大的胸怀接纳了这位在本土已经成名的异国画僧，给他参禅绘画提供了极大的方便。同年九月，雪舟一行沿大运河北上，到达京城不久，就结识了大兴隆寺住持纯拙鲁庵，两人一见如故。纯拙鲁庵评价雪舟说："天性善画，于佛菩萨罗汉等授笔立成，生意逼真，绝无计划。"更让鲁庵称道的是，雪舟待人接物平和诚朴，"凡求索者，遍应无拒，故人皆德之。"雪舟离开京城时，鲁庵作偈相赠："大道分明不覆藏，何须描画作商量。传心既过真师范，具眼何妨验大方。二树喷香荣老桂，一枝广垂接扶桑。无生曲调回乡去，万象森罗听举杨。"

第二年，雪舟受礼部尚书姚夔的委托，为礼部院政厅也就是科举试厅中堂作山水巨幅壁画。明宪宗看到这幅壁画后赞赏不已，称之为稀世珍宝，当即赐予雪舟"天童第一座"名号。"第一座"这个职位，通常是由德业兼修者担任。据说在大寺院中有两个半大和尚，一个是方丈，另一个是退居方丈，还有半个是首座也就是第一座。对雪舟这个匆匆过客来说，这也许只是个礼节性的称号，但他非常看重这个称号，在以后的画作中经常把"天童第一座"醒目地题在作品的款记上，从中可以看出他对天童寺的眷恋和感激之情。

雪舟在到达和离开中国之际，先后两次在天童寺落脚，时间长一年左右，与宁波籍的许多文人墨客结下了深厚的友谊，其中有著名的书画家金湜和丰坊。

金湜字本清，号朽木居士，也有称枯木居士的，又号太瘦生，从这些字号中猜测分析其外部形象，应该是个身材极其苗条之人。由于他精通书法，印章刻得好，画竹石也很有名气，就被抽调到中书省当秘书，负责起草常规诏命，后来升了个掌马政的从六品小官，估计是个闲职，所以有时间陪着雪舟到处游走写生。

丰坊的名气似乎比金湜要大些，他是嘉靖二年（1523）的进士，最大的官做过正六品的礼部主事。丰坊读书非常博杂，文章写得也好，但书法更好。他的字今天还可以看到，写的一本《书诀》也传了下来，在里面可以看到他对书法的独到见解。丰坊

祖传有千余亩良田，大多被他拿来购买书籍和名画名帖，家有藏书几万册，书房的名称就叫万卷楼。由于丰坊不擅长治家理财，老祖宗千辛万苦传承下来的万贯家产全部被他荡光，家里几万册藏书中的精品、极品也被门生偷去大半，不幸又遭火灾，剩下的少量好书最后全部卖给天一阁了。

丰坊有三件事很出名。一是以书画名世，特别是书名，生前生后都很大；二是他在嘉靖十七年（1538）上疏"请加尊皇考献皇帝庙号，称宗，以配上帝"，为世人所不齿；三是他伪造多种古书。还有设醮坛祈灭跳蚤虱等许多稀奇古怪的事，这里略过不提。用现代心理学观点来分析，丰坊恃才傲物却怀才不遇，难免会故意做出些自以为惊世骇俗的滑稽举动来。但他确实是个人才，特别在和志同道合的文人墨客们谈论书画时，肯定非常容易相处，否则不可能与来自日本的雪舟等杨成为朋友。

雪舟后来在北京下榻的会同馆又结识了鄞县籍的著名书画家詹僖。詹僖当时可能在北京皇家画院供职，虽然经常出入于王公大臣的府第，却从来没有萌生过做官的念头，加上他的书法文章都很好，所以无论是在文坛还是在官场都有很好的口碑。雪舟到达北京后，礼部尚书恳请雪舟为礼部中堂绘制壁画，就是詹僖写的题记。

有一天，在京的文人墨客们要求雪舟画出日本最美的景色。雪舟想了想，终于画下了自三保松原仰望的富士山，并向大家说明三保松原所流传的天女羽衣传说。天女因迷恋于三保松原的景色，脱下羽衣挂在松树上，不料被一个渔夫发现，为了取回羽衣，天女只得婆娑起舞，最后载歌载舞地升天。在场的詹僖听完传说，当场为这幅名为《富士山保清见寺图》的画题了一首诗："巨嶂棱层镇海涯，扶桑堪作上天梯。严寒大月常留昼，势似菁莲直遏氐。名刹云连清建古，虚堂尘远老禅西。乘风吾欲动游去，特到松原窃羽衣。"

和雪舟相处时间最长的莫过于徐涟了。雪舟刚到宁波时，宁波市舶司就为他找来了精通日语又擅长诗画的徐涟，成为雪舟中国之行的向导和翻译。徐涟进士出身，不是宁波人但在宁波工作，可能是在官场混得不太得意，就散散淡淡地与那些同样不得志的文人你来我往。徐涟与雪舟相处虽然不到两年，却结下了深厚的友谊。雪舟归国时，徐涟非常不舍，满怀深情地书写了《送归国诗》："家住蓬莱弱水湾，丰姿潇洒出尘寰。久闻辞赋超方外，剩有丹青落世间。鹫岭千层飞锡去，鲸波万里踏杯还。悬知别后相思处，月在中天云在山。"

这幅诗书雪舟一直珍藏在身边，尤其是晚年，经常拿出来观

图② 雪舟绘山水图局部

看,以寄托对中国山河,特别是宁波那块土地和友人的思念。

（二）

雪舟是日本最伟大的画家,这到现在为止还没有人提出过异议。就像古代日本文化主要得益于对中国文化的吸收和融合那样,雪舟之所以能够成为世界级的大师,很重要的原因是他访问了中国。有人甚至说,如果雪舟没有来过中国,就好像凡·高没有去巴黎那样,充其量只能停留在二流画家的水平上。

这话并不夸张。当时的日本把对中国的访问称为"观光"。这个"观光"不是现代意义的近乎旅游,而是意味着要到优秀国家去学习先进的东西,来提高自身的修养。日本著名高僧了庵桂悟在记录雪舟访问明朝的一篇文章中,就使用了"观光"一词。包括日本在内的许多专家认为,雪舟在访明之前,主要是在笔样上学习日本著名汉画家如拙和周文。访明后,雪舟的画风发生巨变。这个巨变,不仅左右着雪舟本人的绘画生涯,而且对整个日本绘画史也产生了重大影响。而这个巨变的精髓是中国的大

图③ 雪舟绘育王山图

自然所赋予的。对此,雪舟深有感触地说:"中国的自然风物就是我最好的老师。"

雪舟最早接触的中国自然风物就是宁波的山水。在那些宁波籍和非宁波籍的文人陪同下,除了天童山的环峙群峰和天童寺的壮阔梵宇,周围一带的名胜古迹也都留下了雪舟的足迹,育王山的三塔,东钱湖的渔舟,三江口的城楼,雪窦山的飞瀑,定海关的风帆,以及接到可以进京的敕命后,从浙东运河入京,沿途经过的绍兴府、西湖、太湖、苏州、镇江等地,都是山水极佳之地。扬子江的浩荡奔腾,大运河的百舸争流,天童山的变幻瑰丽,都让雪舟如痴如醉,他一边大量写生,一边用心体验着自然的构成,在脑海里确立了山水画的骨架,由过去的理性山水转化为根植于大自然的山水画,这应该是山水画的神韵所在。在进京期间,他还接触到当时明朝画家的作品,吸收了最新的画风,在色彩的使用和水墨的变化等方面,接受了许多新的技法。

雪舟回国后创作的第一批画就是以宁波山水为背景的,如《育王山图》《四季山水图》《镇海口图》等,其中的《唐山胜景图卷》画有一座富庶繁荣的城市,近处船帆排列有序,远处房屋鳞次栉比,城门下题"宁波府东门也"。宁波府是明代对外经济贸易的重要口岸,当时的文人墨客曾这样描绘它的繁荣景象:"城外千帆海舶风","梯航纷绝徼,冠盖错中州。"雪舟的画就是最好的印证。

雪舟在晚年,为避开城市的喧闹,隐居在丰后和周防山口的山水幽静处,把自己的画斋取名为"天开图画楼",取自宋代书画家黄庭坚的"天开图画即江山"之句。他在那里身穿禅衣,精神饱满地从事创作,留下数百件作品。其中著名代表作《四季山水长卷》长达十五六米,由17张纸组成,从卷头的春景开始到卷末的冬景结束,连续画出了四季山水的变迁。仔细观看,里面春夏秋冬四季也分别画成孟、仲、季三景,并且通过巧妙的布置而浑成一景。在这幅巨作的末端附记,有"文明十八年(1486)嘉平月,天童第一座雪舟叟等杨六十有七笔受"的款识。

雪舟创作的艺术包括中国画学上的各种画体和画题。在他的笔下有释道人物、山水花果、鸟兽鱼蟹、松竹梅兰、鼠狐猿鹤、鹭雁荷苇等,件件都是精品佳作。雪舟现存的画,已成为世界美术的瑰宝,著名的遗作都被指定为日本的国宝。日本文化史把雪舟定位为"日本水墨画始祖"。

中国明代正德元年(1506)雪舟去世,享年87岁。公元1990年,日本益田市为雪舟铸立了青铜像,并请天童寺方丈明旸为像题额。雪舟铜像面向西南而立,据日本朋友说,这个方向是雪舟禅师终生向往的地方,那就是中国天童禅寺所在地。

【二十三】密汉之诤

（一）

若论法源，密云圆悟应该是无准师范门下的雪岩派法脉。到明朝中叶，这个门派出了一位著名禅僧笑岩德宝，他自幼出家，受戒后便南北弘法，游方传教，以禅道接引四方学人，史称明末四大高僧中的云栖袾宏、紫柏真可、憨山德清都曾向他讨教过佛法。笑岩德宝传法给幻有正传，正传门下有密云圆悟、天隐圆修、雪峤圆信三大高僧，各传道一方，时称临济中兴。其中又以密云圆悟最为突出，门下弟子众多，其禅法对后世影响很大。

史家认为，在明代禅宗式微的情势下突发中兴，住持天童十年的密云圆悟是一位中枢人物。他与弟子汉月法藏间的"密汉之诤"，更是成为中国禅宗史上延续百年的教义大洗礼。

密云圆悟（1566—1642），俗姓蒋，江苏宜兴人，从小就聪明过人。更为难得的是，小小年纪就气度庄重，终日静坐沉思。8岁时不用他人教导就能念佛。15岁开始从事种田砍柴等普通农家子弟所做的工作，用他自己的话说，就是"渔也渔过，樵也樵过，耕也耕过，牧也牧过，即本邑南岳山中一樵夫也"。26岁那年在干农活时无意中拾到一本《六祖坛经》，就放下锄头翻阅，本来就有慧根的圆悟很自然地开始对禅宗发生了兴趣。从此以

图① 密云圆悟

后，他白天种地砍柴养家糊口，晚上还要编织草鞋，日子虽然过得辛苦，但稍有空隙就马上取出那本《六祖坛经》细细阅读。第二年的某一天，圆悟挑着柴到集市上叫卖，忽然看见一个柴垛，高高地突露在眼前，恍然有悟。至于具体悟到了什么，还是无可奉告吧。反正从那一刻起，圆悟就存下了出家的念头。两年后，快到而立之年的圆悟出家之意已决，安置好妻儿后，就前往龙池山禹门寺投幻有正传禅师出家。

正传一眼就看出圆悟将来必成大器，因此对他要求特别严格，让他为其他僧人服务两年才得以剃度。剃度出家后三年之中，还是要圆悟从事繁重的劳动，洗菜做饭砍柴，翻山越岭到百里外买米，圆悟对此毫无怨言，苦活累活抢着干，边劳动边勤奋地体验禅法。在体验禅法过程中，但觉心境对立，与古人所说"天地同根，万物一体"的境界不能融合，就向正传请教。正传只对他说："汝若到这田地，便乃放身倒卧。"意思大概是到了这种程度不要苦思冥想了，越想脑子越闭塞，应该放松一下身心。但圆悟求证之心非常迫切，继续穷追不舍反复请教，每次都遭到严厉责骂。圆悟既苦闷又惭愧，终于病倒了，在床上昏迷了十多天才醒过来。醒来后第一句话就是请求闭关。

当时禅林非常流行闭关修行的风气。就是说在一段时间内足不出户坐禅习定，其目的在于抛却一切俗务，远离一切俗情，在一念不生处体认心之本体。当然闭关也不是绝对不与外界接触或不能开口说话，其间圆悟经常与师父往复问答，但正传最终没有给予印可，圆悟本人也觉得把握不定。

万历三十年（1602）正传入京，命圆悟监理禹门禅院院务。圆悟到这个时候还没有得到印可，更加发奋努力。有一天外出办事路过铜棺山顶时，"忽觉情与无情焕然炳现，觅纤毫过患而了不可得，"众人苦苦寻觅一生都难以证得的境界，在偶然一念间出现了，从前所疑之处从此冰释，圆悟意识到这就是古人所谓

"大地平沉"的境界。直到此时他才醒悟到正传当时在关房不予首肯的良苦用心,此时的圆悟已38岁了。

万历三十九年(1611),正传临终前,将法衣和拂尘交付给圆悟,并叮嘱他要好好扶持佛法。圆悟再三推辞,不得已而受之,并画圆相五位,呈给正传,说"若据某甲扶佛法,任他五位圆相,都来总与三十棒,莫道分明为赏罚。"正传看了后哈哈大笑,认为选定圆悟接班是完全正确的,日后肯定能光大法脉。

圆悟于龙池继正传法席后,又历住天台山通玄寺、嘉兴金粟山广慧寺、福建黄檗山万福寺、明州育王广利寺等名刹,并于崇祯四年(1631)入住天童寺。

当时天童寺虽然名声在外,但自从遭受了特大水灾后,整个寺院破败不堪已经很久了。圆悟上任后就千方百计筹募资金,在荒山旷址上重建殿堂,天王殿、佛殿和法堂都先后耸立起来,而且规模超过以前。经过十年苦心经营,天童寺布局恢宏大气,殿宇雕梁画栋,金碧辉煌,奠定了永久之规模,成为名副其实的东南佛国。时弟子云集,门下学人,无论晨夕随侍,还是书信请问,或是邂逅咨请,都能得到满意的解答。前来参学的人群中有不少是外国的僧人,每逢圆悟禅师讲经时,就有成千上万的徒众前来聆听。

圆悟非常重视清规古制,平常教导弟子,都以古德风规或法门大体相勉励,并且躬行实践,坚持与大众一起劳作。室内不畜长物,若有剩余就马上拿出来供养大众。虽然所住持的通玄、金粟、天童三寺规模宏大,而圆悟本人仅一杖一拂,飘然于物外。

崇祯十四年(1641),田太傅承皇贵妃田氏之命,携带紫袈裟来到天童,请圆悟说法,并请求圆悟前去住持金陵大报恩寺,圆悟以年老体衰为由坚决推辞,于次年正月回到天台山通玄寺。

崇祯十五年七月七日,密云圆悟在通玄寺圆寂,世寿77岁,建塔于天童南山。有《密云禅师语录》十二卷行世。钱谦益撰《天

童密云禅师悟公塔铭》,称赞他一生是"以真实心,行真实行,悟真实道,说真实法,化真实众"。

圆悟一生"六坐道场,说法二十六年,化溢支那,言满天下。"一时宗风浩荡,道声日隆。其剃度弟子三百余人,嗣法者十二人,其中的汉月法藏、费隐通容、木陈道忞、破山海明、浮石通贤等,都是清初望重一时的高僧。

(二)

密云圆悟生活在明末清初,这是中国风云际会的时代,佛教界同样受到社会的影响。为了捍卫心中的佛法庄严,密云圆悟与其弟子汉月法藏有过一次长达十数年的论争,成为明末清初中国佛教界的一件重大事件。

汉月法藏(1573—1635),无锡人,出身儒者家庭,15岁时随扬州德庆院院僧为童子,三年后落发为僧。之后,他致力于儒释会通,以儒与释的对比研究名声在外。28岁那年,突然觉得这样研究下去无法触及佛教最核心的东西,于是决定行脚十方,参访各地尊宿。

他边求戒边行脚参访,并遍购古德尊宿语录,以求有所收

图② 汉月法藏

获，却是"愈参愈难"。但这位想在理论上廓清佛法教义的学问僧，还是日夜参禅"目不交睫"，夜深时还让徒众分香击板，以驱昏沉，甚至晕眩过去，五天五夜不省人事。奇迹却在这时发生，昏睡中的汉月忽然被窗外两个和尚夹篱折竹的声音惊醒，顿得心空，起身再读惠弘觉范的《临济宗旨》，宛如室中亲受印可而豁然开朗。

汉月因此在佛教界声名鹊起。他三十九岁那年驻锡三峰清凉寺，就有三百弟子跟随他学法，地方士绅如大文豪钱谦益等也慕名时时往来酬唱。有一次，憨山大师途经三峰，汉月以地方佛教首席身份与在家护法钱谦益共同接待了这位高僧，憨山大师非常欣赏汉月和尚，邀请汉月去庐山。而另一位高僧，曾经请汉月接径山法席而未果的寒谷禅师，也偕同门下弟子、居士袁中郎等前往参请，并自居弟子之列共侍汉月。曹洞宗湛然圆澄禅师也因为读到流传极广的《汉月语录》，惊之为古佛再来，也想付法给汉月。总之，当时汉月法藏在佛教界的影响，可以用如日中天来形容。据说当时汉月的禅法已经被人敬称为"三峰宗"，俨然禅宗的第八家宗门。

虽然名气大得吓人，但毕竟是自学成才，没有获得过正统的禅宗宗门的印可，总感到底气不足。因为"师承"正是禅僧身份的合法性、正统性和修悟内容精确性的证明。正是这种理念，迫使汉月法藏急切地想在正统宗门中找寻明师为其印可。也就是这一段因缘，他投到了当时最负盛名的密云圆悟门下。

对于密云圆悟来说，早在汉月法藏到来之前已经看过《汉月语录》，且非常赞赏汉月的见地，称赞他的聪慧可以与当时曹洞宗的大师无异元来相匹敌。当汉月法藏正式提出要投到密云圆悟门下的时候，密云当然是满心欢喜。

天启四年（1624），已经五十二岁的汉月法藏谒请当时临济正嫡高僧密云圆悟。等汉月一到，就赐为首座，这是密云弟子们从未享有的最高荣誉。然而汉月并不在乎礼遇之事，两位高僧一见面就有了明显的观点分歧，汉月甚至夺密云拄杖而去，显然并没有把这位师父放在眼里。

汉月法藏两年后离开密云禅师，继续过他自由聚众说法的日子。密云禅师六十岁寿庆时，汉月带着门下弟子前来礼节性的祝贺，结果是"无一言相问，惟礼拜径去"，这种暧昧的表现，让人既觉得汉月仍有意承接临济法嗣，但又可理解为拒绝密云亲面授付的姿态。

汉月要做什么？从日后学者对全部事件的分析，大概可以梳理出这么一条线索：自从达摩西来，禅宗教外单传，别行一路"祖师禅"，到圆悟克勤作《碧岩录》，标志着"文字禅"的建立；再有大慧宗杲建立"看话禅"，临济宗门又一大变。现在，汉月法藏可能自以为可以树起禅宗发展史的第四块里程碑。所以，汉月发出的声音，首先是对文字禅以后中国禅宗史的否定，他以恢复古德之风为号召，打起追溯五家源流的复古旗号，要重整五家内在的理论，并以临济宗旨钳锤学人。他又汇编戒律，高扬宗门要"禅律互通"的主张，一切都做得咄咄逼人。

其实密云禅师已经看透了这个另类弟子的心思。他写信告诉汉月："今吾徒提《智证传》，则临济宗至吾徒又一大变。故老僧去夏与吾徒云：当以本色本分者此也。"密云之意是在提醒汉月，临济家法别无他路，莫寻歧途，而汉月则回信说："窃惟法门事大，任荷自心者，苟非深得祖宗的骨之髓，那可承虚接响，丧我儿孙。"并大言不惭地表示，如果根据他的想法去做，"则临济犹生也"，摆出了一副拯教救宗的架势。

汉月沿着他认为的"中兴临济"的思路，在崇祯元年（1628）撰写了《五宗原》一书，回溯禅宗五家源流，并以此猛烈抨击抹杀宗旨、妄立门户的狂禅和邪禅，意下直指"文字禅""看话禅""默照禅"，希望借此以挽救他认为的禅宗内在义理的流失。

密云圆悟看到《五宗原》后起先并没有理会，他的同门圆修给汉月写了信，加以批评。汉月回信反驳。圆悟知道情况后，忍不住去信规劝汉月，但汉月显然听不进去，为此，圆悟禅师不得不拿起笔来回击。崇祯四年（1631），密云圆悟撰了《辟妄七书》，又于崇祯九年作《辟妄三录》，进一步批判《五宗原》。同时，圆悟的弟子木陈道忞也撰写了《五宗辟》，斥责汉月的观点。

密云批判的理由有两个关键的要点。一是汉月提出禅宗的源头并不是释迦拈花迦叶会意，而是出自更早的威音王佛的离言绝相；又说威音王佛所表现的"圆相"的概念，已经包含了禅宗五家的宗旨。这就从根本上推翻了禅宗学说的根基。因此密云抨击说，威音王佛者无所考据；所谓圆相，则是于千佛万祖之前别作宗旨，因此是无中生有，妄生邪法。他又指出，如果像汉月说的，临济为圆相的正面，其余各宗为次一等，这种心态正是妄大自我。二是汉月认为要廓清五宗各自的宗旨，密云圆悟驳斥说，五家宗旨原本"共宗无异"。他说汉月要廓清的五宗，"殊不知从上以来，佛法的大意，唯直指一切人，不从人得之，本来为正法眼藏，为曹溪正脉，为五家无异之正宗正旨。"所有的论争都深入到佛学的细枝末节，总的精神是密云禅师旨在正本清源。

崇祯八年，汉月法藏圆寂。两年后，汉月的弟子潭吉弘忍再开论端，写成《五宗救》十卷支持法藏的观点，并驳斥圆悟等人的论点。崇祯十一年，圆悟再作《辟妄救略说》，批驳汉月、弘忍的观点。这时，弘忍也作古了。

密汉之诤一直延续到清初的雍正年间，这时候，汉月一派已经成为一支庞大法脉。恰恰在这时，雍正皇帝登场了。

雍正不但斥责汉月的观点为"魔说"，还不厌其烦地摘出汉月语录80多条，逐条进行批驳，并著成《拣魔辨异录》。让人费解的是，雍正出版这本书时，圆悟与汉月这两位当事人已经作古将近

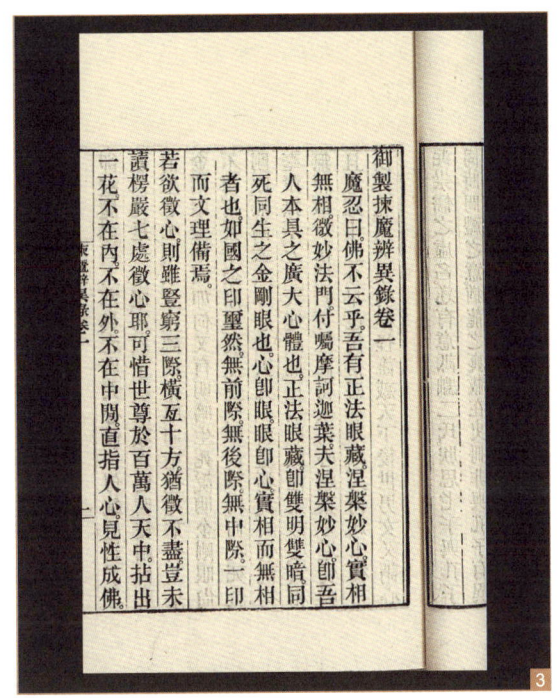

图③ 《御制拣魔辨异录》书影

百年,雍正为何要选择这段百年公案来当僧诤的裁决者呢?

以儒生遁入空门,其实是明清易代时众多汉族知识分子与新朝划清界限的政治选择。许多史家认为,明末清初之际,两派僧人对待新朝的政治态度似乎也和彼此所持的宗教立场一样呈对立状态。当时为了逃避剃头,到庙里去当假和尚的读书人很多,名曰"逃禅"。这些逃禅者本来无心学佛,在寺院里不坐香不礼佛,个别甚至喝酒吃肉,这且不说。不少学子心存反清复明的希望,把佛门作为暂时的政治避难场所,以图东山再起,在吟诗作文时常常指桑骂槐,流露出对新政权的不满与仇恨。由于汉月法藏原本出身儒生,又是高僧密云圆悟的弟子,许多逃禅的知识分子投到他的门下,无意之中他成了这些读书人的掌门人或者说是庇护者。有一个例子很能说明问题,为汉月法藏撰写墓志铭的就是有名的反清大儒黄宗羲。而最让清世宗不能容忍的是,虽然雍正时的清朝已经走过国泰民安的康熙盛世,但在知识分子群体中还有相当浓厚的仇满思想。

雍正还是皇子的时候已经开始参禅学佛，写了几本非常专业的佛学著作，后来受章嘉大师的启迪并获得印可，就以居士帝王禅师的身份收出家和尚做徒弟，与之交往的方外僧人自然不少，所以他对明末清初佛教内部情况了解得一清二楚，包括存在的问题。

于是雍正便站在禅师兼帝王的立场，大刀阔斧整顿佛教丛林，下令把汉月法藏派的《五宗救》和《辟妄救》等著作全部烧毁；严令汉月一系出家的僧人全部改换门庭，投到临济宗门下；同时把几个跟随他学佛多年的和尚徒弟分派到江浙及其他省份去做丛林的住持，如扬州的高旻寺、杭州的净慈寺和嵩山的少林寺等。雍正的举措，改变了当时丛林松散无序的面貌，同时也促使那些抱着反清复明思想的逃禅者弄假成真，真正成为佛门弟子了。

但雍正动用行政权力或抬升，或打击临济宗一些派别，干预了佛教的正常发展，对佛教发展并非好事。

据说后来连续不断冒出来的反清复明组织，都与佛门有关。

【三十四】 皇帝与高僧

图① 木陈道忞

（一）

　　顺治十四年（1657），清世祖福临到位于南海子的明清皇家麋鹿苑打猎时，在那里的海会寺歇脚，与住持憨璞性聪谈得十分投机，开始对佛教产生了兴趣。后来又多次召见他，详细询问有关佛教方面的知识和各大门派的情况。

　　憨璞性聪告诉皇帝，他修行的境界还不是最高，当时全国堪称领袖级的高僧是两位江南的大师，一位是湖州报恩寺的玉林通琇，一位是宁波天童寺的木陈道忞。皇帝听了后，立即下诏请两位名僧来京研讨佛法。

　　木陈道忞（1596—1674）是天童密云圆悟的嫡传弟子，俗姓林，广东潮阳人，从小熟读儒学，20岁考取生员成了秀才。据说有一天偶然读大慧宗杲语录时，忽然觉得自己前生是个和尚，而且曾经到许多古寺名刹去参访过，其过程历历在目。既然认为自己是和尚转世，于是决定出家，便前往匡庐开先寺，拜在智明法师门下。

　　后因父母执意要他还俗，不得已还俗结婚并生一子，但他身在红尘心系佛界，27岁那年再度出家。他先后参礼过憨山德清和黄檗深有等禅门尊宿，最后在密云圆悟处开悟，又在圆悟身边充当侍者和书记达十四年之久,完全领悟吸收了圆悟的佛学思想。圆悟去世后,道忞继承了天童寺的法席。这一年,是明崇祯十五年(1642),道忞四十七岁。十七年后,他应诏入京,成为天童寺历史上继佛国惟白、西江智谋、慈航了朴、寿岩智昌、云壑净观、天泉祖渊之后,第七位进京说法的大和尚。

木陈道忞是顺治十六年(1659)九月到达京城的。那年的紫禁城西苑万善殿可谓热闹异常。入春,憨璞性聪那边尚未解制,玉林通琇已经进入;玉林通琇准备离开京城但尚未离开之时,玉林的徒弟茆溪行森随即进京;到了秋天,木陈道忞又奉旨在这里结制开堂。一时间,皇城禁宫之中高僧穿梭,万善殿上不是上堂就是小参。禅僧尊崇于清帝,在顺治后期几年,可以说是空前绝后。

道忞坐船到天津时,顺治皇帝就命官员备车马迎往宫中万寿殿。安顿下来后,顺治就带领学士王熙和状元孙承恩等人到方丈室问法谈经,道忞毫不拘束从容应对。经过一番长谈后,顺治十分钦佩。从此经常在朝政之余,来到方丈室与道忞论道谈心。

他们谈论的内容除佛学外,还涉及孔孟之道、老庄之学、诗词书画,甚至朝政及世俗之事。道忞本着"佛法在世间,不离世间觉"的宗风为顺治释义解惑,对顺治影响很大。

道忞高深的佛学造诣和深厚的文化素养,深得福临的赞赏和敬重,到京不久便被封为"弘觉禅师"。福临非常诚恳地对他说:"愿老和尚勿以天子视朕,当如门弟子旅庵相待。"旅庵是木陈道忞随带进京的徒弟,后来成为清初四大画僧之一石涛的师父。

道忞将诗、艺、禅融会贯通,把佛教与政治"调和"起来,孔孟之道、辞赋戏曲和文坛逸事,无所不涉,福临听得如痴如醉。两人虽然年龄相差30多岁,但交谈过程中没有丝毫的思想障碍,语言往来畅快淋漓。

他们在一起经常谈论古今辞赋。福临说,屈原的词和司马相如的赋,都是开天辟地的好作品,到了宋朝,苏轼的前后赤壁赋又是一种风格,特别精妙,福临问前后两篇赤壁赋哪篇更好? 道忞回答说,如果没有前篇的谈天说地,也就感受不到后篇的寓意深长了,我认为两篇各有千秋,很难区分好坏,福临就说老和尚评论得非常恰当。福临很欣赏当时的一位文学评论家,说苏州有个金若采,老和尚知道这个人吗? 道忞回答说,听说有个金圣叹,不知道是不是这个人? 福临说正是此人,又说这人批评《西厢》和《水浒》虽然经常有奇思妙想,但难免生硬尖锐,可能是才高见解独特吧。道忞就说,与明朝李贽同一派头。类似的对话比比皆是。

福临与木陈道忞都爱好书画,彼此切磋是常有的事。有一天,福临问道忞,您的师父圆悟禅师与其师兄弟圆信大师的书法哪个更好? 道忞说,我师父功力很老到但天分不足,圆信大师天资极高但功力稍欠火候,所以结构布局上有欠缺,我师父则伤在不够灵动,两人的书法各有短长,我师父经常对我说,他上半辈子是从事体力劳动的,如今用生硬手腕东涂西抹,哪有什么好字,只是胆子大不怕别人笑话。福临就说,这正是老和尚会写字的奥秘所在,运笔挥毫时如果不是胆大,心里老是惦记着能不能写好字,出来的字肯定磕磕碰碰不能圆活。福临接着又问道忞楷书习的什么帖。道忞说,开始学黄庭坚,后来学王羲之的《遗教经》,再后来又临摹夫子庙堂碑,没有从头到尾专心致志学习一个大家的书法,所以落笔前没有成字在胸,写到哪里算哪里。福临说,我也是临摹黄庭坚和王羲之的字帖,什么时候才能写得像老和尚你这么好? 道忞就说,皇上你是天才,即使不学也能写出好字,可惜我到如今还没有看到皇上写字呢。福临来了兴致,挥毫写了个大大的"敬"字。后来干脆站立着又写了几幅,然后

拿着其中一幅问："此幅何如？"道忞说此幅最佳，就请福临赐给他。福临不肯，连说"不堪"。道忞却一边上前抢到手，一边说："恭谢天恩。"福临笑着说，我的字微不足道，崇祯帝的字才叫好字。于是马上让侍从到内宫拿了八九十幅崇祯皇帝的字来，边和道忞欣赏，同时感慨崇祯的遭遇。

曾任北京师范大学校长和故宫博物院图书馆馆长的著名历史学家陈垣先生评二人这番长谈，"逸兴遄飞，豪情逦迤。苟非心有同契，何能津津乐道如此。"是啊，超逸豪放的意兴就像湍急的流水曲折连绵，如果不是彼此心灵相通，哪能谈得如此津津有味？

福临曾经对木陈道忞说，我想我前世肯定是个和尚，因为我一走进寺院，看见那里窗明几净，安安静静的，心里说不出的舒服，再也不想回宫了，如果不是怕母亲皇太后伤心，早就随老和尚出家去了。但木陈道忞却不同意，再三劝告顺治在帝王这个岗位上同样可以弘扬佛法，千万不要产生出家的念头。

木陈道忞于顺治十七年(1660)五月中旬告辞南还,福临非常留恋,请其留下弟子可以早晚说话,木陈道忞就留下旅庵本月与山晓本晳住持善果和隆安两寺。福临特书"敬佛"两个大字及绘山水和蒲桃画各一幅赐赠。木陈道忞离去后,福临两次派遣专人到天童寺问候,是年冬天又亲书唐岑参诗相赠,怀念之情跃然纸上。

(二)

木陈道忞在京期间的语录及相关活动和杂著,由门人真朴整理为《天童弘觉忞禅师北游集》(以下简称《北游集》)。这本书详细记述了木陈道忞于顺治十六年(1659)九月奉诏至京到第二年五月离京,在京七个多月期间与顺治交谈的种种实况。全书分六卷,书首有顺治的敕书二,御札一;卷一为住大内万善殿语录;卷二为奏封机缘;卷三与卷四为奏对别记;卷五为偈;卷六为杂著和参禅要语。书末附有《挽大行皇帝哀词》。

《北游集》虽然没有注明雕版的年月,但是从清代著名文学家尤侗的《西堂集》里,他在顺治十八年(1661)三月已经读到《北游集》的记载,由此可以推知《北游集》的出版,大概是在顺治十八年(1661)的初春。这些文字不仅详细生动地记录了顺治皇帝与道忞和尚间的交谈话题和内容,同时也展示了一位归心禅宗的皇帝在与高僧交谈过程中,沉浸在一种与权力争斗全然不同的清净世界里。

《北游集》记载,诸如三界唯心和万法唯识等佛学问题,是随从大学士们的提问,顺治皇帝本人显然更在意如何实际参禅。如其问道忞:"因甚机缘悟道?"又问:"如何是悟后底事?""参禅悟后,人还有喜怒哀乐也无?""参禅悟道后人还轮回么?"等等,都很具体。

图③ 顺治

针对顺治的情形，道忞举了个"婆子烧庵"的公案进行引导。说是有位老太婆，供养着一个和尚20年，每天都叫个大姑娘到草庵去送饭。有一天老太婆对送饭的姑娘说，你明天把饭送给他以后，上去抱住他，问问他是什么感觉。第二天那个大姑娘果然按照老太婆吩咐，把饭菜往地上一放，然后抱住和尚问他感觉如何？那和尚回答："枯木倚寒岩，三冬无暖气。"意思是就像死树靠在寒冷的岩石上，一点感觉也没有。老太婆听了汇报后很生气，骂道："二十年来只供养了个俗汉！"于是放火烧了庵。

顺治对"婆子烧庵"很感兴趣，"发起勇猛心，着实参究"，甚至在半夜三更还叫内臣传话，抄录有关婆子机缘的文字，拿到宫中仔细研究，认为这则公案对他很有启发。

《北游集》流行七十余年平安无事，可是到了雍正十一年（1733），突然遭遇了厄运：雍正皇帝下令严禁此书流传，查禁销毁。

《北游集》为什么会被查禁销毁？乾隆《东华录》中载有雍正十三年九月初四日谕："昔年世祖章皇帝时，木陈忞大有名望，深被恩礼，而其所著《北游集》，则狂悖乖谬之语甚多，已蒙皇考特降天数旨，查禁销毁。"

《北游集》被查禁销毁的原因是"狂悖乖谬之语甚多"，意思

图④ 玉林通琇

就是胡说八道没有事实根据。对此，中国现代史学四大家之一的陈垣教授专门进行了研究。说来也巧，1925年，陈垣在故宫懋勤殿整理清朝档案时，读到雍正这道谕旨，其中引用了《北游集》的片断文字。1936年4月，陈垣在北平西面一座佛寺里，无意中见到《天童弘觉忞禅师北游集》一书，特地借回细读，并抄录一部寄予他的好友叶遐庵居士。陈垣就《北游集》所记与《汤若望回忆录》对读，二者所记完全相合，并没有"狂悖乖谬"之处，因此写了篇《汤若望与木陈道忞》的文章，针对雍正谕旨逐条"拨乱反正"。

其中的一条就是，雍正最不能容忍《北游集》中所记顺治对道忞说："愿老和尚勿以天子视朕，当如门弟子旅庵相待。"雍正旨斥"尤为诞妄"。陈垣认为这不是诞妄而是合乎情理的。顺治是依玉林通琇为师的，他给玉林通琇的信札，下面都署"弟子某某"。木陈道忞与玉林通琇平辈且年长于后者，顺治对木陈道忞执弟子礼是名正言顺的，很正常。

还有木陈道忞与玉林通琇在顺治心目中分量谁重谁轻的问题，雍正认为道忞只应召一次，而玉林应召了两次，从中可以判断出优劣来了。陈垣则不以为然，他认为木陈是顺治十七年五月离京的，七月玉林再次进京，第二年正月初七顺治皇帝已经去世,要想再召木陈进京是不可能的事,所以用再召或不再召来评定两人的优劣不大科学。

倒是木陈道忞离去后,顺治还是念念不忘,当年就两次派人专程到天童寺探望,在给道忞的御札中这样写道:"锡杖还山,时萦远念……"是年冬天又亲自书写唐诗赠送给道忞:"洞房昨夜春风起,遥忆美人湘江水。枕上片时春梦中,行尽江南数千里。"这是唐代著名诗人岑参的《春梦诗》。当时顺治宠爱的董鄂妃已经去世,多情天子念念不忘枕上美人,心情郁闷之际就给老和尚寄去这样一幅书法作品,从中可以看出顺治已经完全把木陈道忞当作可以托付心声的良师益友,而不是泛泛的僧俗之交。

据说,玉林通琇在与顺治交谈时,从来不脱僧衣僧帽,这就意味着他时刻十分紧张地恭候着皇帝,而且皇帝不开口他就不说话,谈话的内容从不涉及古今政治得失和对人物的评价。木陈道忞却不同,即使面对的是皇帝,他也旁若无人地谈古论今,点评是非得失,而且从不掩饰自己的观点。陈垣在《汤若望与木陈道忞》一文中说:"惟木陈词锋,富排斥力,每有谭论,不问老辈同辈后辈,皆有微词。如谓雪峤信作诗写字,成得甚么;湛然澄堠卒出身,一丁不识;汉月藏师心自用,凿空见奇;觉浪盛下笔千言,稍欠精练;熊开元胸次未能洒然;达如不善用心;玉林上堂犹仍时套;写真头戴青帽,不合体制等皆是。"木陈口无遮拦地评论前辈同辈后辈倒也罢了,甚至连皇帝的过失也要过问。

顺治的个性有时很急躁,遇到国事繁忙或不开心时,经常鞭打侍奉在旁的太监宫女。木陈道忞得知后就劝说顺治,参禅学道的人,无论遇到顺境还是逆境,都应该保持镇静平和的心态,不可喜怒无常。顺治就说,我每次遇到这种情况心意总是控制不住,好在于事后就忘从不记仇。道忞就说,我知道皇上是个胸怀宽广的慈善之人,但皇帝的喜怒哀乐不同于普通老百姓,古人说"天子一怒,伏尸万里",等到事后不记,已经迟了。顺治听了后连连点头。后来顺治近侍李国柱悄悄告知道忞,多亏老和尚劝解,现在万岁爷不但不打人,骂人也很少了,还经常在背后称赞老和尚慈悲待人。

顺治乐意接受批评,但雍正却不舒服了,这个老和尚也太狂妄了,居然评判到大清皇帝头上来了。在雍正心目中,皇帝就是皇帝,和尚就是和尚,是不容混淆的,哪怕你是非常有名的得道高僧,这大概也是《北游集》被查处禁毁的主要原因之一吧。

【三十五】冷 香

（一）

许多去过天童寺的人可能并不知道冷香塔院，之前我也是。

塔院建在天童寺外放生池左侧的半山腰上，去古天童寺朝拜也走这条路。从放生池畔上山，沿着竹林小径行走约数百米，古木掩映下有一处块石叠砌的院落，便是冷香塔院了。

塔院面积不大，约五六十平方米吧，门楣两侧是蓝底白字的对联，上书"传心一明月，埋骨万梅花"。

知客僧打开门锁，映入我眼中的是一座六角攒尖式石亭，亭额"嚼梅亭"。亭子正中是一方黑色的石碑，正面是寄禅和尚端坐靠椅的阴刻像，背面是寄禅所作"冷香塔自序铭"。八根亭柱镌有四对楹联，正中那副行楷为"明月挂寒空般若心传冷香飞上诗句，法云兴旧塔洞庭波送悲光流遍神州"，是原中国佛教协会会长也是著名书法家赵朴初先生的手迹。塔院内四周围墙上嵌有十几方刻着寄禅和尚遗诗的石碑，数量虽不多，但清雅别致，赏心悦目。

既然是塔院，自然有塔。塔的外形结构与宝箧印经塔（俗称阿育王塔）相同，塔顶四角置山花蕉叶，正中是串接五重相轮和葫芦顶的塔刹，塔身内收呈束腰状，塔座以石栏围护。塔碑上书"寄禅老和尚之塔",两边对联是"一片慈云护太白,冷香塔锁万松关"。

冷香塔院很静,静得除了我和天童寺的两位僧人外,再也没有别人了。就在我们关门落锁准备离开时,塔院旁的小径突然窜出来一个背着相机的中年男子,气喘吁吁的样子,他说已经多次来过这里了,都是大门紧闭,今天菩萨保佑,能够了却他心愿了。知客僧回头朝我笑笑,再次打开门锁,我们又一起进去,我又补拍了几张照片。

可能是背光的缘故吧,也有石刻本身线条简洁所致,照片中的寄禅老和尚的面容有些模糊不清,或者历史只给他留下了这样一个粗略的轮廓,但在近代中国,寄禅敬安的名字闪耀佛教界。

(二)

寄禅敬安(1851—1912),湖南湘潭农家之子。7岁亡母,11岁入私塾,次年又遭父亡,一时衣食无着,替人放牛谋生。一日见篱笆间的白桃花被风雨摧败,联想到自己的命运,不觉失声大哭。18岁那年毅然投身到湘阴法华寺出家当了和尚。

出家后的寄禅,在衡阳仁瑞寺苦行五年,又到浙江行脚十年,过着"树皮盖屋,仅避风雨,野蔬充肠,微接气息"的清苦生活。他先跟从金山寺人定密源参禅,又行脚江南,遍参禅林耆宿。清光绪三年(1877),27岁的寄禅来到宁波的阿育王寺,在佛舍利前剜下铜钱大的臂肉数块,注油燃烧用以供佛,又将左手上的两个指头伸入佛前的长明灯里,让它们慢慢燃烧,去供奉他心中虔诚的信仰。他因此失去了两个手指,从此自号"八指头陀"。

通过一番历练后,曾在天童寺挂锡,任副寺职。于光绪十年返回湖南,谒岳麓山笠云禅师,得嗣其法。从38岁到51岁的

13年间,先后担任过湖南六个丛林的住持,一时声名大振。

　　清光绪二十八年,天童寺首座幻人率两序班首到长沙上林寺,谓方丈虚席,礼请寄禅到天童寺担任住持。于是寄禅辞去了上林寺住持的职位接主了天童。天童寺自木陈道忞、费隐通容以后,在清末的大变局中一度衰落。寄禅到任后,以选贤任能改革十方丛林制,重兴夏讲冬禅,并整肃清规,树立道风,根据《百丈清规》,因地因时制宜地制定了《万年规约》和《日行便览》,使上自方丈,下至各寮均有法度;又续制《福田册》,将寺产详细记录在案。他多次为僧众开讲《楞严经》《禅林宝训》,又逐年新建如意寮,整修佛殿,金装佛像,重建立雪轩、自得斋,修葺法堂,修铺伏虎亭至少白岭道路,使古刹更加庄严。寄禅的声誉因此远播,后任中国佛教协会首任会长的圆瑛慕名拜在门下,习禅六年;近代佛教领袖太虚也从他受具足戒。

　　有学者认为,上述种种,至多说明寄禅敬安是位很有进取心和管理能力的僧人,还不能称为高僧。而处于时代大变局年代的真正高僧,势必有一段"大事因缘"在身,他的菩提心就必然要与他的世间法相联系,具足大时代中佛教真正普度众生的智慧和悲天悯人的情怀。恰恰在这一点上,寄禅敬安完成了他的"大事因缘"。

图② 寄禅敬安

寄禅生活的年代,中国正饱受内忧外患的困扰,曾经拥有过康雍乾盛世的大清帝国先后被两次鸦片战争重创,显现出一种无可奈何花落去的下世光景。随着炮声强行渗透的意识形态,天主教死灰复燃了,基督教和东正教长驱直入,西方宗教三大派势力在鸦片战争后像洪水一样涌入中国,在从沿海城镇到内地乡村的广大地区建立起各自的组织网络,成为晚清时期扩张势力最迅速的宗教派别。

与之不谋而合的是,国内的太平军举着反帝反封建和拜上帝教的大旗,所到之处,焚禁儒家及诸子百家典籍,尽毁佛教寺院和道观,并严禁民间的祖先崇拜。也就是说,中国人在自己的国土上高举别国的意识形态斗争衣钵而大开杀戒。

又一个不谋而合接踵而至,起因是几个著名的知识分子和几个掌控实权的政府官员向皇帝提出"庙产兴学"的建议,很快地,全国各地旋风般地掀起了侵夺庙产的风潮。

这些因素纠结在一起,给传统佛教的生存造成了巨大的冲击。

但历史的演变,往往出人意料。这时,有两股力量同时出来力挽狂澜。首先是居士佛教和政坛风云人物的异军突起,如龚自珍、魏源、杨文会、欧阳竟无、康有为、梁启超、谭嗣同、章太炎等,这些承受着社会忧患的知识分子都将目光投向佛教,试图从中找到解决生命价值问题和提供终极关怀的新的理论依据,其佛学义理之精深博大,研究佛学人数之多,都有超越宋元明而直逼盛唐的趋势。

另外一股力量来自僧团自身。这之前,曾经发生过一件非常轰动的事。当清政府提出要罢科举兴学校时,南方各省的官吏以没有钱为借口,准备提取寺产充作学费。此事传出之后,佛教界僧众震惊恐慌,杭州三十多所寺庙居然打着天童寺住持寄禅的旗号集体投向日本净土真宗,请求外国僧团给予保护。

此事经媒体披露后,举国大哗,寄禅更是愤不欲生,以为辱国辱教,莫此为甚。他连忙致函洋务局,力陈窃名之妄。

经过这样一番折腾,清政府立即下令各地自办僧学,以杜绝国外势力的阑入,并由学部颁行僧教育会章程。僧人自办僧学,设立僧教育会,国有僧学,由此开始。当时宁波城区也创立了僧教育会,寄禅出任会长,宁波僧教育会为平民和僧人办起了两家小学。

尽管如此,各地寺产兴学的风潮还没完全消停。光绪三十二年(1906),寄禅率众进京请愿,得到了京城各大寺院僧人的支持。肃亲王善耆请寄禅为太福晋说戒法,许多王公大臣和旧友都来探视。寄禅得到这些护法居士的指点,顺利地把请求保护寺产的书面报告递交上去,不久朝廷下旨:"前因筹办捐款,迭颁谕旨,不准巧立名目,苛扰贫民。近闻各省办理学堂、工厂,诸多苛扰,甚至捐及方外,殊属不成事体。着各该督抚,饬令地方官,凡有大小寺院,及一切僧众产业,一律由地方官保护。不准刁绅蠹役,借端滋扰。至地方要政,亦不得勒捐庙产,以端政体。"此谕颁布后,各省寺产兴学之风稍告平息。

1912年4月,中华佛教总会成立,这是中国佛教徒最早的全国性组织,62岁的寄禅被推举为首届会长。上任不久,他特意前往南京行辕拜谒临时大总统孙中山,请求新成立的国民政府及早颁布法令保护佛教,得到了孙中山的首肯,他将寄禅的呈文与大纲以及自己的亲笔书信一并交有关部门办理。

但有关部门并没有办理,许多地方的土豪劣绅还在借兴学之名兼并寺田,地方的军队和警察以及机关团体强占寺院的事件依旧层出不穷,甚至销毁佛像,驱逐并殴打僧人。各地僧侣联名上告内务部,请求回复处理,但长时间得不到回应。在没有更好解决办法的情况下,寄禅应湘僧之请,约请各省僧界代表,赴北京请愿。

寄禅是10月中旬离开天童寺的,11月1日抵京,在其弟子

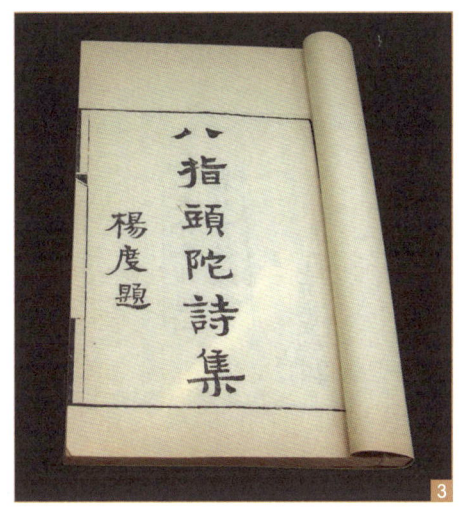

道阶任住持的法源寺落脚,又在道阶的陪同下前往内务部礼俗司,要求政府根据当时的法规,下令各地禁止侵夺寺产的行为。面对这样一位爱国爱教的高僧,礼俗司长杜关不但没有丝毫的敬意,而且态度蛮横,恶语中伤,在争执无果的情况下,寄禅愤而返回法源寺。

寄禅回到住处后,当晚胸膈作痛,第二天一早就圆寂了。消息传出,举国震惊。北京各界73人发起追悼,到会者多达千余人。随后由道阶等奉龛南归,安葬于天童寺前青龙岗的冷香塔院。

寄禅之死引起朝野的重视,在社会舆论的压力下,袁世凯下令内务部核准中华佛教总会章程,并于民国四年以大总统教令形式颁布《中国佛教总会章程》,按旧制保护寺产。

(三)

或许,在世俗人的心目中,一提到佛教,马上想到色空,想到虚静,想到涅槃,这些似懂非懂的字眼就会涌入。但如果仅仅只有这些,佛教也许早就像在它的发源地印度那样成为一种文化的遗存了。而恰恰是在色空、虚静、涅槃之外,古往今来有许多寄禅这样的佛门金刚出来卫道,佛教这一古老的宗教才能在中

图③ 《八指头陀诗集》

国这片土地流传下来。

我眼中的寄禅和尚能哀，能怨，能怒，能悲，以至于气结难解，一缕幽魂化成烟霞而去，犹如他在诗中写道："烟霞以外非我友，山水之间是我家。"

这样的意境或许正是寄禅所期盼的。

寄禅生前，不仅僧名动天下，诗名更是独步禅林。不少专家学者把他与唐朝著名诗僧寒山、拾得相比，认为诗名完全可以与之媲美，僧名则高于两位前辈许多。

寄禅是从23岁那年写诗的，39年内共写了1900多首诗，我算了算，平均每年差不多要写50首诗。有人把他这些诗分成山水禅诗、爱国诗和咏梅诗三大类，这样的分类尽管有些粗放，倒也清楚明白。

他曾以"夕阳在寒山，马蹄踏人影"；"寒江水不流，鱼嚼梅花影"；"林声阒无人，清溪鉴孤影"三句，得"三影和尚"之誉，被王闿运推为近代方外工吟咏者之"巨擘"。据说另一句"孤灯生绿影"使一向自负的名士易顺鼎大为折服，叹曰："摩诘诗中有画，寄禅则诗中有鬼，愿以百金易此句。"

除了写影外，其咏梅诗更是奠定了其在近代诗坛的地位。

寄禅的梅花诗写得清新峻洁，超凡脱俗。在《咏梅》中他写道："本来无色相，何处着横斜？传心一明月，埋骨万梅花。寒江水不流，鱼嚼梅花影。看取禅心静，莲花出水时。夜半溪声疑是雨，起看明月在梅花。一枕烟霞睡未赊，不知春去野人家。数声啼鸟幽窗外，惊起山僧扫落花。"《雪后寻梅》是这样写的："积雪皓初晴，探寻策杖。寒依古岸发，静觉暗香生。瘦影扶烟立，清光背光明。无人契孤洁，一笑自含情。"还有《寒夜对梅》："久坐寒灯暗不明，林钟敲尽更无声。惟余一树梅花月，犹照枯禅午夜清。"在《梅痴子乞陈师曾为白梅写影，属赞三首》中这样表达自己的心意："人间春似海，寂寞爱山家，孤屿淡相倚，高枝寒更

花。本来无色相,何处着横斜?不识东风意,寻春路转差。"他在31岁时刊刻的第一部诗集,就叫《嚼梅吟》,生前出版的最后一部诗集,取名为《白梅诗》。

关于寄禅的咏梅诗,程颂万《白梅诗跋》有详解:"寄公出示《白梅诗》卷,予评其'意中微有雪,花外欲无春'为梅之神,'淡然于冷处,卓尔见高枝'为梅之骨,'偶从林际过,忽见竹边明'为梅之格,'孤烟淡将夕,微月照还明'为梅之韵,'静姿宁逊雪,冷抱尚嫌花'为梅之理,'三冬无暖气,一夜见春心'为梅之解脱。寄公大喜,嘱余志之。予又以'人间春似海'一首为诸诗之冠,不可摘句赞之。咏梅至此,可谓独擅千古。"

也有文章称上述评论是出自人称"旷世逸才"的近代大家杨度口中,杨度甚至认为寄禅的咏梅诗写得比那位梅妻鹤子的和靖先生还要到位。

如果寄禅只是局限于吟诵山水花鸟,他在近代诗坛中的地位不可能这样显著,他的关于家国兴亡的咏叹更让人引发共

图④ 嚼梅亭

鸣，这也是近代诗僧的特点。在战乱或改换朝代之际，僧人关于生死和兴亡的感慨更容易与凡俗之人的家国之情融通。

1884年，法国军队侵犯台湾，中国守军屡次被法军的开花弹击败。消息传到宁波，寄禅正卧病延庆寺，三天三夜没有合眼，思索着用什么办法破解敌军炮法，却苦无良策，只能写诗表达自己的心意："平沉大地复何事，粉碎虚空无一言。惟有哀时心尚在，白头垂泪望中原。"后来八国联军侵入北京，一路烧杀抢掠。寄禅义愤填膺，在《赠吴渔川太守六首》中这样控诉道："强邻何太酷，涂炭我生灵。北地嗟成赤，西山惨不青。陵园今牧马，宫殿只飞萤。太息卢沟水，惟余战血腥。"他痛哭国势动荡，山河破碎，叹息国无明君，朝无贤相，希望唤醒国魂，振兴中华。但他明白，这实际上办不到，"衔石难填精卫海"，"国仇未报老僧羞"。一腔忧愤，回荡在字里行间。

在这之前的1896年，《马关条约》签订的消息传到国内，寄禅听到后，思绪万千，写下了这样一首词："满路花，感时凤凰巢欲坠，燕雀暮何安？燃眉时已急，不容闲。一棋错下，竟输了通盘。笑群公衮衮，颠倒乾坤，乞儿扮作神仙。念长林，没个鸣蝉，赤手欲擎天！乱星环北斗，夜钟残，鲁连今日蹈海亦云难。故国重回首，夕阳影里，只留一角青山。"你看，山河破碎，国势倾危，而统治者仍不思进取，整个社会死气沉沉，没人站出来呐喊，这样的局面如不改变，到最后恐怕想学鲁仲连蹈海都成为不可能了。尽管寄禅的词作很少，但这首被公认为晚清词坛的精品。

寄禅参禅、学诗、忧国，恪守着"我虽学佛未忘世"的座右铭，留下了许多激荡人心的作品。在离世前一年，他自筑冷香塔并撰塔铭曰："佛法本无量，吾生讵有涯。传心一明月，埋骨万梅花。丹峰栖灵窟，青山遇客家。未来留此塔，长与伴烟霞。"

就用此作结语了吧。

【二十六】谛闲与观宗学舍

（一）

清末所萌发的以寺院办学为主要形式的僧办教育，开始了中国佛教自主办学的艰难历程，并最终汇成为以兴学卫教或兴学弘教为现实主题的民国丛林教育的时代巨流。

最初的僧办教育是在庙产兴学思潮压迫下的无奈之举，佛教寺院为了生存只能采取东施效颦的办法，用办学来对付办学，并不是佛教界的自觉行为，所以也没有提出为佛教本身服务的自主教育理念。

中华佛教总会的成立是一个转折点，有人把这个时期称为民国佛教教育的创始或奠基阶段，当时有两所佛教学校很有名，分别是创办于上海后迁至杭州的华严大学和宁波观宗学舍，他们一弘华严，一倡天台，影响并引导着中国佛教的走向。尽管这两所学校的风头后来被太虚在武汉创办的武昌佛学院和厦门闽南佛学院以及欧阳渐在南京创办的支那内学院所盖过，但仍保持着浙江佛教教育的丛林特色，特别是谛闲住持下的宁波观宗学舍，办学时间最长，规模较大，影响最巨，成为民国浙江佛教教育的"常青树"。

谛闲（1858—1932），俗姓朱，黄岩人。20岁那年在临海白云寺出家。不久他大哥追踪到白云山，强迫他还俗，两年后大哥去世，谛闲从此再无牵挂，与青灯和经文相依相伴直至往生。

谛闲24岁那年到天台山国清寺受具足戒，两年后到平湖福臻寺跟随敏曦法师学《法华》，敏曦老法师见谛闲悟性特高，就试着让他充当复讲小座，初试锋芒的谛闲以出色的口才很快崭露头角。

清光绪十一年（1885），27岁的谛闲应邀到杭州六通寺升大座，开讲《妙法莲华经》。当谛闲讲至《方便品》时，忽然入定，据说持续时间差不多有一个小时左右，听讲的僧俗惊讶之余全体肃静。谛闲本来口才就好,出定后更是辩才无碍,答疑析难如瓶泻潮涌,滔滔不绝。六通寺的讲经际遇,使得谛闲名声大振,许多寺院都邀请他前去讲经说法。但谛闲觉得自己年纪还轻,不太愿意升大座受人礼拜,就谢绝了许多寺院的讲课邀请,回到国清寺静修。

谛闲29岁那年由龙华寺方丈迹端定融和尚授记付法,传持天台教观第四十三世。清光绪十五年谛闲结束在上海龙华寺宣讲《法华经》后,决意行脚参禅,先到江苏镇江金山江天寺,两年后又到慈溪圣果寺掩关,专门研究天台宗教义。

从国清寺受具足戒到圣果寺掩关,十多年参学过程中,谛闲遍访当时的丛林名宿,或听经习教,或讲座弘法,或参禅掩关,不仅全面地打下了天台教观的修学基础,同时还注重实践修持,并博得了讲经名师的美誉。

光绪二十四年谛闲应普济寺住持了余之请,到普陀山开讲《弥陀便蒙钞》和传灯大师的《净土生无生论》。这是普陀山有史以来规模最大的一次讲经会,听众一千多人,全部坐在地上聆听妙音。谛闲先用天台宗的五重玄义提纲挈领,再用浅近易懂的语言讲解经义,强调天台实相念佛的重要性。由于谛闲的讲经深入浅出,通俗易懂,并主张台净结合,所以听众情绪踊跃。讲完后,许多人都围上前去请教问题,谛闲总是有问必答,使学者"由浅而知深,即近而悟远"。

(二)

谛闲在参学过程中,曾在南京金陵刻经处创办的祇洹精舍担任过学监一职,后来又出任江苏僧师范学校学堂监督。民国二年(1913)接任延庆寺观堂住持后,就改观堂为"观宗讲寺",开始了他长达二十年的办学历程。

最初只是个小小的佛学研究社，接受教育的对象局限于观宗寺的范围内，谛闲自任主讲。讲授的内容是《法华经》和《圆觉经》，其中的《圆觉经》是谛闲终身奉为日课的大乘经典，开课必讲。到了1917年，观宗寺的佛学研究社已有甲乙丙3个班级，具备了相当的办学规模，但由于经费局限，不能扩大校舍，处于勉强应付的窘境。

机遇来自于谛闲两次赴京讲经。第一次是1915年，袁世凯出任总统时，日本趁机向袁世凯提出要派所谓的高僧来中国"布教"，遭到了北京各界名流尤其是佛教界的坚决反对，一致认为中国有的是德高望重的高僧。袁世凯没有办法，就由政府出面委托有关人士筹备北京讲经法会，邀请当时天台宗的代表人物谛闲和华严宗的代表人物月霞前往北京开讲《楞严经》。月霞因故未能赴会，谛闲去了，并取得了巨大成功，名动京城。

三年后的1918年，北京又举行讲经会，佛教界的头面人物派专人到宁波礼请谛闲赴京讲授《圆觉经》，这一讲就讲了整整两个月，并由专人记录，编撰成《圆觉经讲义》。这次赴京讲课得到了丰厚的回报，两千多元的银圆对谛闲来说无疑是雪中送炭，回到寺院后马上动手将观宗佛学研究社扩大并更名为"观宗学舍"，也称观宗学社，成为专门培养佛教讲经法师的教育机构。

观宗学舍的学僧主要从原先的研究社中挑选，也有另外招收的。分正科与预科，基本上只招收出家僧人，首次招生正预两科共有40多名学僧。其间涌现出了很多僧界优秀人才，如创建天台学院的释仁山和在港台地区也享有盛名的宝静都是观宗学舍的学子。

这样一所鼎鼎大名的僧教育机构，却没有"营业执照"。原因是谛闲创办观宗学舍时根本没有呈报内务部和教育部立案，也没有冠以"佛学院"之类的时髦名称，但这并不影响观宗学舍的办学质量和社会效应。在当时沙门或居士所创办的专门学

图① 修缮中的观宗寺

校中,以宁波观宗讲寺观宗学舍最有名,毕业弟子数十人,分布各地弘扬台宗教义,成为台宗巨匠的仁山、常惺、宝静、静权、授松、倓虚等,都是观宗的学员。特别是1919年到1928年的十年时间,是观宗学社办学的黄金时期,成为民国浙江乃至中国佛教教育的佼佼者。

(三)

观宗学舍的丛林佛教特色十分鲜明。在教学原则上,坚持"冬参夏学,宗教兼修"的学修并重办学方向,非常注重实修功夫的日常锻炼。由于谛闲本人曾参禅多年,并数度掩关专修禅定功夫,所以非常重视学僧修习止观和静坐。每次开讲经教时,师生们都必须先静坐一个小时,遵循"先入定后发慧"的佛教修习次序,使学僧们获得了许多实修的经验。每年冬至节后,学僧们还要全体走进禅堂打完禅七后再打几个"佛七"。

禅七和佛七的起源都是佛陀在菩提树下七日证道的典故。具有农禅特色的中国禅宗丛林,每逢冬日农事完毕,其他杂务稀少之际,就举行克期取证的修行,以每七日为一期,叫作打禅七。打禅七比平日更加辛苦,每日以十三四支长香约八九十分钟作为用功标准,全日睡眠休息时间昼夜合计只有三四小时。后世各宗派认为这种苦修方法很完美,就兴起各种七会,用禅宗的参禅方法打七就叫作"禅七";用净土宗念佛法门打七叫作"佛七";其他像专念观世音菩萨圣号的"观音七";专持楞严咒和大悲咒的"楞严七"和"大悲七"等等,都是随修行法门而得名的。

　　观宗学舍的佛学教育主要集中于主讲、辅讲和回讲三个环节。主讲由谛闲亲自担任,但由于谛闲为当时全国最负盛名的讲经法师,经常应邀在外弘法,不能充分保证讲课时间,就设立了辅讲,有点像大学助教的味道。对于学僧来说,第二天在课堂上对前一天内容进行回讲,是最重要的训练。每个学僧都要抽签轮流回讲。所谓的回讲,顾名思义,就是弟子复述经师所讲的经文内容。学僧们对回讲都非常重视,这不仅是检验一个学生获得知识的程度,更重要的还有个面子问题,众目睽睽之下,谁都愿意得到主讲经师的首肯或者说是表扬,渴望自身的价值得到他人的尊重。

　　但要想做到这一点是要付出代价的,看看观宗学舍的学僧们每天的作息时间,就知道想做一个有学问的和尚其实挺辛苦的。

　　早上三点钟起床,三点半上大殿,五点半下殿,朝课时间为两个小时。稍事休息后,六点半过早斋堂。下过早斋堂,学僧稍作休息,看经、预备回讲。上午八时开始学僧分班诵各科的辅讲小座,以抽签轮流的方式进行回讲,至十一时下课。然后过午斋堂。下了午斋堂,还要和全体常住僧一起绕佛。下午一点钟全体学僧手拿经本到讲堂,两点钟起诵各班各门功课,内容主要以天台教观为主,但在上课前,各班必须先修止观。据曾就读观宗学舍第一届正科班的倓虚法师回忆说,待学僧们到齐后,主讲法师谛闲进堂,先讲几句开示的话,然后敲三下木鱼止静,全体修行止观一个小时。到两点钟,监学法师敲磬开静。然后谛闲法师再开讲大座。到下午四点钟,听完大座下课,学僧们稍事休息,于五点钟上晚殿,大约持续两个小时。下晚殿后才吃晚饭。晚上七点到九点是自修时间。个人在寮房也就是寝室看经。有时安排上文化课,如古文、儒家经典《四书》、史地及书法等。至九点钟开大静,开大静钟板响过两次后,各寮房停止一切活动并熄灯睡觉,纠察师监视整个过程。

从上述时间安排来看,观宗学社的学僧们每天至少要花十几个小时才能完成全天的课程,睡眠时间只有六个小时左右,据说把课程排得如此紧密的目的,是不让学僧们有空闲时间胡思乱想。在此期间曾经有两个学僧累得吐血,只能中途退学。

(四)

到了1928年,谛闲把观宗学社与观宗弘法社合并改组为"天台弘法研究社",由首座弟子宝静协助社务,并创办了《弘法社刊》,专门弘扬天台教观。

天台弘法研究社学制在观宗学社分为正科和预科两级学制的基础上,相对作了一些调整,分为高级、中级、初级三级,其中弘法社属高级班,研究社为中级班,预科为初级班。三级学制之间,原则上相互衔接。在初级预科听课一年,经考试及格,方可进入中级研究社学习;在研究社学习两年,经考试及格后,始能升为高级弘法社员;在弘法社攻读三年,考试合格,才能毕业。毕业是毕业了,但没有文凭,是件遗憾的事。精神上的损失很快便由物质补上,每个毕业的学僧可以从研究社领取48元的银圆和供斋一堂,拿现在的话说,就是奖学金加上大吃一顿,别以为佛门不食人间烟火,其实也挺讲实际,而且挺有人情味的。

天台弘法研究社的学制为六年,但实际上修完全部课程者为数不多,绝大多数学僧都在修业期间就被请去弘法,或出任丛林住持。这可能有两方面的原因:一是观宗学社的名气实在太

大，能够在里面接受教育的学僧都是丛林栋梁之材，就业率达到百分之百；二是没有毕业文凭制约，就像企业与打工者之间没有签订劳动协议，拍拍屁股走人时没有丝毫的犹豫和牵挂，当然这是我的主观推断。

　　1932年谛闲法师圆寂，宝静接任观宗寺住持，他继承先师遗志，除主持寺务外，又在弘法研究社讲经弘法，主编《弘法社刊》。宝静也是位内外兼修的高僧，他学识渊博，辩才无碍，讲经时深入浅出，四方学者闻风而至，弘法研究社只得再增设预科。在宝静的住持下，观宗讲寺的天台弘法研究社，仍然坚持以研究弘扬天台教观为法务，培育专门弘法人才。同时还在寺内创办"观宗义务学校"，宝静自任校长，专门收容农村贫困失学儿童。

　　抗日战争爆发后，在国破山河碎的情况下，观宗寺的丛林教育无法继续。特别是1940年，时值盛年的宝静法师突然因病去世，对观宗寺来说更是雪上加霜。到了抗战胜利后的1946年，观宗寺的弘法研究社得以重新开办，并更名为"四明佛学院"，扩建改良校舍，聘请太虚等著名人士前来讲课，一时也搞得红红火火，可惜好景不长，第二年因为闹学潮被勒令解散，由此结束了观宗讲寺长达20年的丛林教育历史。

图② 谛闲法师墓塔

【三十七】弘法利生的践行者

图① 圆瑛

（一）

　　圆瑛宏悟（1878—1953），福建古田人。在他父亲五房兄弟中，就他一个男孩，因此都把他当成掌上明珠。但天有不测风云，5岁那年，父母先后因病去世，圆瑛由叔父抚养照顾，反而更加得到爱护关心。在塾学读书时，四书五经倒背如流，诗词歌赋也能过目成诵，被乡人誉为"神童"。16岁参加县学考试，成绩名列前茅，中了秀才。

　　本来沿着学而优则仕的道路走下去，极有可能成为政界精英光宗耀祖的。但圆瑛对这些都没有兴趣。可能是由于父母早逝的缘故，或者天生是个佛种，小小年纪经常感觉人生无常，多次向家人提出要去当和尚，都被叔父严词拒绝。

　　圆瑛18岁那年患伤寒，差点丢了性命，病愈后出家当和尚的念头更强烈了，再三向叔父恳求，言词情真意切。叔父被纠缠得实在没有办法，只得陪同他到福州鼓山涌泉寺拜增西为师。增西上人见圆瑛的叔父也很有慧根，就捎带着向他阐述出家当和尚乃是大丈夫所为的道理，接着又为他宣讲四圣谛和八正道的佛理，结果把圆瑛的叔父也说动了，当即决定留下来与侄儿一起当和尚。叔侄两人同时出家，同礼一位师父，成为同门师兄弟，一时传为佛门佳话。

两人后依妙莲受具足戒,又前往闽侯县雪峰崇圣寺,依方丈达本大师修学苦行和律仪。圆瑛后来到常州天宁寺跟随冶开和尚习禅4年,再到宁波天童寺寄禅敬安门下习禅6年。

圆瑛在天宁寺习禅期间,曾经带病参加禅七,有一天坐禅时突然出现定境现前的状态,顿觉身心异常的清朗明旷,这是修禅者开悟的标志,他当即作偈道:"狂心歇处幻身融,内外根尘色即空。洞彻灵明无挂碍,千差万别一时通。"

在天童寺习禅时也出现过定境现前的境界,感觉比天宁寺那次还要好,一时身心俱空,湛寂圆明,当时也作了一首偈:"山穷水尽转身来,迫得金刚正眼开。始悉到家无一事,涅槃生死绝安排。"

如果说天宁寺的参禅使圆瑛初步领略到了禅境法喜,获得的短暂智慧之光使欢乐的感觉充满内心,那么天童寺的参禅则使圆瑛禅定的功夫日益深透。但他并不满足于参禅的胜境,又遍访名山大刹,听经闻法,礼拜通智、谛闲、祖印、慧明、道阶等高僧,并得法于宁波七塔寺慈运和尚,传临济正宗第四十世。后又得法于福州雪峰寺达本方丈,传曹洞正宗第四十六世。

其后历任宁波天童寺、七塔报恩寺、福州雪峰崇圣寺、鼓山涌泉寺、法海寺、林阳寺、古田极乐寺、泉州大开元寺、马来西亚槟城极乐寺等名刹方丈。宣统元年(1909)在宁波接待讲寺创办佛教讲习所。民国三年(1914)任中华佛教总会教务主任。同年精研永明和莲池两位大师的著作,开始信仰净土法门。民国十八年与太虚共同发起组织中国佛教会,被推选为会长。民国二十四年秋,创立上海圆明讲堂。新中国成立后,当选为中国佛教协会首任会长。

（二）

清光绪三十一年（1905），28岁的圆瑛在天童寺悟禅后，继续修习佛法。他先在通智大师那里听讲《楞严》，至74岁《楞严讲义》告竣，说他以毕生精力精研《楞严》并不为过。

《楞严经》曾被天台宗尊宿谛闲称为"海内独步"，圆瑛更是觉得这部经是"诸佛之心宗，群经之秘藏，众生之大本，万法之根源"，可以作为参禅悟道的钥匙和引领众生的指针。

其后的四十多年里，无论法务多么繁忙，圆瑛总要挤出时间参究《楞严经》，遇到经中不理解的问题，就写一张纸条，粘贴在座前的墙壁上，反复琢磨。一旦领悟，再三定实，才把纸条撕掉。墙上的纸条由少而多，又由多而少，直至"一房疑义，扯尽无余"，专门为研究这部经所花费的时间长达十个春秋。其间因用功过度，曾三次吐血。

大多数追述圆瑛的文章都称他"禅净兼修"。圆瑛自出家受具足戒以后，学律、持戒、参禅、研究台、贤、法相、三论、密宗真言，各宗各家无不涉及。36岁那年阅读了永明和莲池两位高僧的著述后，非常看好净土，立即主张禅净双修，将台贤两家教义与禅净双修结合起来。75岁那年他在回顾平生修禅历程时诵偈曰："禅净双修四十年，了知净土即深禅。有人问我其中意，云在青山月在天。"

1934年，圆瑛在上海圆明讲堂设"圆明莲池念佛会"，常年组织信众念佛。他认为，禅净虽有二名，其实归元无二，都是针对不同根机而施设的不同法门，"禅宗是接上根者流，是圆顿修持之法，称为最上一乘，中下根人，未足以语此。"净宗则不分智愚老少，教人但得一句佛号，念念相续，无有间断，以念止念，心中唯有佛，佛外更无心，念到一心不乱，即得往生。圆瑛既肯定禅宗与净土的区别，又认为禅净二宗可以兼弘，念佛念到极致，也能达到禅悟的境界。

圆瑛早年在天宁和天童二寺受冶开和寄禅两位大师的培育，禅宗基础功夫很扎实，以后又聆听通智、祖印、道阶、谛闲等法师讲演台贤教义，自己也在经论上痛下功夫，所以宗说兼通，行解相应。圆瑛讲经深入浅出，听众心领神会，在听讲过程中能够获得快乐，因此所到之处，听课者常常是座无虚席，讲经的足迹遍及海内外。

（三）

光绪二十九年（1903）三月，圆瑛离开大宁寺到宁波天童寺，依八指头陀寄禅学禅，任书记和知客，从事挂单接众、佛事筹划等事务，深得寄禅器重。

光绪三十二年六月，于宁波七塔报恩寺拜谒慈运长老传临济正宗第四十世法嗣。同年七月，与太虚在天童寺御书楼结盟为兄弟，是年圆瑛29岁，太虚18岁。第二年亲自送太虚到汶溪西方寺阅读经书。太虚后来在自传中说，虽然我们之间见解不同,但想到西方寺的阅藏因缘,终不忘他的友谊。

宣统元年(1909)九月,32岁的圆瑛入主宁波接待寺。接任后对寺院进行了较大规模的修建,并在寺内设立佛教讲习所。3年后,接待寺讲堂落成,寺名也改接待讲寺,圆瑛先后在这里讲过《大乘起信论》《观世音菩萨普门品》《法华弘传序》等经论,并撰有讲义行世。

1914年8月接任宁波永宁寺住持,同年11月远涉南洋弘法,其间曾到过新加坡、马来西亚、泰国、缅甸等地,为永宁寺请得贝叶经。翌年三月,圆瑛当选宁波市佛教协会会长,并创立宁波普益学校,又在镇海创立一所僧立国民学校。

1925年,当时天童寺住持文质和尚及监院志峰和尚等曾经致函圆瑛,请他出任天童寺住持,但圆瑛因泉州开元寺修建工程尚未完工以及慈儿院初创不能脱身,复函辞谢。这个因缘到了五年后才得以接续。

天童寺是六朝古刹,日本曹洞宗祖庭,常住僧众千余人,长期奉行冬参夏学的传统。1930年4月圆瑛入住时,全寺张灯结彩,欢迎仪式隆重庄严。圆瑛旧地重游,不由得感慨万千:"一别天童已有年,今朝策杖返林泉。青山面目仍依旧,翠竹苍松尽是禅。"

圆瑛对众宣誓说"为法为人,尽心尽力"。接着宣布"十二不",即不贪名、不图利、不营私、不舞弊、不苟安、不放逸、不畏强、不欺弱、不居功、不卸责、不徇情、不悖理。以此作为自己和大众修持的原则,重振古德道风。

同时挥笔写就《宁波天童弘法禅寺进院二首》:

其一

人间何处清凉境,太白巍然海上山;

万丈红尘飞不到,峰峦密密护禅关。

其二
太白风光冠四明，青山涌出法王城；
就中拈起毫端许，突出金刚正眼睛。

同年11月，圆瑛在天童传授千佛大戒，设千僧斋，盛况空前。6年后自天童寺辞位时，有六大寺院争相迎请，他都婉言谢绝，前往早年出家的福建鼓山涌泉寺出任住持。

新中国成立后，圆瑛在上海圆明讲堂专心撰写《楞严经讲义》，其后身体每况愈下，1953年5月中旬起病势转重，靠注射葡萄糖延续生命。8月中旬，他嘱咐徒弟明旸说："我们出家人，生归丛林死归塔，我决意要回天童，你赶快设法送我去。"回到天童不到一个月，就在天童寺大众念佛声中安详示寂，享年76岁，僧腊五十又八。

（四）

禅宗发展到近代，禅僧的修行往往不单是参禅打坐，深究佛理，而是寓禅修于日常生活之中，并延伸至关注国内外大事。其实许多时候，禅门并非世外桃源，即使是道行深厚的高僧，也不能时刻做到安之若素，特别是当外敌毫无理由地占领国土并残杀同胞之时。

1931年的"九一八"事变爆发后，日本侵略者强占我国东北三省，许多关外同胞纷纷外出逃难，作为中国佛教会会长的圆瑛深感国土沦丧之痛，觉得自己无论是作为炎黄子孙还是佛教界领袖，都有责任和义务唤起民众抗日。

他利用上海的圆明讲堂作为阵地，亲自主持护国道场，并以中国佛教协会会长名义通告各地佛教协会组织启建护国道场，致电蒙藏院，要求制止日本强占我国领土的侵略行径。在圆瑛的倡导下,全国各地的寺庙都启建了护国道场,一时间各个寺庙香烟缭绕,听者云集。圆瑛从佛教的角度阐释保家护国的道理,起到了号召民众团结起来抗击侵略者的重要作用。

1936年,华北局势危急。圆瑛又在上海发起启建丙子护国息灾法会,并请出已经在苏州闭关的印光法师赴上海说法,号召全国佛教徒奋起抗暴卫国,为抗日将士捐款。印光法师"每日说法2小时,万众围绕,盛极一时,圆满日皈依者千余人"。

圆瑛还以中国佛教会会长名义致函日本佛教界,希望他们"共奋无畏之精神,唤醒全国民众","制止在华军阀之暴行"。他在函中恳切地说:"我佛以慈悲平等救世为主义,贵国号称信奉佛教,对国际应实施慈悲平等主义,而造成东亚之和平,进一步而造成世界之和平。"圆瑛此函在日本佛教界引起很大反响,影响波及东南亚各国。可惜日本和尚震惊归震惊,却也阻挡不了军国主义侵略的步伐。

七七卢沟桥事变后,中国人民陷入更大的苦难之中,圆瑛对身边的弟子说,菩萨慈悲,不能任意让强暴欺凌迫害,不能坐视弱小无罪者横遭杀戮,不能眼看着无数生灵在敌机疯狂轰炸下殒命,尤其不能忍听那些为了抗击日寇而负伤在沙场上断臂折足的战士哀号。他认为佛家弟子应该秉承菩萨原义,行救苦救难之责。

先是成立中国佛教会灾区救护团,调集上海和南京地区各寺庙两百多名年轻僧侣,成立中国佛教会灾区救护团第一京沪僧侣救护队。紧接着,第二汉口僧侣救护队和第三宁波僧侣救护队也相继成立。

身为救护团团长的圆瑛在队员出征前的动员会上要求每位僧侣发扬佛教救世的"大无畏、大无我、大慈悲"精神,以大慈大悲去救苦救难,"忘却身家之我见"。僧侣救护队深入前线,穿梭于枪林弹雨之中,仅京沪队的第一分队,出入江湾、闸北、大场等

图③ 圆瑛法师在马来西亚槟榔屿极乐寺传经

前线,抢救受伤战士不下万人。与此同时,从来不见血腥的清静寺庙也都成为收容战地伤兵的佛教医院和接待灾区难民的佛教收容所。

上海沦陷后,经过激战后的城区到处是废墟和尸体,入侵的日军甚至不准收埋阵亡的中国士兵和罹难百姓的遗骸。在无人敢冒杀头危险的情况下,圆瑛发起组织掩埋队,由玉佛寺、法藏寺、清凉寺、国恩寺、关帝庙和报本堂等寺庙的僧人和香工组成,圆瑛亲自任总队长。每天出动4辆汽车,将散露在市区大街小巷的尸体送到郊外掩埋,花了整整3个多月时间,掩埋尸体1万多具。

圆瑛率领中国佛教界在抗日救亡中的一系列义举,得到了国内外的高度赞扬,国民党高级将领陈诚也十分感慨,说:"真正到前线上去救护的只有他们。"

同时,圆瑛还几度带着其随侍弟子明旸前往新加坡、吉隆坡、槟榔屿、怡保、马六甲等地讲经说法,筹款救国。每到一处不仅得到当地佛教界的欢迎,而且得到华侨的热情捐助,这些款项全部汇到上海,充当抗战经费。

圆瑛的举动引起驻沪日军的愤恨,但又忌于圆瑛的社会影响,决定先对他拉拢,要他出任所谓的中日佛教会会长,圆瑛严词拒绝。

软的行不通就来硬的。1939年10月中旬，时逢上海圆明讲堂莲池念佛会成立，正当圆瑛法师在殿堂上供佛礼佛之时，日本宪兵突然包围了圆明讲堂，以抗日的罪名逮捕了圆瑛和其徒明旸等人，并把他们押解到南京关了起来。在南京的日本宪兵司令部里，圆瑛以精深的佛理把那些来自日本的所谓佛学专家驳得哑口无言。

在狱中除应讯辩论外，圆瑛每日结跏趺坐，置生死于度外，了无挂碍。后来由于上海佛教人士极力营救，日军也忌惮圆瑛在国内外的声望，不敢过分加害，20天后就将圆瑛释放。

出狱后他虽对外宣称闭门著书立说，但依然关心国家和民族的命运，曾致书中国佛学院的师生，郑重叮嘱："国家兴亡，匹夫有责。佛教兴衰，教徒有责。"

在1942年的天津佛教居士林演讲中，圆瑛再次提出爱国与爱教不可分离。1952年10月，圆瑛代表中国僧人出席亚太地区和平会议，会上他号召全世界佛教徒以同体大悲精神参加国际和平运动。他甚至在临终之前的遗嘱中也再三强调："愿我全国佛教徒同心同德，积极参加爱国运动，致力和平事业。"

【三十八】弘一遗踪

图① 金仙禅寺

（一）

他衲衣芒鞋，斜背着褐色的包袱，手提着随身携带的小藤箧，就这样飘然孓立在1930年的秋天，白洋湖的金仙寺门口。

金仙寺始建于梁大同年间，初名精进庵，宋治平二年（1065）赐额金仙寺。它背靠气势壮观的峙山，面临淡雅清秀的白湖，青山绿水间，掩映着一方净明世界。

弘一到这里来，正是慕名这里的好山好水。虽然他的小藤箧里装的是《华严宗注疏》和道宣律师等人的著作，但他的骨子里仍然是个文人。他喜欢细雨斜织的意境，喜欢雨点落在湖面的时候，溅起的丝丝涟漪，也喜欢潋滟水光的晴好。当他听说老朋友亦幻住持这座寺院时，便让人捎信告知，他要过来小住几日。

他与亦幻是在厦门认识的。那是1929年，两次参访南普陀，本来是路过，结果被再三挽留，住了四个多月。当时的亦幻，是闽南佛学院的国文教员，深受院长太虚的赏识。后来亦幻发愿要到基层推行人间佛教，便中止闽南教职，来到慈溪金仙寺弘法利生办道场。

弘一的到来，让亦幻喜出望外，这是对他弘法新旅程的最好支持。当时的金仙寺，还在忙碌另外一件大事，天台的静权法师要来宣讲《地藏经》和《弥陀要解》。静权是天台宗名宿，地藏经又是弘一归心敬仰已久的，这样的机遇着实难得，他决定留下来听经。但弘一虽然落发为僧好多年了，名人的身份却挥之不去，到处都有朋友和慕名拜访者，为了不受外界打扰，他特地写信叮嘱在宁波省立四中任教的学生刘质平，不要向外界公布行止，免得扰乱听经闻法。

静权法师青年时曾修过儒学，地藏经里记录了释迦牟尼为其生母说法的内容，法师在讲解时，把儒学孝道的观点融合了进去，当讲到《阎浮众生业感品第四》里的一则包含孝悌伦理的故事时，把弘一思念亡母的那根神经触动了，弘一当场失声痛哭，讲堂内听经的僧俗全都目瞪口呆，就连讲台上的静权法师也停止了讲解，静静地看着这位率性天然的僧人。这时的弘一，似乎游离了佛门，飘回了喜怒哀乐形于色的凡俗世界。许多后世出版的传记，主标题或副标题大都冠以"弘一大师李叔同"，僧俗两重身份，相互交叠交替，或许这才是他的本来面目。

在静权法师讲经的两个月里，弘一从头到尾听完了全部课程。空余时间，仔细研读《华严经》，把其中的精美偈语，缀录成《华严集联三百》，这本书由开明书店出版后，被公认为弘一大师佛学行持和书法艺术完美结合的代表性成果。也就在这时，他与入门弟子胡宅梵相识，并指导胡宅梵撰写《地藏经白话解》，亲笔题写序言和题眉，这部书流传至今，仍然是白话解释佛教著作的经典。

除了听静权法师讲经，弘一自己也应邀授课，五六个僧人，在方丈室随意坐着，讲述的内容是"三皈"和"五戒"，用他自己的著作《五戒相经笺要》作课本。这样沙龙式的讲经形式，在佛教界极其少见，颇具弘一的特色。据说，当时静权法师曾恳切要求听讲，被弘一婉言谢绝了，婉拒的原因是自谦，也是对静权法

图② 弘一法师

师的尊重。

在金仙寺听静权法师讲经的那些日子,每天饭后,弘一必定要朗诵《华严经普贤行愿品》数卷,可能普通话不太灵光的缘故吧,是用天津方言朗诵的。尽管是方言,照样字义分明,铿锵有韵节,能够摇撼他人的性灵,住在隔壁的金仙寺住持亦幻,就是这样被摇撼至门外偷听,觉得比自己亲口念诵还有启示的力量,每每站上几个时辰也不觉疲劳。这或许是佛经的力量,或者是弘一法师人格魅力所在,应该是两者兼而有之吧。

经筵解散时,已是雨雪霏霏的冬日,美丽的白湖早已成了冰雪世界,山水环绕的金仙寺显得比别处更为寒冷,身体孱弱的弘一只得离开这里,前往永嘉那边的庆福寺过冬。

(二)

半年后,也就是1931年的初夏,弘一再次来到金仙寺,这次他发愿要办一件大事。

弘一入门时修的是净土,后来他发现,佛门并非他原先想象的那样清净无垢,主要原因是戒律松弛所致,他要改变这个状况,就得改变修行路径,研究律宗戒法成了他的终极目标。

律宗被公认为佛门中最难修的一宗。由于夹杂着许多古梵语的缘故,几乎所有的律典都艰深难懂,没有专人讲解很难自通。而且持戒很严,一举一动,都有规律。律宗最兴盛的隋唐时期,曾出现过"相部律""南山律"和"东塔律"三大主要学派。到了宋代,相部和东塔失传,仅南山律还在流传。南宋后禅宗大盛,南山律典亦散失于兵荒马乱之中。明清之际,当时的蕅益与见月两位律师有志重兴律宗,但之前的唐宋律典却已遍索不得。所以自宋以下七百余年间,虽也有人提倡律学,却是有心无力。直到清光绪末年,有位名叫徐蔚如的居士费尽周折从日本请回部分唐宋诸家律书,并创"天津刻经处",专门刊印"南山律典"数百卷。

这或许就是因缘,使得弘一披剃出家后,能与南山律典相遇。在其后的24年间,他把主要精力都放在了律学的研修与弘传上,这次的白湖之行,是想在离金仙寺不远的五磊寺,创办南山律学院。

说起五磊寺,在宁波地区可是大大的有名。它始创于三国赤乌年间(238—250),印度梵僧那罗延东渡来华,在五磊山结庐传经。据说东吴孙权的母亲坐船路过时,发现山上篝火隐约,为那罗延虔诚传道的精神所感动,就在象王峰南麓为其筑一小寺,这便是五磊寺的前身。唐文德元年(888),僧令建"灵山禅院"。北宋大中祥符元年(1008),宋真宗赐额"五磊普济院",至明永乐年间(1403—1424)册定全国寺院名称时,改名为五磊禅寺。清顺治二年(1646),临济宗第三十一世木陈道忞自天童来此主法席,四方僧众慕名而来,每逢讲经弘法,就有上千人聚集。虽然其后佛事渐衰,但作为浙东名刹,仍然吸引着四方信众前来朝山礼佛。

还有个原因也是弘一所考虑的,五磊寺坐落在远离城市的寂静山谷,有山色之美,而无市井之声,但它的地理位置介乎余姚与宁波之间,是杭州湾地区的一个结点,往来僧界人士非常

多,选择这里作为律学道场,是最相宜的。而且,它与亦幻住持的金仙寺,也只有十五里的路程,这点,对弘一来说,也很重要,因为在五磊寺创办律学院的最初构想,是由亦幻提出来的,他想帮助弘一实现振兴律学的愿望。

对五磊寺来说,这是桩天上掉馅饼的好事。就在这个夏天,弘一恭恭敬敬地跪在五磊寺的佛像前发愿,以三年为期,演讲律宗的《四分律行事钞资持记》《四分律行宗记》和《四分律羯磨疏济缘记》三大部,在佛门僧界形成一股重律严戒的风气。

他住在五磊寺的寮房里,每天凌晨即起,亲上大殿摇钟击鼓,然后带领全寺僧众居士,摄心念佛,同诵早课,历时数月,从不间断。其间,他又约请亦幻、栖莲、显真、陈海量、胡宅梵等十名僧众居士,在五磊寺结期同修净业,并用古德嘉言进行解惑诱导。在这样一种仪式的带动下,五磊寺上下弥漫起浓厚的修学持戒氛围,先是八名住众发愿过午不食,其中包括十三岁的在家少年。然后在八月份,全寺住众集结在寺院的佛像前,同燃臂香,并自动发心于早午餐后,"每日增加念佛二次"。目睹五磊寺"道风日益胜进",弘一自己也感到很满意,他在写给朋友的信中这样说:"此种情形,承为全国所稀有!"

当时,连办学计划都制订好了,名称为"五磊寺南山律学院"，聘宁波观宗寺谛闲法师任名誉院长，五磊寺的炳瑞法师和宁波白衣寺的安心头陀任院长，弘一大师任律学顾问，五磊寺住持栖莲任院务总理。学制暂定三年，每年七个月。由栖莲与亦幻负责筹集办学经费。

亦幻和栖莲前往上海，找到了佛界著名护法朱子桥将军，朱将军听说是大名鼎鼎的弘一大师李叔同在做这件事，当场答应出资一千元银圆作为启动资金，以后根据需要随时补给。

上海之行出乎意料的顺利，让栖莲产生了新的想法，他要借弘一大师的名头再多筹些钱，细水长流，以备不时之需，这可能是他作为寺院住持和院务经理这双重身份的本能反应吧。

于是在返回宁波之前，他在上海特地印制了几本化缘的大册子，兴冲冲地向弘一报告了上海之行的成果后，随手拿出"缘簿"，请大师出面撰写"五磊寺南山律学院募款缘起"。同时还提出，律学院的学僧以后要仿效泰国僧人吃钵饭的制度，说是安心头陀和朱子桥将军都希望这样做。

看着眼前的化缘册子，弘一又气又痛，他出家的目的，很大程度上就是为了避开世俗的纷扰，现在又要让他卷进名利场，完全违背了他的性情和做人原则。而且，他对所谓钵饭制度也很反感，认为太注重形式了。他遁入空门并选修律宗，只想脚踏实地做些实事，不愿再套进去，把过多的精力花在虚空或者琐碎的俗事上面。

这一切，滞留在上海的亦幻不得而知，当他办完事回到自己寺院时，得到了南山律学院已胎死腹中的噩耗，急得直跺脚，连忙赶去找弘一，这时的弘一已经搬到佛教孤儿院去"闭门自了"。白衣寺门外，只剩下"南山律学院筹备处"的木牌子，孤零零地悬挂着。

弘一那天在栖莲面前道了声"无缘"，貌似潇洒地走了，心里却是很烦乱。事后他回忆说："我从出家以来，对佛教向来没

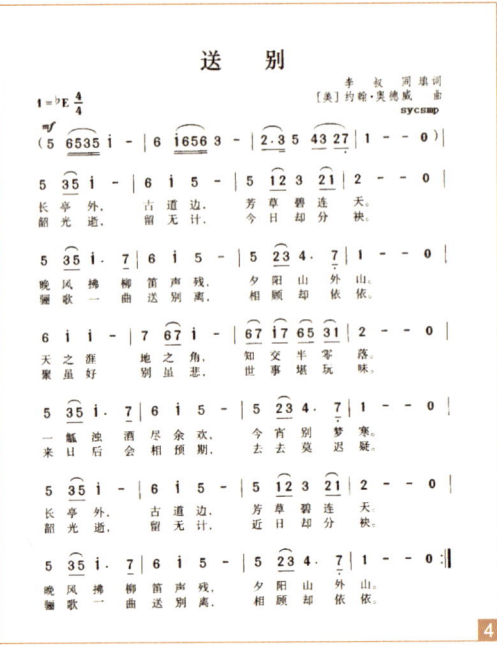

图④ 李叔同填词《送别》

有做过什么事。这次使我能有宏律的因缘,心头委实很欢喜的。不料第一次便受了这样的打击,一个多月未能成眠,精神上坐立不安。看经、念佛都不能平静;照这种情形,恐怕一定要静养一两年不可了。"

好在他有亦幻这样的烟雨同伴,有刘质平这样忠心的门生。在他俩的劝说下,弘一又回到了金仙寺,着手撰写清凉歌词。

写这些歌词的动机,是之前夏丏尊与刘质平来金仙寺闲聊时,说起当前音乐界充斥靡靡之音,夏、刘都认为关键是没有好的作词者,他们都叹息弘一出家太早,像《送别》那样的经典不可能再有了。弘一听后感觉责任重大,答应有时间定当写几首清新健康的好歌出来。

于是,《清凉》《山色》《花香》《世梦》《观心》五首歌词,在金仙寺脱稿而出。

《清凉》歌词交由刘质平和他的学生们谱曲后,再由宁波和上海等地中学分别演奏,经过六七年的试练,定稿后以《清凉歌集》为书名出版发行。几十年来,虽然历经战乱与社会变革,传播途径备受局限,但却从未动摇过其在佛法歌曲中的经典地位。

写完清凉歌后,弘一接到了厦门广洽法师来信,邀请他到闽南去。这时,五磊寺住持栖莲再次上门,恳请弘一法师重回五磊寺说法。弘一同意了,但提出要订立契约。

契约名曰"五磊寺南山律学院十项善后解决办法",这十项内容包括,弘一大师继续留居五磊寺,"暂结律因"受请"演讲毗尼",争取造就律学僧才二三人等;不立律学院名目,不设院长院董等组织机构,这个条款使得原来筹办的南山律学院无形解体;条款还规定,如果弘一法师发现"不如意之处",大师便可随时辞职,寺方不得以任何名义挽留。

但缘已尽,契约又有何用。弘一在五磊寺讲律不到一个月,最后还是走了。

(三)

走是走了,但并没有走远,还是留恋着脚下这片土地。不远处有座唐代古刹伏龙寺,那里背山面海,风景如画,寺里的住持诚一与弘一是多年的挚友。五磊寺事件后,诚一就劝弘一到伏龙寺去,现在弘一来了,他要在这里修身养性,调适心情。

伏龙寺内有口海眼泉,冬夏常温,水位随潮增减,井的深邃和大海的宽广都让弘一无限感慨,他觉得自己不能这样沉沦于往事,还是要在律学的传播上多做些实事。

于是在次年,也就是1932年的春天,弘一又来到了金仙寺,说要发心教人学习南山律。听了他的宣布,亦幻高兴得手舞足蹈起来,连忙把雪亮、良定、华云、惠知、崇德、纪源、显真等法师召集到弘一的禅房。弘一先是用谈话的方式演讲了律学传至中国的盛衰派支状况,以及本人的学律经过,然后提出几个问题来考核每人学律的意向,选择第一项南山律的三名幸运者,被录取为正式学生,其他僧人作为旁听。教室也是弘一亲自选定的,就在方丈楼内。每日为学生讲述四分律。其间禁止学生看书籍报章,一天光阴都在熟读背诵中消磨,并且大小便等亦须向他告假,教学十分严谨。这样的状况维持了半个月,讲到四波罗夷、十二僧伽婆尸沙和二不定时,就坚持不下去了。事后亦幻猜测,大师可能是一时的热情与冲动,在偿还南山律学院的夙愿而已。

再次来到伏龙寺时,是同年的初夏。那些日子,弘一的心情很好,他的学生刘质平也一直陪伴左右。每天除了念经做功课外,有空就写字作画。两个多月时间里,先是完成"佛说阿弥陀经"十六大幅和一百多幅嘉言集联外,然后又用朱砂绘成百幅罗汉长卷等众多佛教题材的画作。他边写边对刘质平感慨道:"为写对而写对,对字常难写好;有兴时而写对,那作者的精神、艺术、品格,自会流露在字里行间。此次写对,不知为何,愈写愈有兴趣,想是与这批对联有缘,故有如此情境。"可见弘一对在伏龙寺写的这些字画是比较满意的。其中的佛说阿弥陀经,是弘一大师为亡父百二十龄诞辰而作,如今这幅作品由刘质平的长子刘雪阳捐给了浙江省平湖市李叔同纪念馆。

前不久,在弘一大师圆寂70周年的纪念活动上,伏龙寺以弘一手绘的罗汉长卷为蓝本,制定了一百尊琉璃罗汉塑像,寓意百佛百福。与传统威武甚至有些狰狞的罗汉像不同的是,弘一手绘的罗汉都是面带微笑,一脸祥和之色。或许,这才是佛家慈悲为怀的本来面目。

这应该是弘一与伏龙寺结缘的最好信物了。

写到这里,忽然想起有个朋友说过的话,南山律学院胎死腹中,不仅是五磊寺的遗憾,甚至是浙东文化的遗憾。

这话并不过分。但遗憾永远是有的,有什么办法呢。

【二十九】太虚在宁波

图① 太虚

（一）

他与宁波结缘，确切地说，是在 1904 年。那年，他刚满十五岁。

太虚原本是想到普陀山出家的，错上了去苏州的船，就顺路来到早年跟随外婆朝拜过的小九华寺，皈依在士达和尚门下。士达是禅宗临济派，他就有了第一个佛家名字：唯心。在师父那里住了几个月后，就被带到师祖那里，师祖奘年住持着宁波团桥头玉皇殿。奘年老和尚见他年纪虽小，言谈举止却是落落大方，很是喜欢，为他在佛前求名，得弥勒签"此身已在太虚间"，便赐法号"太虚"。

头发剃了，法号有了，海青色的袈裟也披在身上了，但这时的太虚，充其量只是个小沙弥，要想成为正式和尚，还有个重要的程序要履行，那就是受具足戒。这是戒法中最圆满的，也是最不容易的。从某种程度上说，沙门的真正意义，就是受具足戒。因此，设置了许多条框，就是俗话说的硬杠子。

年龄限制在二十岁以上，七十岁以下。程序上也很严格。授戒的师长，要有三师——和尚、羯磨阿阇黎、教授阿阇黎；还要有七师作证明。这样做的目的，是要让受戒者牢记住和尚这个称号来之不易，切莫疏忽放逸，要像爱护眼睛一样珍惜、护持。

授戒师的身份资质也有严格规定。通常情况下，只有大寺院的住持或有声望的高僧才能担当。当时的宁波地区，天童寺的住持寄禅敬安，是最有声望的授戒大师，各个寺院到他那里求戒的人非常多。授戒的仪式又是那么复杂，不可能随到随做，只能每年举行一次大规模的授戒法会。

这样一来，对求戒者的年龄甄别就马虎多了，那时又没有身份证，受戒前负责登记的和尚随口问了声，年满二十了吗，求戒者回答"已满"，就可通过，太虚就是在这种情形下受戒的。

受过戒后，奘年老和尚特意备了斋席表示感谢，并请寄禅写封介绍信，送太虚到永丰禅院学经。寄禅看出太虚眉目清朗，颇具灵性，有心栽培他，当下修书给永丰禅院的水月岐昌。

水月岐昌是位很有名气的学问僧，特别擅长音声佛事，以表唱水陆忏文名重一时，甚至连川、湘、皖以及更远的晋、冀各大寺院修水陆道场，都礼聘他为内坛正表。岐昌在诗词歌赋、琴棋书画方面也很有造诣，在甬地文人心目中，是个重量级的佛门才子，当时宁波寺院的大多数缘起和疏启之类的文字，都出自他的手笔。

太虚刚刚步入佛门，就拜在这样一位大师的门下，他非常珍惜这样的机遇。这期间，太虚听经习教，接受传统丛林教育，一部《法华经》背得滚瓜烂熟，同时涉猎《楞严经》《指月录》《高僧传》《风洲纲鉴》等佛教经论和著作。他还买了本《诗韵》，传统的出家人都是会写诗的，给他授戒的寄禅大师，就是个著名的诗僧。那时的太虚，求知的欲望非常强烈，什么都感兴趣，什么都想学。

在永丰寺经过一年多的启蒙教育后，1906年夏，太虚又来到了天童寺，他是来听道阶法师讲经的。天童寺虽是禅宗丛林，但住持寄禅和尚十分注重经论讲读，经常邀请名师前来讲座。

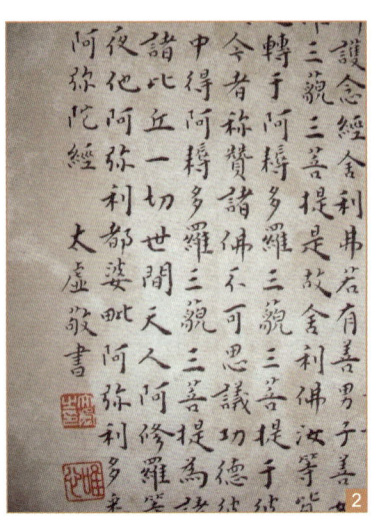

图② 太虚法师墨迹

道阶法师精于天台，兼通贤首及唯识，同时对禅宗也有研究，是位难得的全能型讲经法师，这次他要讲解的《法华经》，正是太虚在永丰寺用功最勤，背得最为顺溜的一部大乘经。但和尚念经，有口无心，经书里面的精神实质还是不得要领，现在有名师指点的机会，岂能错过。

在道阶法师讲经的一年多时间里，太虚吃住在天童寺，过着禅僧的集体生活，边听课边学习坐香、跑香、当值、出坡等丛林佛寺的生活规制，经常有机会聆听有道禅僧的开示，特别是寄禅和尚的精辟开示对他启发很大。这样全面系统的丛林训练，不是所有寺院都能够组织实施的，天童寺是当时禅宗四大丛林之一，才有能力去做这些耗费心力的事。

太虚是幸运的，他正式受戒和参学，都是在史称东南佛国和"三佛之地"的浙江宁波进行的。那个时候的宁波丛林，宗匠毕集，在民国佛教中具有先导地位。太虚在出家之前没有受过传统的儒家教育，却在近三年时间里，接受了完整的丛林教育，其中有佛教义学和爱教护教的内容，更有参禅修正训练的方法引导，儒家经学和传统诗文的培养也是内容之一。通过严格系统的丛林化训练，使得太虚能够融摄性相诸宗，兼及儒道世学，视野开阔，思维活跃，这些个人特征的形成，为他以后成为近代中国佛教改革大家打下了扎实的基础。

在熟悉了法师讲经的程序后,小和尚太虚有些按捺不住,便在极小范围内,试着把道阶法师讲过的内容复述一遍,居然言辞流利,崭露无碍辩才。道阶得知后很高兴,让他移住至法师寮,专司检录经书一职,有点像现在的图书管理员吧,这使得太虚有机会博览各种佛教经籍。书这东西,越读就越觉得欠缺,就越想钻进去,太虚就是在这样的心态下萌发了遍阅佛教藏经的心愿。

阅藏,对于一个普通僧人来说,是件可望而不可及的事情,所以许多僧人干脆连想都不去想。但太虚是谁,未来民国佛教界的风云人物。十八岁那年,他不仅想了,还做了。当然,他首度阅藏的重要机遇,主要还是靠圆瑛的鼎力相助,先是修书介绍,然后亲自送到西方寺,安顿好了才回来。

太虚和圆瑛是在永丰寺相识的,正在天童寺习禅的圆瑛,常到永丰寺与岐昌论诗,太虚那时刚开始学诗,二人遂由诗文结为朋友。后来太虚到天童寺听经,俩人见面的机会更多,圆瑛长太虚11岁。某一天,他俩悄悄来到御书楼的关圣像前,订盟换帖结为兄弟。

可惜的是,后来两人因为种种原因而分道扬镳,有时甚至还处于对立的地位,但相互之间仍然还是挂念的。

西方寺阅藏,对太虚以后的弘法取向,产生了重要的影响。用太虚自己的话说,是获得"佛法新革命"的开始。

(二)

西方寺,位于镇海九龙湖汶溪村,印顺法师著的《太虚大师年谱》记载属于慈溪辖区,可能是建制沿革变动的缘故。

这个汶溪村,原本平凡寂静,近年考古发现了文种故里桥和几块相关的石碑,当地文物部门认为这里是越国大夫文种的故里,或至少是文种曾经住过的地方。

这些印记中,有四根来自西方寺的对联石刻,上面有这样的题字:"地以人传想当初文公偶隐清溪能使辉增东土,寺因宅改到今日净老重兴名刹顿教乐慕西方。"大致意思是说,文种曾在这里隐居过,而且具体地点就在西方寺。

这四根柱子后来被移往别处,近年又作为文物被发现,但一百年前,太虚在西方寺阅经时,肯定在这四根石柱旁来回走动无数次,甚至曾感叹过战国那些事,以及范蠡和文种这些人。

或许无暇顾及。那时的太虚,见了那么多佛教典籍,兴奋之余,有些手忙脚乱。他先是看明末万历佛教三大师的丛林著述,及其他古德诗文集与佛教经论。几个月后,有位也在西方寺阅经的老首座告诉他,不能这样东看西看随兴所致,要从《大般若经》天字第一函依次地看,规定每日读几卷,由经而律,再由论而杂部,这样才会有收获。太虚觉得很有道理,开始从《乾隆大藏经》中列为天字第一函的《大般若经》看起。

可能是经书读得太用功的缘故吧,这年秋冬,太虚突然近视了。从此,世人所看到的,便是那位戴着眼镜的学问僧形象。

这期间,太虚认识了一位名叫释华山的新派僧人。

当时,维新思潮正在全国各地涌动萌发,佛门也不甘落后,组织起了许多新派组织,比如僧教育会,释华山便是杭州僧教育会的领导者。他与太虚同在西方寺阅藏的释净宽是故友,空隙时常来西方寺访友读书,一来二去便与太虚熟了。华山见年仅十九岁的太虚小法师神慧超群,并非凡品,便向他灌输佛门外面的世界潮流,以及佛教内部存在的种种弊端。太虚之前所接受的都是传统佛教思想,加上刚刚沉浸在禅悦的兴奋中,对华山的观点不以为然。俩人开始辩论,都是能说会道的高手,辩论了十多天,表面上没有分出胜负。但那时的太虚,处于最容易受外界影响的青春期,没过多久,就认同了华山的主张。

西方寺阅藏所获得的禅悦,使太虚领略到了佛法的殊胜,而与新潮僧人华山结为莫逆之交,更是成为太虚佛法救世革新思想的始点,一个革命佛教徒的雏形开始孕育。

其后,太虚与圆瑛、栖云等人辅佐寄禅和尚筹组宁波僧教育会。僧教育会成立后,首先在宁波创办僧众小学和民众小学,开创了浙江佛教界真正办学之始。对太虚来说,有幸参与协办僧教育会,是具体实践改革运动的第一步。

1911年,清廷预备立宪,各地推行地方自治的新政,佛教寺产被肆意侵占。江浙等佛教大省的住持长老,在上海召开佛教徒联合会议,共同推举天童寺住持寄禅敬安入京请愿,要求政府保护寺产,并呈递改革振兴佛教计划书。这份计划书,就是太虚起草的。后来由于政治形势急转,太虚参与的清末最后一次佛教徒请愿活动,最终没有成行。

到了民国初年,应寄禅和尚之召,太虚前往上海参加中华佛教总会的筹建。当时佛教界面临的最大困境是寺产被侵吞,保护寺产成为十万火急的头等大事,这也是组建全国性佛教组织的目的。但太虚认为佛教界要改变现状,首先要走"政教并进"的道路,也就是佛教改进必须与社会革命同步进行。

他的思路虽好,却远水解不了近渴,除了个别有识之士大加赞赏外,普遍受到冷遇,包括为寺产之事忙得焦头烂额的寄禅和尚,根本无暇听他的长篇宏论。太虚觉得很失落,便离开上海,这时已经是暮春了。他先来到宁波接待寺,在结拜兄弟圆瑛处住了些日子,心情还是郁闷,便去平湖,然后又去绍兴,与三五好友泛舟吟诗,寄情山水,看上去逍遥自在,实则是他一生中最苦闷的时期。

是年秋,天童寺住持寄禅和尚受各地佛教界之托前往北京请愿,因病突然圆寂于法源寺。太虚悲痛之余,作《心丧八指头陀》一诗以志哀悼。在翌年初举行的寄禅和尚追悼大会上,太虚针对当时佛教丛林存在的积弊，提出了生平最著名的佛教三大革命的口号，就是教理革命、教制革命和教产革命。其后，太虚高举佛教改革的旗帜，开始了他长达三十年的改革实践和弘法事业。

（三）

最初是与式海等人计划在宁波延庆寺观堂筹建"佛教弘誓会"。曾经是天台宗三大祖庭的延庆寺观堂，清末民初居然成为那些品行不良的"马流僧"的聚集地。进入民国后，地方政府以延庆观堂过于腐败为由，驱逐了所有僧众，查封了寺院，责令鄞县佛教会另选住持。当时无人敢接这只烫手山芋，正在平湖报本寺主持佛教弘誓研究会的僧人式海得知消息后，劝说在上海留云寺讲经弘法的谛闲法师出任方丈。为了给谛闲撑腰，式海把设在平湖的佛教弘誓会移至延庆观堂，又请曾经组织僧军参加过辛亥革命的玉皇和尚到观堂坐镇，震慑被驱逐的马流僧有可能再来骚扰，最后邀请当时声名鹊起的太虚，为佛教弘誓会撰写缘起及章程。

这些志同道合的新潮僧人聚集在宁波延庆观堂，给年轻的太虚带来希望的阳光，他以为改革振兴中国佛教的航程将从这里起锚了。但现实是残酷的，美好的愿望往往会落空。

几个月后，延庆观堂改名为观宗寺，原本混乱的局面在众人的努力下开始进入有序状态。后来，据说是谛闲的弟子们不愿弘誓会的僧人在寺中管事，便生出些事端来。弘誓会的静安等僧人认为这是过河拆桥，准备与之争论，被式海和尚劝住。式海率众离开延庆寺，仍回到平湖报本寺。不久，玉皇和尚也黯然离开观宗寺，其后担任杭州灵隐寺住持。谛闲后来在观宗寺内创设"观宗学舍"，是那段时间很有名望的僧教育机构。

太虚佛教革新的愿望再次落空，但他没有气馁，在观宗寺驻足一个多月后，便移住观音寺。在那里，再次发起组建"维持佛教同盟会"，并拟订了章程及宣言，一时也闹得颇为轰烈。但这个组织最终可能也是无果而终，找不到这次改革成功的文字记载。

那时的佛门比较热闹。1913年3月，中华佛教总会在上海召开第一次联合大会，太虚在没有参加会议的情况下，被推选为佛教总会机关报《佛教月报》总编辑。虽然没有亲临现场，太虚还是在宁波撰写了《上佛教总会全国支会部联合会意见书》，提出七事商议：一是昌明佛学，兴复佛教各宗专科大学；二是融通真俗二谛，在中国佛教传统十宗之外，增设忏摩，以便两宗；三是普及教育，创办研究社、讲习所等佛教教育机构；四是佛教财产应为佛教公有，由佛教总会统一管理；五是承认中华佛教总会为全国佛教界统一机关，与全国其他佛教组织处于精神统一的关系；六是整顿教规以适应时代需要；七是遵守佛教戒律，慎重受戒。

太虚的革新计划最终还是在强大的传统力量面前搁浅了，他首倡的人间佛教理念，至今都在宗教界散发着耀眼的光芒，但在当时，被许多高僧大德看作是离经叛道，痴人说梦。不久，就连他任总编辑的《佛教月报》也被迫停办了。

这时的太虚，虽然改革的计划到处碰壁，但其影响和名气却已经遍布宗教界，有"革命和尚"之称。1932年10月，时任国民革命军总司令的蒋介石力邀太虚出任其家乡奉化的雪窦寺住持。太虚住持雪窦十五年，但驻足的时间并不长，作为民国时期著名的佛教领袖，他经常来往于全国各地，甚至前往东南亚各国弘法，尽管如此，每年还是多次往返雪窦和天童等名刹，或讲经弘法，或开示学人。

1933年6月，宁波佛教会所落成，太虚出席并宣讲《三十唯

识论》七日。翌年前往镇海团桥永宁、慈北金仙寺、五磊灵山寺、宁波延庆寺、慈溪普济寺、西方寺等寺院,讲论《八大人觉经》《由诸行无常求合理的进步》《怎样赴龙华三会》等。1946年再次来到宁波,在观宗寺开示了《世出世间善法咀柁南颂》,当地军政士绅及信众共五百多人听讲。

1947年初,太虚再次回到阔别十年的雪窦寺,感慨之余,吟诗一首:"妙高欣已旧观复,飞雪依然寒色侵。寺破亭空古碑在,十年陈梦劫灰寻。"随后赴天童和育王等寺院访旧寻故,并礼拜了师祖奘年老和尚,然后在宁波延庆寺开讲《菩萨学处》三日。谁也没有想到,这次开示,居然成了太虚一生弘法的最后绝唱。

同年三月,太虚在上海玉佛寺圆寂。太虚的色身舍利,建塔供养于奉化雪窦山;而太虚的法身舍利,则由大弟子印顺法师负责在雪窦寺编纂完成,成《太虚大师全书》,凡64册。太虚与宁波佛教的殊胜法缘,最终得以圆满。

图③ 太虚大师舍利塔

图书在版编目（CIP）数据

东南佛国：宁波佛教文化 / 徐剑飞著 .—宁波：
宁波出版社，2014.11（2023.7 重印）
（宁波文化丛书 . 第 1 辑）
ISBN 978-7-5526-1815-0

Ⅰ . ①东… Ⅱ . ①徐… Ⅲ . ①佛教史—宁波市
Ⅳ . ① B949.2

中国版本图书馆 CIP 数据核字（2014）第 228491 号

丛 书 名	宁波文化丛书·第一辑
丛书主编	何　伟
本册书名	东南佛国：宁波佛教文化
著　　者	徐剑飞
责任编辑	张爱妮　沈建国
装帧设计	金字斋
出版发行	宁波出版社
地　　址	宁波市甬江大道 1 号宁波书城 8 号楼 6 楼
邮　　编	315040
网　　址	http://www.nbcbs.com
电　　话	0574-87341015（编辑部）
印　　刷	宁波白云印刷有限公司
开　　本	710 毫米 ×1000 毫米　1 / 16
印　　张	18.5
字　　数	220 千
版　　次	2014 年 11 月第 1 版
印　　次	2023 年 7 月第 2 次印刷
标准书号	ISBN 978-7-5526-1815-0
定　　价	45.00 元

（版权所有　翻印必究）

图书若有倒装缺页影响阅读，请与出版社联系调换。电话：0574-87248279
说明：本书中部分图片因资料所限，未能与相关权利人取得联系，敬请相关
权利人与编辑部联系，以便支付稿酬，并在重印时署名。